华南师范大学"十四五"规划政治学与行政学国家一流学科建设专著系列

当代加拿大华人
政治参与研究

（1947—2022年）

万晓宏　著

暨南大学出版社
JINAN UNIVERSITY PRESS

中国·广州

图书在版编目（CIP）数据

当代加拿大华人政治参与研究 ： 1947—2022 年 / 万
晓宏著. -- 广州 ： 暨南大学出版社，2024. 12.
（华南师范大学"十四五"规划政治学与行政学国家一流
学科建设专著系列）. -- ISBN 978-7-5668-4026-4

Ⅰ．D634.371.1；D712.1

中国国家版本馆 CIP 数据核字第 2024CM6932 号

当代加拿大华人政治参与研究（1947 —2022 年）
DANGDAI JIANADA HUAREN ZHENGZHI CANYU YANJIU（1947—2022 NIAN）
著　者：万晓宏

出 版 人：阳　翼
策　　划：黄圣英
责任编辑：冯　琳　颜　彦
责任校对：孙劭贤　潘舒凡
责任印制：周一丹　郑玉婷

出版发行：暨南大学出版社（511434）
电　　话：总编室（8620）31105261
　　　　　营销部（8620）37331682　37331689
传　　真：（8620）31105289（办公室）　37331684（营销部）
网　　址：http：//www.jnupress.com
排　　版：广州市新晨文化发展有限公司
印　　刷：广州市友盛彩印有限公司
开　　本：787mm×1092mm　1/16
印　　张：15.75
字　　数：315 千
版　　次：2024 年 12 月第 1 版
印　　次：2024 年 12 月第 1 次
定　　价：75.00 元

绪　论

第一节　研究的缘起与意义

一、选题缘起

时光追溯到 2010 年，当时笔者在为申请"中加学者交流项目"（CCSEP）访问学者做准备。为了申请到由中国国家留学基金管理委员会和加拿大联邦政府合作为该项目提供的全额奖学金，笔者迫切需要一个有新意的研究选题和研究计划，以打动由中加双方专家组成的匿名评审委员会。但笔者以前一直做的是美国研究，没有做过加拿大研究，对加拿大的了解非常粗浅，尚停留在大学期间修过的《英语国家背景知识》那门专业课的水平。鉴于美国和加拿大的政治制度非常相近，笔者决定把长期研究的"当代美国华人政治参与研究（1965—2010）"这一课题中的国别"美国"换成"加拿大"，时间段换成"1947—2011 年"，把研究当代美国华人政治参与的分析框架进一步完善，将其引入当代加拿大华人政治参与研究中。当然申请书必须用英语撰写，初评通过后的面试也是用英语进行。最后评审结果公布，笔者顺利拿到"CCSEP 2011—2012 年度访问学者"的资格。

当时只觉得自己十分幸运，后来才知道能拿到该项目的全额资助相当不容易。"中加学者交流项目"是当年周恩来总理和时任加拿大总理皮埃尔·特鲁多（Pierre Elliot Trudeau）亲自签订的中加文化交流合作项目之一，由加拿大联邦政府提供奖学金，中国国家留学基金管理委员会提供来回机票，中加两国政府部门联合组织专家进行挑选。遴选过程十分严格，共分为四步：第一步是申请者必须提供中方专家和加方专家的推荐信各一封，尤其是加方专家的推荐信和加方机构的正式邀请函就难倒很多申请人；第二步是提出研究选题并用英文撰写研究设计，提交给由双方联合组建的评审委员会中的加拿大研究专家进行匿名评审；第三步是研究设计通过匿名评审之后，由加拿大驻华大使馆或领事馆负责面试，时间为半个小时左右，语言是英文；第四步也是最后一步，由遴选委员会共同商讨投票决定入选名单。

回想当时，笔者以"当代加拿大华人政治参与研究（1947—2011）"为选题，顺利申请到中加两国政府联合提供的全额奖学金，感到非常兴奋，就像当年博士毕业后的第二年就成功申请到美国哈佛大学燕京学社提供的全额奖学金赴美留学一样。但冷静下来，仔细想想，笔者觉得也在情理之中。当代加拿大华人政治参与研究这一主题非常重要，但在当时的中国国内学界和加拿大学界都没有学者开展过专门研究，基本上还处于空白状态，非常值得赞助和支持。正因为有CCSEP 全额奖学金的资助和支持，笔者才有机会赴加拿大访学一年，开展当代加拿大华人政治参与这一重要课题的研究。

二、理论与现实意义

自 1858 年有明确历史记录的第一批华人移民加拿大以来，华人在加拿大已经有 160 多年的历史。早期华人在加拿大遭受了许多磨难，如人头税、《排华法案》等歧视性待遇。在华人社区的长期团结抗争下，还有国际舆论的强大压力下，1947 年加拿大政府废除长达 24 年的《排华法案》，华人终于获得在联邦选举中的投票权。但在传统的白人至上种族主义思想的影响下，加拿大对华移民政策在《排华法案》废除后仍存在许多这样那样的限制和歧视。直到 1967 年加拿大政府进行移民改革，采用"移民评分制"政策吸纳外来移民，华人才实现与其他国家的申请者一样平等享有移民加拿大的权利。1971 年，加拿大政府正式开始实施多元文化主义政策，平等对待各个民族，从而使华人真正开始享有与其他民族同等的社会政治地位。此后，加拿大华人社会开始发生巨大变化。

第一，当代加拿大华人人口进入快速增长期。加拿大人口普查数据显示，华人人口 1960 年时不到 6 万，1971 年上升到 11 万，1981 年上升到 29 万，1991 年猛增到 59 万，2001 年达到 103 万，首次突破百万大关，到 2011 年已接近 150 万，2016 年突破 180 万，现在仍然在以每年至少 3 万人的速度增长。以此推算，2022 年加拿大华人人口接近 200 万，是加拿大人口最多的少数族裔。

第二，当代加拿大华人的整体受教育水平显著提升。加拿大人口普查数据显示，华人人均受教育程度已经超过加拿大全国平均水平，在各少数族裔平均受教育年数上位居前列；华人接受高等教育的比例也高于全国平均水平。早在 2001 年，就有 31% 的加拿大华人接受过大学教育，高于全国平均值 13 个百分点，是加拿大受教育程度最高的族群。

第三，当代加拿大华人的就业结构不断优化。与教育水平的提升相适应，当代加拿大华人的就业结构也发生很大变化，比以前更加多元化，主要趋势是从事体力劳动的比例逐渐降低，从事专业技术与管理工作的比例不断增加，社会职业地位不断提升。他们的收入水平也有较大提高，已接近全国平均水平。

第四，当代加拿大华人的媒体形象和职业形象有大幅度的提升。他们在移民加拿大初期的媒体形象是被歧视、被排斥的"苦力、烟鬼、赌徒与妓女"、"黄祸"、"不可同化"的少数族裔，而当代加拿大华人移民在职业上已经实现了从传统的"三把刀"——剪刀、菜刀和剃头刀，向"三师"——工程师、医师和律师的转变，还出现了"三家"——科学家、企业家和发明家，成为加拿大社会的"模范少数族裔"。

第五，在多元文化主义政策的培育下，加拿大华人在参政领域有显著进展。据笔者初步统计，在选举政治领域，自1957年到2022年，当选联邦国会众议员、省议员、市长或市议员和学区教育委员的华人精英共有227人，其中，国会众议员25人，省议员36人，市长或市议员116人，学区教育委员50人，他们当中有许多人曾多次连选连任。仅在2011年联邦国会选举中就有8位华人当选众议员，其中黄陈小萍被委任为老年事务国务部部长，梁中心被委任为多元文化国会秘书。通过委任担任各级政府公职的华人不仅人数多而且层次高，其中最为引人注目的是，华裔女性伍冰枝被委任为加拿大总督，是英国国王在加拿大的最高代表，还有另外3位华人被委任为省督，4位华人被委任为联邦参议员等。普通华人选民积极参与选举投票、提供政治捐款和助选活动，维护和增进自身权益。华人社团和华文媒体长期从事选民教育和选举动员，积极推动华人参政，取得重大进展。

第六，当代加拿大华人是中加两国友好关系的"纽带"，是中加之间经贸和政治文化交流的"桥梁"，在快速发展的中加关系中发挥着重要作用。例如，2012年2月8日至11日，哈珀总理率领5名部长、6名国会议员和由40人组成的庞大工商界代表团访问中国，其中有华人部长黄陈小萍，华人国会议员梁中心、庄文浩和杨萧慧仪。2015年10月，小特鲁多领导自由党在联邦大选中获胜，顺利组建多数党政府，并担任加拿大联邦政府总理，随后他连续两次访问中国，都有大批华人国会议员和华人企业家陪同，并在其中扮演重要角色。

因此，研究当代加拿大华人政治参与，不但可以从学理上澄清加拿大华人参政的含义、类型、方式和主要影响因素，而且能够从经验上厘清他们的参政历程，丰富当代海外华人政治参与研究的内容，还可以从中发现他们如何与当地其他民族和谐相处，为新时代中国政府的民族政策、外交政策和侨务工作提供咨询和建议，具有十分重要的理论价值和现实意义。

第二节　国内外研究现状述评

一、国内研究现状

自20世纪90年代到2012年初本人申报该课题时，国内关于加拿大华人参政的专题学术论文只有 5 篇，其中前 3 篇都是从历史学的视角去分析，而且使用的都是国内的二手资料，缺少理论深度。仅有笔者的《当代加拿大华人参政分析》① 一文从少数族裔政治参与的视角来剖析，为本书的研究奠定基础。还有广东省侨办赴加拿大调研团撰写的调查报告《参政参党　方兴未艾：加拿大华人参政情况浅析》② 对本书的研究有一些启发和参考价值。国内关于加拿大华人参政的其他信息主要分布在一些中文网站上，如新华网、人民网、中新网、中国侨网，以及一些地方政府侨务部门和高校研究机构的网站上，而且多为新闻报道和评论，没有深入细致的专业分析，更谈不上专业研究，常常有很多不同网页显示同一信息，应该属于转载报道，有的网站在转载时随意编辑删减，容易导致信息不完整，甚至造成误解，但都为本书的研究提供了重要的文献线索。

2012 年至今，国内关于加拿大华人参政的学术论文虽然在篇数上有一些增加，但基本上都是由相关专业的硕士研究生所写，无论在理论和方法层面，还是在材料、结构和观点上都不够准确，没有超越笔者申请该课题时的总体研究水平。在此期间，只有笔者发表的一些关于该课题的中期研究成果具有一定的代表性。例如，在《当代加拿大华人精英参政模型分析》③ 一文中，笔者从理论层面对当代加拿大华人精英参与选举政治的方式进行总结和概括，提炼出五种参政理论模型，是该课题核心内容的组成部分之一。另外，笔者这几年还做了一些关于加拿大华人政治参与的实证研究。例如，《加拿大华人参政的现状与前景：以2013—2014 年地方选举为例》《2015 年加拿大联邦国会选举与华人参政》《2017年加拿大 BC 省议会选举与华人参政》《2019 年加拿大联邦大选与华人参政》等。④ 这些专题学术论文把加拿大华人参政分为华人精英、华人社团和普通民众三个群体，从参与选举政治和非选举政治两个层面，同时考虑他们的族裔身份是土生华裔、老移民或新移民，其中新移民又结合他们的族裔背景是中国大陆、香港或是台湾，对他们的参政现状和特点进行全面综合分析，应该是关于当代加拿大华人参政研究的代表性论文，也是该课题实证研究部分的重要内容。

---

① 万晓宏：《当代加拿大华人参政分析》，《世界民族》2011 年第 4 期。
② 广东省侨办赴加拿大调研团：《参政参党　方兴未艾：加拿大华人参政情况浅析》，《侨务工作研究》2004 年第 2 期。
③ 万晓宏：《当代加拿大华人精英参政模型分析》，《华侨华人历史研究》2012 年第 3 期。
④ 万晓宏：《加拿大华人参政的现状与前景：以2013—2014 年地方选举为例》，仲伟合主编：《加拿大发展报告（2015）》，北京：社会科学文献出版社，2015 年，第 56 – 76 页；万晓宏：《2015 年加拿大联邦国会选举与华人参政》，仲伟合主编：《加拿大发展报告（2016）》，北京：社会科学文献出版社，2016年；万晓宏：《2017 年加拿大 BC 省议会选举与华人参政》，唐小松主编：《加拿大发展报告（2018）》，北京：社会科学文献出版社，2018 年；万晓宏：《2019 年加拿大联邦大选与华人参政》，《华侨华人历史研究》2020 年第 4 期。

二、国外研究现状

在加拿大学界，关于华人参政研究的中英文论文总共有 5 篇，有关专著只有 1 部。其中，著名华侨华人历史学家、维多利亚大学荣休华裔教授黎全恩，曾经在当地维多利亚中华会馆的《华埠通讯》上写过一篇关于加拿大华人参政的小论文，① 对 2002 年以前担任加拿大三级政府公职的华人做了一个不完全统计，为本书的资料收集提供了重要文献线索。他主张从史学角度把华人参政分为土生华裔参政、第一代老移民参政和新移民参政三个阶段进行分析的观点有一定参考价值。另外，辛提·费尔南多（Shanti Fernando）所著的《种族与城市：加拿大华人和美国华人政治动员》（*Race and the City：Chinese Canadian and Chinese American Political Mobilization*）一书对多伦多和洛杉矶两大城市的华人政治动员进行了简单比较，强调在 21 世纪的加拿大和美国大城市，如多伦多和洛杉矶，系统性的种族主义仍然是影响加拿大华人和美国华人政治参与和政治动员的最重要因素，未来华人要击破系统性的种族主义，必须积极参与选举政治和政治动员。② 笔者同意辛提的观点，但该书只是以批判种族主义理论作为理论视角，从宏观层面分析华人社区的政治动员，并没有具体分析加拿大华人和美国华人政治参与的细节，而这正是本书要研究的重点内容。

加拿大里贾纳大学（University of Regina）政治科学系的 Yan Zha 在其学术型硕士学位论文《少数族裔代表与少数族裔政治参与：以加拿大华人为例》（*Minority Representation and Political Participation of Ethnic Minorities：A Case Study of Chinese Canadians in Democratic Canada*）中，以加拿大华人作为案例来探讨加拿大少数族裔政治参与的理论和实践。作者认为，在当前的西方国家中，公民身份、少数族裔权利和政治参与是相互关联的三个重要因素，其中少数族裔政治参与是他们公民权利实践的重要指标，继续拓展加拿大的民主需要通过增加政治平等、多族裔政治代表和包容政治来改进现在的参与式民主制度。作者也认为加拿大华人只是少数族裔群体政治参与的一个典型案例而已，他们在加拿大民主制度中的作用特殊而重要。20 世纪中期以前他们在联邦和省级政府被剥夺选举权，经过长期斗争才实现从"外国人"向"参与者"的转变，但华人社区的核心价值和华人选民的族群认同与其他族裔仍然不同。尽管近年来他们的入籍率不断提

---

① ［加］黎全恩：《1957—2002 年华裔参政入选者之分析》，《华埠通讯》2002 年第 6 卷第 9 期，第 21 – 22 页。

② Shanti Fernando, *Race and the City：Chinese Canadian and Chinese American Political Mobilization*, Vancouver：UBC Press，2006.

高，但投票率在联邦层次进展缓慢。与其他少数族裔相似，华人的族裔背景及拥有的社会资本、政治知识和社会经济地位都是影响他们政治参与的主要因素，但在族群内部由于移民的经历不同，也存在"世代"和"阶层"的差异。论文在结论中强调多元文化的公民身份能促进选民的归属感，能鼓励少数族裔选民成为政治的"施加影响者"，少数族裔在加拿大国会的代表数量增加将为所有族裔提供一个更加健康的政治环境，进一步巩固加拿大的民主制度。① 研究加拿大华人政治参与并非该论文的主体和核心，华人参政只是证明加拿大民主制度强大的一个案例，而且论文仅以 2006 年和 2008 年两次联邦国会选举的相关数据来进行定量分析，导致数据严重不足，不能全面准确地反映加拿大华人参政的各个方面。而本书的研究是以加拿大华人参政为核心，对他们政治参与的类型、方式、影响因素、取得的成就、参与特点、存在的问题、未来参与路径和发展前景进行深入的全方位专题探讨。

黛安娜·拉里（Diana Lary）的论文《加拿大华人政治参与：通向 1993 年选举之路》（*Political Participation Amongst Chinese Canadians：The Road to the* 1993 *Election*）首先回顾了 20 世纪 90 年代以前加拿大华人政治活动的发展历程，包括从晚清关注和参与中国政治逐步无缝转向关注和参与当代加拿大政治，其中参与加拿大政治主要是从 20 世纪 80 年代开始，主要内容是反对种族歧视、要求加拿大政府平反人头税和为历史上的《排华法案》道歉，90 年代才开始转向选举政治，这部分的叙述与笔者的看法不谋而合，与本书的相关叙述能起到相互印证的作用。然后，作者以 1993 年的联邦大选中华人精英陈卓愉的成功当选为例，说明华人精英候选人的当选主要是靠政党支持，而不是靠华人的族裔选票当选；并提出华人精英在参选时要靠全体族裔的选票，不能只靠华人的选票，当选后也不能只做华人的代表，而要做整个社区的代表等。② 该观点对现在加拿大三级选举中华人精英候选人的表现而言不太准确，有可以商榷的地方。还有其他一些相关的英文论文分别从理论和实证方面分析加拿大的选举政治，虽然内容不是专门讨论华人参政，但是其中的研究方法仍然值得本书借鉴，在此不再逐篇评析。

在加拿大，近年来关于华人参政的基本信息越来越丰富，主要分布在一些中文报纸和网站上。在网络化时代，加拿大的中文网络尤其发达。据笔者初步统计，加拿大的中文网站有近 500 家，其中较有影响的至少有 50 家。笔者认为加

---

① Yan Zha, "Minority Representation and Political Participation of Ethnic Minorities：A Case Study of Chinese Canadians in Democratic Canada", Dissertation of MA at University of Regina, 2009.

② Diana Lary, "Political Participation Amongst Chinese Canadians：The Road to the 1993 Election", Elizabeth Sinn（ed.）, *The Last Half Century of Chinese Overseas*, Hong Kong：Hong Kong University Press, 1998, pp. 217 – 228.

拿大"四大华文报纸"及其网站上有关华人参政的报道最具可信度，它们分别是《星岛日报》《世界日报》《明报》和《环球华报》。这些报纸及其网站上关于华人参政基本信息的报道，以及笔者的实地考察资料是本书的资料基础。主流英文报纸对加拿大华人参政的相关报道比较少，偶尔出现在《多伦多星报》（Toronto Star）上，也只是一些简短的评论，分析不够，但也值得本书的重视。

综上所述，在中国学界有关加拿大华人参政的专题论文数量有限，其中具有代表性的论文大多是笔者所写，相关专著至今尚未出现；在加拿大学界，关于华人参政的中英文论文数量很有限，不超过10篇，有关专著如前所述也只有1部，仅从洛杉矶和多伦多两个大城市进行观察，而且只是从宏观上探讨美国和加拿大华人的政治动员，没有研究加拿大华人政治参与的细节，而且至今尚无学者，尤其是华人学者从少数族裔政治参与的视角，同时结合历史学、民族学、社会学和人类学的研究方法对当代加拿大华人政治参与进行全面的综合研究。因此，本书的研究具有填补该领域研究空白的价值和一定的现实意义。

第三节　研究方法与理论视角

一、研究方法

加拿大是一个以英裔和法裔白人为主体的移民国家，华人在加拿大是第七大民族和第一大少数族裔。研究加拿大华人参政的实质是研究少数族裔政治参与，因此与以往学界主要用历史学的方法研究加拿大华人参政不同，本书采用综合研究法，即以历史学研究方法为基础，以政治学中少数族裔政治参与理论和方法为主导，以人类学、社会学和民族学的研究方法为辅助，对当代加拿大华人政治参与的定义、类型、参与方式、影响因素、取得的成就、现状与特点、存在的问题、未来参与路径和发展前景进行全面深入的分析。在研究过程中本书具体采用以下几种研究方法：

1. 文献分析法

本书对1947年以前加拿大对华移民政策和华人移民，1947年以来加拿大对华政策和华人新移民，加拿大华人政治参与的定义、类型、参与方式、影响因素，当代加拿大华人精英参政的现状与特点，当代加拿大华人参政团体的沿革、类型与现状，全加华人联会和全加华人协进会（平权会）的成立和发展历程以及它们的参政活动和参政方式，当代加拿大华人人口变迁，加拿大华人社会经济地位演变、当代加拿大华人民众参政取得的重大进展和成就、存在的问题和障碍等的研究结论，都是通过对相关专著、报纸、期刊和网络文章等中英文文献进行大量阅读和分析得出的。因此，文献分析法是本书的基本研究方法。

2. 案例分析法

本书运用了大量的案例来解释当代加拿大华人政治参与的历史、现状与未来。例如，在第三章关于加拿大华人精英政治参与的研究中，笔者列举大量的加拿大华人精英对各级选举政治的参与，包括从 20 世纪 90 年代以来历届联邦、省和市镇三个层级的选举。在第四章关于加拿大华人参政团体政治参与的研究中，笔者列出大量的华人参政团体之后，重点以全加华人协进会和加拿大华裔百人会作为典型案例，来分析其成立的原因和背景、目的和宗旨、主要参政成就、参政方式、存在的问题与障碍，以及未来发展前景等。在第五章关于加拿大华人普通民众的政治参与的研究中，也运用了大量的选举政治和非选举政治案例说明华人普通民众的投票率和参与程度。案例分析法能使研究做到宏观与微观相结合、理论与实证相结合，是本书的重要研究方法。

3. 访谈法

在撰写本书的过程中，笔者利用担任中加交流访问学者在加拿大研究一年的机会，以及后来根据课题需要又三次赴加拿大进行实地调查，走访了大温哥华地区、大多伦多地区、阿尔伯塔省的卡尔加里和埃德蒙顿两大城市的华人社区，访问了一大批华人精英，并和广大华人普通民众接触，了解他们参政的亲身经历、遇到的困难与障碍。期间笔者多次访问著名的华人参政团体全加华人协进会的全国总干事黄煜文（Victor Wong），他不仅提供了大量的华人参政团体的文字资料，还与笔者进行长谈，讨论加拿大华人社团的政治参与，让笔者获取宝贵的一手研究资料。笔者还访谈了加拿大著名华文报纸《环球华报》的主编黄运荣，了解当地华人参政情况，以及他自己参政的亲身经历。对加拿大著名华人历史学家黎全恩教授进行的电话访谈，对加拿大著名华人时政评论家丁果和华裔著名作家、加拿大华侨史著名学者贾葆蘅进行的长期访谈和交流等，增进了笔者对加拿大华人社会的了解，也增加了笔者对加拿大华人参政存在的问题的真实认知。访谈法能够使研究更加准确地反映现实，是本书必不可少的研究方法。

总之，本书以历史学的研究方法作为基础，主要采用民族政治学中少数族裔政治参与的有关理论，同时吸收人类学、社会学和民族学的访谈方法和案例研究法，从多个视角对当代加拿大华人政治参与进行综合研究。笔者在本书的研究过程中，努力把宏观分析与微观分析相结合、定量分析与定性分析相结合、历史分析与现状分析相结合、个案研究和比较研究相结合进行综合研究。之所以采用这种多角度的综合分析方法，目的是避免以往研究海外华人政治参与过程中常常由于过分依赖某一种方法而显露其弊的问题，是为了更全面真实地反映加拿大华人参政的历史、现状，并展望未来。

二、理论视角

本书主要运用民族政治学当中的少数族裔政治参与理论对当代加拿大华人政治参与进行实证分析，但由于笔者已经完成教育部课题《当代美国华人政治参与研究（1965—2012）》的研究并出版，已对海外华人政治参与的理论进行过比较全面的梳理，因此，笔者认为在这里没有必要重复，便直接借鉴该课题中关于美国华人参政的相关理论，根据加拿大的政治制度特色和实际情况稍加修正，例如，对当代加拿大华人政治参与的定义、类型、参与方式和参政模型进行重新界定和重新划分。

本书认为，当代加拿大华人政治参与仍然是指加拿大华人公民或公民团体运用各种方式影响加拿大各级政府决策和社区公益分配，维护和增进华人公民权利和政治权利的活动。[①] 根据加拿大华人政治参与的方式不同，可以分为选举政治和非选举政治两大类型，其中非选举政治又称为抗争政治或维权政治；根据是否有组织介入可分为个人参与和团体参与；根据是否合法可以分为合法参与和非法参与；根据是否有中介可以分为直接参与和间接参与等。根据加拿大华人精英担任政府公职的方式和层级、是否代表华人利益、参党组党的方式和选票的主要来源，可以把他们参政的方式概括为五种理论模型：选举型和委任型、全国型和地方型、象征型和实在型、主流政党型和华人政党型、华人选票型和非华人选票型。当代加拿大华人政治参与不仅有效地维护和增进了他们自身的合法权益，也丰富了加拿大的社会政治制度，推动了加拿大的政治进步和社会发展，使多元文化主义在加拿大更加繁荣壮大。

[①] 万晓宏：《当代美国华人政治参与研究（1965—2012）》，广州：暨南大学出版社，2013 年，第 16 页。

第四节　研究范围与主要内容

一、研究范围

当代加拿大华人政治参与可分为参与加拿大当地政治和参与祖籍地政治。本书只研究 1947—2022 年加拿大华人对加拿大当地政治的参与，而不研究他们对祖籍地（包括中国大陆、台湾、香港和澳门地区）政治的参与。之所以选择 1947 年作为本书研究的逻辑起点，而不是 1945 年、1967 年或 1971 年，主要是因为 1947 年加拿大政府在国际国内因素的推动下，正式宣布废除实施长达 24 年的《排华法案》，华人终于获得在联邦选举中的投票权，这是加拿大华人政治参与的重大转折点，具有标志性意义，而 1945 年第二次世界大战结束是世界现代史的重要节点，但与当代加拿大华人政治参与的关联不大，因此考虑再三，不采纳 1945 年而采纳 1947 年作为当代加拿大华人政治参与的起点。1967 年，加拿大政府进行移民政策全面改革，采用"移民评分制"政策吸纳外来移民，华人终于实现与其他国家的申请者一样平等享有移民加拿大的权利，这是加拿大对华移民政策从限制走向平等的标志，而非华人获取平等参政权的标志，因此也不予采纳。1971 年，加拿大政府开始正式实行多元文化主义政策，平等对待各个民族，从而使华人与其他民族享有平等的社会政治地位，此后，加拿大华人政治参与进入崭新阶段，这是当代加拿大华人参政的中点，而非起点，因此也不予采纳。本书的研究终点从原来申请课题时的 2012 年调整到 2017 年，当时主要是考虑到结题的时间，后来又调整到 2022 年，目的是增加加拿大华人在 2019 年和 2021 年两次联邦大选中的参政表现、特点和存在的不足等相关内容，增强研究的时效性。

二、主要内容

本书由七个部分组成。

绪论部分简要概述本书选题的缘起与意义、国内外研究现状述评、研究方法与理论视角、研究范围与主要内容，以及研究创新与不足之处等。

第一章首先回顾 1947 年以前加拿大对华移民政策的变迁和华人移民加拿大的艰辛历程，以及他们为加拿大经济和社会发展做出的重大贡献，包括自由出入时期（1858—1885）、管制入境时期（1885—1923）和禁止入境时期（1923—1947）；然后重点分析1947年之后加拿大对华移民政策的演进和华人新移民在加拿大的生存和发展现状，包括选择入境时期（1947—1967）和平等入境时期（1967—2022）。

第二章主要介绍加拿大华人政治参与的相关理论，包括加拿大华人政治参与的定义、类型、方式和影响因素等。重点分析影响当代加拿大华人政治参与的社会因素和个人因素，其中社会因素有族裔人口结构、族裔社会经济地位、族裔政党认同、选区重划和重大历史事件的刺激，个人因素有族裔传统政治文化、族裔现状满足感、族裔政治效能感、族裔政治信任感、对参与成本和收益的考虑。

第三章首先分析当代加拿大华人参与选举政治的五种主要方式，包括参加选举投票、竞选各级议员与政府公职、争取政治委任、提供政治捐款和助选；然后把当代加拿大华人精英政治参与概括为选举型和委任型、全国型和地方型、象征型和实在型、主流政党型和华人政党型、华人选票型和非华人选票型五种理论模型进行分类分析；最后指出当代加拿大华人精英参政存在的问题与障碍。

第四章首先分析加拿大华人参政团体的历史沿革、基本类型和参政方式，重点讨论他们的参政方式；然后具体以当代加拿大华人参政（民权）团体全加华人协进会（平权会）和加拿大华裔百人会为例分析当代加拿大华人参政团体成立的背景、宗旨、目标、构成、参政成就、参政方式等；最后指出当代加拿大华人参政团体在当前面临的主要问题和挑战。

第五章首先分析当代加拿大华人普通民众政治参与的主要方式，包括参与选举政治和非选举政治，其中参与选举政治的方式包括参加选举投票、提供政治捐款和助选，非选举政治参与方式包括个人接触、游说和请愿，集会、游行、示威、抗议和抵制，投诉、发起法律诉讼和提案，以及加入或组建参政团体和政党；然后分析当代加拿大华人普通民众政治参与的现状和特点；最后指出当代加拿大华人政治参与存在的问题和障碍。

结语部分针对第三、四、五章中当代加拿大华人精英、参政团体和普通民众在参政中存在的问题和障碍，根据少数族裔政治参与的理论视角和实践经验，提出相应的对策与建议，指出他们未来参与当地政治、维护和增进自身权益的正确路径。

第五节　研究创新与不足之处

一、创新之处

所谓创新是相对于目前的研究而言。本书的创新之处主要体现在以下三个层面：

首先，在研究理论与方法层面，强调以历史学方法为基础，主要运用民族政治学中关于少数族裔政治参与的理论和方法进行分析，同时力求结合人类学、社会学和民族学的调查与访谈方法进行综合研究，应该说比以前学界总是用历史学、政治学和社会学中的单一理论和方法去研究，能更加全面准确地反映当代加拿大华人政治参与的历史、现状和未来。

其次，在资料收集与应用层面：其一，本书运用了关于华人参政团体参政活动的原始资料，笔者曾多次赴多伦多进行田野调查，收集到著名华人参政团体全加华人协进会自成立以来出版的所有年刊，里面详细记录了该团体的参政活动，为本书第四章的撰写提供了翔实材料，还有一些珍贵的英文专著和论文，为课题研究提供了新的分析视角；其二，本书运用了当地华人参政活动的实地考察资料，如对全加华人协进会全国总会及其多伦多分会等华人社团的调研资料，对全加华人协进会全国总干事黄煜文的访谈资料，对加拿大华人问题专家黎全恩、黄运荣、李胜生、郭世宝、宗力、马莉沙（Lisa Mar）、贾葆蘅和丁果等人的访谈资料，对华人政坛精英马健威、鲍胡莹仪、栾晋生、陈卓愉、林思齐、刘志强、叶志明等人的访谈资料。

最后，在观点层面，笔者认为通过本书的研究，发现当代加拿大华人参政与我们通常的认知有很大不同，有如下新观点：其一，1947 年以前的加拿大华人并非不懂政治，只是因为被排斥而没有机会，在此期间他们没有公民权和选举权，只能以参与非选举政治活动为主；其二，当代加拿大华人参与选举政治的方式有参加选举登记和投票、竞选议员和政府公职、争取政治委任、提供政治捐款和助选等五种，与美国华人精英参政的四种模型略有差异，当代加拿大华人精英参政有五种模型：选举型和委任型、全国型和地方型、象征型和实在型、主流政党型和华人政党型、华人选票型和非华人选票型；其三，加拿大华人参政团体的参政活动不仅能为普通民众争取实实在在的利益，还有利于提升加拿大华人的社会地位和整体形象；其四，21 世纪以来，加拿大华人政治参与的主要方式以参与选举政治为主，非选举政治为辅，二者相辅相成，互相促进；其五，当代加拿大华人政治参与已经走过起步阶段，现在正在快速发展和壮大，他们的政治参与活动遍布联邦、省和市镇三级政府的各个层级，并取得重大进展，未来会在规模和层级上有进一步的提升。

二、不足之处

笔者曾经在加拿大做过一年的"中加学者交流项目"访问学者，先后访问卡尔加里大学（UC）、不列颠哥伦比亚大学（UBC）和多伦多大学（UT）等知名大学，足迹从西到东，几乎踏遍整个加拿大大陆，尤其是华人集中聚居的省份和城市，也亲身经历2011年加拿大联邦大选，期间对当地的华人精英和知名华裔学者进行了访谈，对华人社区的参政情况进行了实地观察；加上女儿在加拿大读书，先在温哥华后到多伦多，因此笔者后来又多次去加拿大，利用探望女儿或参加国际会议的机会，到当地华人社区考察，到多伦多大学图书馆收集资料，访谈当地的华人问题专家和华人政治家，取得许多一手资料。然而，由于加拿大华人社会复杂多元，来自不同地域、不同群体、不同阶层的华人有不同的利益诉求，需要与他们长期交往才能深入了解他们的政治态度、政治心理、政党认同、参政方式、参政水平和参政过程中存在的问题与障碍。因此，在本书的研究中肯定存在这样或那样的缺点和不足，尤其是在"当代加拿大华人普通民众的政治参与"这一章中，获取关于华人普通民众参与选举的登记率和投票率的数据特别难，这对该章的研究造成一定困难，影响了原先的研究设计，但最终还是尽笔者所能把该章写了出来，总算差强人意。总之，由于笔者学力和时间有限，将课题改写成学术著作相当仓促，书中肯定还存在诸多不足，恳请国内外专家、老师、同学和朋友们批评指正。

第一章

加拿大对华移民政策变迁与华人移民

研究当代加拿大华人的政治参与，首先必须弄清楚华人在加拿大的社会政治地位变迁。要了解加拿大华人的社会政治地位变迁，必须先弄清楚历史上加拿大政府对华移民政策和华人移民加拿大的艰辛历程。因此，本章重点叙述和分析加拿大政府对华移民政策变迁和华人移民加拿大的曲折历程。根据以往的相关研究，笔者以为，加拿大对华移民政策可以分为两个阶段，即 1947 年以前和 1947 年以后两个阶段，其中又包括五个时期，第一个阶段包括自由出入时期（1858—1885）、管制入境时期（1885—1923）和禁止入境时期（1923—1947）；第二个阶段包括选择入境时期（1947—1967）和平等入境时期（1967—2022）。

第一节　早期加拿大对华移民政策与华人移民（1858—1947）

自 1858 年有官方记录的第一批华人到达加拿大至 1947 年加拿大政府废除《排华法案》，加拿大对华移民政策可以分为三个时期，包括自由出入时期（1858—1885）、管制入境时期（1885—1923）和禁止入境时期（1923—1947）。本节主要探讨这三个时期的加拿大对华移民政策和华人移民加拿大的艰辛历程。

一、自由出入时期（1858—1885）

中国人移民加拿大最早可以追溯到 1788 年初，当时英国皮革贸易商人米尔斯（Meares）船长在澳门和广州招募了 50 多名中国铁匠和木匠，于 5 月 13 日抵达温哥华岛的绿加（Nootka Sound）海湾。第二年，他又从中国南方招募 70 多名华工，协助在当地修建一座城堡和一艘载重 40 吨的帆船。华人工匠的精湛技艺和勤劳坚忍的性格给米尔斯船长留下深刻印象。他曾在回忆录中写道，"如果将来我们要在北美沿岸建立贸易据点，这些工人不可缺少"。后来的事实验证了他的预言，加拿大不列颠哥伦比亚省的发展离不开勤劳廉价的华工。1789 年，西班牙人抵达绿加海湾，开始与英国人展开争夺。华人的遭遇至今仍然是个谜。此后 69 年（1789—1858），至今尚未发现任何关于华人抵达加拿大西海岸的文字记录。[①]

1857 年，西门菲沙河谷发现金矿，成千上万的矿工先后涌入不列颠哥伦比

---

① "A Brief Chronology of Chinese Canadian History：From Segregation to Integration"，http：//www. sfu. ca/chinese－canadian－history/chart. html#.

亚淘金。1858 年 6 月，第一批中国移民从美国的旧金山乘船抵达维多利亚，加入淘金行列。这是有正式的官方文字记录的第一批到达加拿大西海岸的华人移民。随后，越来越多的华工从香港乘船来到这里淘金。在加拿大西部大开发初期，劳工短缺迫使殖民地政府不得不利用勤劳廉价的华工。他们帮助当地修筑道路，排干沼泽，挖掘水沟以及从事其他艰苦的工作。但随着 1865 年后淘金热过去，不列颠哥伦比亚的经济陷入衰退。华工与白人劳工之间的竞争更加激烈，于是白人劳工将自己失业的主要原因归咎于华工愿意接受超低工资和超时工作。19 世纪 60 年代末，不列颠哥伦比亚开始出现反华情绪，到 19 世纪 70 年代变得更加严重。

早期的加拿大华人劳工移民主要聚居在城市的特定区域，既是为了互助，也是为了避免遭到白人种族主义分子的迫害，后来逐步形成唐人街，与主流社会相隔离。1871 年，不列颠哥伦比亚正式加入加拿大联邦政府，成为"不列颠哥伦比亚省"，简称为"BC 省"，华人社区习惯称之为"卑诗省"。1872 年，BC 省第一届立法会通过法案，剥夺土著印第安人和华人的选举权。随后，BC 省的其他城市紧随其后，相继剥夺华人的选举权。1881 年加拿大人口普查结果显示，加拿大共有华人 4 383 名，其中 BC 省有 4 350 人，安大略省有 22 人，魁北克省有 7 人，曼尼托巴省只有 4 人。[1] 可见，当时 BC 省的华工人数最多，他们与白人劳工之间的矛盾最为激烈，那里的反华情绪和反华运动也最为严重。

为了维护加拿大的国家统一和领土完整，防止西部各省产生离心倾向，联邦政府承诺在不列颠哥伦比亚建省之后修建一条贯穿整个大陆东西两岸的太平洋铁路。在 1879 年筹建太平洋铁路的过程中，BC 省的反华势力就向联邦政府请愿，要求在 BC 省内的路段修筑中不雇用华工。但由于缺少劳工，铁路公司只有找华工来代替。在修建西太平洋铁路的过程中，截至 1882 年底，铁路公司总共雇用了 9 000 名工人，其中 6 500 名是华工，占工人总数的比例超过 72%，剩下的 2 500 名是白人劳工，仅占约 28%。[2] 但是在 1884 年太平洋铁路接近完工时，BC 省议会通过一项移民法案，禁止华人进入 BC 省。从 1881 年至 1884 年，参加修建西太平洋铁路的华工总数超过 17 000 人，其中有 10 000 人直接来自中国。[3] 可见，华工是修建西太平洋铁路的主力军，是加拿大国家建设的重要功臣。在整个

① "A Brief Chronology of Chinese Canadian History：From Segregation to Integration"，http：//www. sfu. ca/chinese – canadian – history/chart. html#.

② "A Brief Chronology of Chinese Canadian History：From Segregation to Integration"，http：//www. sfu. ca/chinese – canadian – history/chart. html#.

③ ［加］黎全恩、丁果、贾葆蘅：《加拿大华侨移民史（1858—1966）》，北京：人民出版社，2013 年，第 32 – 33 页。

西太平洋铁路的修建过程中，数以百计的华工因为意外、严寒、疾病和营养不良而丧失生命。然而，就在1885年铁路最后完工之时，加拿大国会通过法案，准备向进入加拿大的华人征收人头税。

二、管制入境时期（1885—1923）

该时期亦被称为"经济限制时期"。1885年7月2日，在BC省政府的压力之下，加拿大国会正式通过法案向每个入境的华人征收50加元的人头税，只有外交人员、神职人员、商人、学生、游客和科研人员可以豁免。当时，在加华工的年均工资收入只有225加元，除去衣食住行、医疗和其他必要的开支，每年仅能节余43加元。加拿大联邦政府试图通过征收人头税的方式阻止并限制华工移民加拿大，但结果华工移民人数不减反增。于是在1900年，加拿大联邦政府把人头税从50加元增加到100加元，但效果仍然不佳，到了1903年，加拿大联邦政府把人头税再次提升到500加元。尽管如此，还是不能阻止华人移民加拿大的脚步，因为当时中国正值乱世，华工在加拿大的最低工资虽然每月只有2加元，但仍然是当时中国的10～20倍。[1] 从1886年到1923年，共有89 652名华人入境加拿大，其中有82 369名华人交纳人头税，总数接近2 400万加元。[2] 这在当时是一笔巨额的收入，联邦政府为修建太平洋铁路的总拨款也才2 500万加元，现在的BC省政府在维多利亚的办公大楼就是用这笔钱中的一小部分建造的，都是华工的血汗钱。

除了被征收人头税之外，华人当时在社会、经济和文化等方面都遭到主流社会的排斥。例如，维多利亚歌剧院规定不允许华人在第一层就座，只能坐在楼上后排。维多利亚水晶游泳池禁止华人进入游泳，理由是华人身体肮脏，不讲卫生。还有很多商店禁止华人在周六晚上7点到10点进入，理由是这段时间内有很多白人女士光顾，不希望见到华人在旁边注视。另外，如果华人要与白人结婚必须得到当地警长签发的许可证。当时白人妇女和华人男子的婚姻几乎都没有什么好结果。例如，1908年9月，华人商店老板李蔺与白人妇女甲顿举行了婚礼，夫妻二人在温哥华度完蜜月之后乘船返回维多利亚，但还没有抵达就双双失踪。同年，来自旧金山的白人妇女摩利士准备嫁给维多利亚华商李白佳，但警方以"不受欢迎"为理由将她驱逐出境。1912年，萨斯喀彻温省议会通过法案，禁止

---

① "A Brief Chronology of Chinese Canadian History：From Segregation to Integration"，http：//www. sfu. ca/chinese - canadian - history/chart. html#.

② ［加］黎全恩、丁果、贾葆蘅：《加拿大华侨移民史（1858—1966）》，北京：人民出版社，2013年，第139 - 140页。

中国餐馆和商店雇佣白人女工。类似的法案后来也在 BC 省、曼尼托巴省和安大略省获得通过。该法案不仅遭到华商的坚决反对，也引发白人妇女的抗议。最后，这项歧视性法案被迫取消，转而用另一法案来代替，新法案要求华商在雇佣白人女工时必须向政府申请并获得许可证。接着是实施"黄白分校"。1921 年，维多利亚所有四年级以下的华人学生共 90 人被教育局单独安排在一所学校就读，与白人学生实行种族隔离，只有 150 名高年级华人学生能和大约 6 000 名白人学生在同一所学校上课。1922 年，维多利亚教育局又宣布要将这 150 名华人学生隔离出来单独成班，遭到华人家长的反对和华人学生的罢课抗议。罢课持续了一年多，最后维多利亚教育局在联邦政府、教会和公众舆论的压力之下，废除高年级华人学生与白人学生隔离上课的规定。1920 年，联邦政府通过法案，规定在省级行政区没有选举权的公民不能参加联邦选举。于是各专业协会也以此为据将没有选举权的华人排除在外，根本不用点明其族裔身份。此后，华人在 BC 省和其他一些省份都不能从事律师、药剂师和医生等工作。①

在人头税法案实施期间，华人人口总体上还在不断增加。例如，1881 年加拿大华人人口仅有 4 383 人，1891 年增加到 9 129 人，1901 年增加到 17 312 人，1911 年又增加到 27 831 人，1921 年达到 39 587 人。华人人口增加有三个方面的主要原因：第一，在当时来自中国的推力和加拿大的拉力共同作用下，每年仍然有很多华人进入加拿大；第二，这段时期已经有不少第二代华人在加拿大出生；第三，也有部分华人通过冒名顶替或偷渡的方式非法进入加拿大，但这不是华人的错，而是对加拿大政府用不公正的人头税排斥华人的一种无声反抗。在此期间，加拿大华人人口从早期主要集中在 BC 省，开始向中部大草原省份和东部海洋省份扩散。1885—1923 年期间，加拿大华人人口在结构上有三个主要特点：第一，新来的华人大多数是中青年劳动力；第二，他们当中的大多数仍然是单身劳动力或是已婚但独自到来的劳动力；第三，土生华裔的人数开始显著增多，并进入加拿大的教育体制。②

三、禁止入境时期（1923—1947）

由于人头税并不能有效地阻止和减少华人移民，在各种反华势力的联合压力之下，加拿大联邦政府于 1923 年通过《华人移民法案》（The Chinese Immigration

---

①　"A Brief Chronology of Chinese Canadian History：From Segregation to Integration"，http：//www. sfu. ca/chinese – canadian – history/chart. html#.

②　［加］黎全恩、丁果、贾葆蘅：《加拿大华侨移民史（1858—1966）》，北京：人民出版社，2013 年，第 217 页。

Act），禁止华人入境。研究显示，1923年排华法出笼的主要原因有五个方面：第一，1910年至1920年，来自欧洲的移民人数急剧增加，华人移民的人数也在继续增加，但当时加拿大政府中白人至上主义思潮横行，且主流社会愿意接受更多白人移民，他们认为华人是"累赘"，欲除之而后快；第二，当时加拿大的经济形势不好，失业率高，就业困难，大量的白人新移民、本地的复员军人和本地劳工与华人劳工形成激烈的竞争，种族歧视和偏见自然发生；第三，BC省的白人主流民意认为华人陋习多，不可同化，对加拿大不会有贡献，应立法禁止入境，为1923年排华法的出笼奠定了民意基础；第四，来自联邦和地方政府的反东方人法案为1923年排华法的最终出台奠定了法律基础；第五，弱国无外交，当时的中国正处在军阀割据时代，政府积贫积弱，根本无力保护海外华侨华人的安全和改变其受歧视受排斥的地位。[①]

1923年6月30日，阻挡华人入境的人头税法案因实施效果不佳被联邦政府取消，于是加拿大联邦国会又通过新的《华人移民法案》，并于1923年7月1日的加拿大国庆日开始生效。该法律总共包含歧视华人的43项条款，所以加拿大华人称之为"四三苛例"或"排华法案"。根据该法案，除了外交人员、在加拿大出生的华裔小孩、得到移民和殖民部长相应级别认可的商人、在加拿大大学就读的华人学生、持有"离境证"并在登记离境日起两年内返回加拿大的华人居民，其他任何华人都不允许登陆加拿大。根据该法，加拿大公民的华人妻子，如果从未登陆过加拿大，由于不是加拿大公民，也不能入境。即使已经取得加拿大居留权、已经有住房的华人，如果暂时离开加拿大或没有按照新法准时入境，也可能被拒绝再次进入加拿大。[②] 因此，每年的7月1日虽然是加拿大的国庆日，却是加拿大华人的耻辱日，了解加拿大华人历史的当代加拿大华人大多拒绝参加加拿大国庆，直到2006年加拿大联邦政府就历史上的人头税和《排华法案》正式向华人社区道歉并赔偿之后才有所改变。

在此期间，加拿大联邦政府和地方政府还制定了其他与华人相关的歧视性法规，其中具有代表性的法规有《BC省妇女儿童保障法》，规定凡有道德问题存在的地方，任何人不得雇佣白人和印第安人或儿童。该法的目的显然是为了禁止华商雇佣这两类人。在此大环境之下，能入加拿大国籍的华人很少。1931年，在加华人共有46 519人，只有7 481人入加拿大国籍，仅占约16%，39 038名华人没有资格加入加拿大国籍。1941年，在加华人共有34 624人，加入加拿大国

---

① ［加］黎全恩、丁果、贾葆蘅：《加拿大华侨移民史（1858—1966）》，北京：人民出版社，2013年，第350－353页。

② ［加］黎全恩、丁果、贾葆蘅：《加拿大华侨移民史（1858—1966）》，北京：人民出版社，2013年，第355页。

籍的华人也只有 8 746 人，仅占约 25%，其他 25 878 名华人不能加入加拿大国籍。① 如果说征收人头税是加拿大在种族歧视方面犯下的严重错误，那么 1923 年的排华法案则是加拿大违反人道主义基本原则，在侵犯人权方面犯下的重大罪行。该法案的执行使数以千百计的华人家庭，包括夫妻、父母和儿女、祖父母和孙儿女被活生生地分隔在太平洋两岸，其中许多人到死都没有实现家庭团聚。这是一个全面禁止华人移民入境加拿大的法律，不但充满种族歧视和偏见，也与加拿大的立国精神背道而驰，是加拿大移民史和加拿大历史上最大的污点之一。

从 1923 年到 1947 年，全面禁止华人入境的《排华法案》使无数加拿大华人家庭饱受妻离子散之苦。1941 年加拿大人口普查数据显示，加拿大华人总数不到 3.5 万人，47% 居住在当时的五大主要城市，其中温哥华有 7 880 人，维多利亚有 3 435 人，多伦多有 2 559 人，蒙特利尔有 1 865 人，温尼伯有 762 人。而生活在大城市的 90% 华人都聚居在唐人街或唐人街附近的街区。他们主要来自中国广东珠江三角洲的 8 个县，其中来自四邑（台山、开平、新会和恩平四个县）的华人占 66%，来自三邑（番禺、南海和顺德三个县）的华人占 16%，来自中山的华人占 9%，剩下的 9% 来自其他县乡地区。②

关于《排华法案》实施期间华人的抗争，属于 1947 年以前加拿大华人参与非选举政治的范畴，也可以称之为加拿大华人的抗争政治或维权政治，在黎全恩、丁果和贾葆蘅著述的《加拿大华侨移民史（1858—1966）》一书中有较多的史料叙述，包括华人反击排华运动和华人抗议《排华法案》，笔者在这里不再重复，因为本书的重点是研究当代加拿大华人的政治参与，侧重于 1947 年以来的华人政治参与。但值得强调的是，从当时的抗争行动来看，加拿大华人并非以往史书中所述的逆来顺受、任人欺凌的传统负面形象，而是非常熟悉各种非选举政治参与方式，包括通过媒体进行政治表达，利用公共舆论对加拿大政府施加压力，还通过集会、请愿、抗议、组建参政团体等方式进行合法抗争。他们也了解通过选举政治争取合法权益的方式，只是因为没有公民权而无可奈何！总体来看，加拿大华人通过各种途径和方式对《排华法案》进行的抗争都为 1947 年加拿大联邦政府决定最终废除《排华法案》奠定了基础。

---

① ［加］黎全恩、丁果、贾葆蘅：《加拿大华侨移民史（1858—1966）》，北京：人民出版社，2013 年，第 356 页。

② "A Brief Chronology of Chinese Canadian History：From Segregation to Integration"，http：//www. sfu. ca/chinese－canadian－history/chart. html#.

第二节　当代加拿大对华移民
政策与华人移民（1947—2022）

第二次世界大战结束之后，在国内国际各种力量的综合推动下，加拿大政府于 1947 年 5 月正式废除《排华法案》，给予加拿大华人公民权和投票权。此后至 2022 年，当代加拿大对华移民政策经历了两个主要发展阶段，即选择入境时期（1947—1967）和平等入境时期（1967—2022）。

一、选择入境时期（1947—1967）

该时期也称为解禁宽松时期。在此期间，执行长达 24 年的《排华法案》被废除，限制华人移民加拿大的枢密院 2115 条款得到修改，1962 年新移民法的制定和实施对华人移民加拿大更加公平。

（一）《排华法案》的废除

在第二次世界大战期间，有 500～600 名华人曾经在加拿大军队中服兵役，为一个歧视他们以及他们祖父辈长达半个世纪之久的国家浴血奋战。在此期间，加拿大海陆空军队当中都有华人的身影。不仅有华人在欧洲战区、东南亚战区和太平洋战区的战斗中立下赫赫战功，还有众多华裔青年在加拿大国内投入军工生产、战时救护、战时运输和宣传演出等，另外，还有许多华人踊跃购买加拿大政府发行的战时胜利公债，支援加拿大抗击德国和日本法西斯军队在欧洲和亚洲的侵略，总金额超过 1 000 万加元。[①] 加拿大华人为世界反法西斯战争的胜利立下了卓越功勋，但他们却没有加拿大的公民权和投票权。

随着"二战"胜利在即，已经退伍的华裔军人和华人社团率先发起抗争，要求取得与其他族裔背景的退伍军人同等的待遇，其中最重要的是争取公民权，并在此基础上要求政府取消对加拿大华人的各种歧视政策。1945 年初，BC 省维多利亚唐人街的同源会，就曾经陪同华裔退伍军人面见省长哈特（John Hart），要求省政府给予华人公民权。1945 年 3 月 28 日，BC 省政府率先修改该省的选举法，准许在第一次和第二次世界大战中服兵役的人享有公民权。这样，曾经参加

---

① ［加］黎全恩、丁果、贾葆蘅：《加拿大华侨移民史（1858—1966）》，北京：人民出版社，2013 年，第 444、450 页。

过两次世界大战的华裔军人，都取得选举权。这是华裔现役和退役军人在争取公民权利上取得的第一个胜利。1946 年 5 月，他们成立华裔退伍军人会，为华裔军人和土生华裔青年争取平等的选举权待遇。他们的抗争活动得到全加海陆空退伍军人代表大会的背书支持，激发起华人社区开始废除《排华法案》的新运动。①

在华人社区的全力支持下，通过当地的国会议员，华裔退伍军人在首都渥太华国会山庄开启寻求终结实施长达 24 年的《排华法案》的路径。1947 年初，温哥华华人社区率先成立"华埠废除四三苛例运动委员会"，定期召开全加华侨代表大会，商讨废除《排华法案》的各种办法。1 月下旬，卡尔加里中国洪门民治党分部致电加拿大移民部长，正式要求废除《排华法案》。1 月 26 日，安大略省中华总会馆举办民众大会，一致通过决议，要求加拿大联邦政府废除《排华法案》。同日，渥太华华人社区也召开响应大会，参会的 150 人当中，有 1/3 是白人，包括两名国会议员、渥太华市副市长，以及 16 个团体代表，会议一致通过要求废除《排华法案》的决议。由华人推动的废除《排华法案》运动，在短时间内得到加拿大社会朝野内外的纷纷响应和支持。当时，战后加拿大经济发展正好需要大量移民，对外来移民持欢迎态度，政治上加拿大已经成为联合国创始会员国，需要尊重联合国在人权和人道方面的规定。在此大背景下，在全加华人社区和华人社团的团结抗争之下，1947 年 5 月，国会众议院通过废除《排华法案》，并送参议院加以批准。1947 年 5 月 14 日，执行长达 24 年的《排华法案》终于被正式废除。②

（二）修改枢密院 2115 条款

《排华法案》虽然被废除了，但这并不意味加拿大华人从此就获得与其他族裔，尤其是欧洲裔移民同等的权利。1930 年针对加拿大公民申请直系亲属移民加拿大的枢密院 2115 条款，因为《排华法案》的取消，也可以适用于华裔加拿大公民。该条款规定，加拿大公民可以担保配偶和未满 18 周岁的子女入境并定居加拿大。但在该条款的限制下，符合资格申请家属来加拿大的华人很少，因为当时入籍加拿大的华人数量非常有限，不到加拿大华人总数的十分之一。1947年，仅有 34 名华人按照此条例入境并定居加拿大。按此速度，在加华人申请家属团聚不知要等到猴年马月。因此，在加拿大华侨华人的眼中，枢密院 2115 条款就成了战后的"四三新苛例"。而战后的加拿大政府为吸引更多白人移民，规

---

① ［加］黎全恩、丁果、贾葆蘅：《加拿大华侨移民史（1858—1966）》，北京：人民出版社，2013年，第 504 – 505 页。

② ［加］黎全恩、丁果、贾葆蘅：《加拿大华侨移民史（1858—1966）》，北京：人民出版社，2013年，第 506 – 508 页。

定欧洲移民不再受 2115 条款的限制，还有政策倾斜。这些明目张胆的种族歧视规定使在加华人十分愤怒，于是他们展开第二次废除苛例的请愿运动。在加拿大东部和西部华人聚居的地区先后组织成立全加华侨人权平等请愿团，向联邦政府请愿，要求扩大范围，准许所有居住在加拿大的华侨华人申请配偶儿女来加拿大团聚和定居。在加拿大华侨华人的集体抗争下，加拿大联邦政府做出了一些妥协和让步，如 1951 年修改后的条款规定，允许加拿大公民 21 岁以下的子女来加拿大团聚和定居，特殊情况的可以扩大到 25 岁以下。[①]

（三）1962 年新移民条例的实施

由于"假纸案"的影响，1962 年，加拿大政府颁布新的移民条例。新移民条例的最大特色和亮点就是开启了技术移民加拿大的大门。此后，华裔年轻人移民加拿大不用再单靠亲属移民的途径，并受到年龄以及婚姻与否的限制。他们只凭自己的学历和拥有的技能就可以移民加拿大。这是一种更加公平合理的移民政策。条例规定，如果加拿大移民局认定该华人申请者符合移民资格，并证实其在抵达加拿大之后可以在经济上独立，不需要加拿大政府的福利，就可以在移民时同时把他们的配偶和 21 岁以下的儿女带到加拿大定居。在新的移民条例规定之下，华人直系亲属来加的范围也有所扩大，加籍华人被准许申请父母移民加拿大，而且不受年龄的限制。同时，他们也可以申请祖父母及未婚夫或者未婚妻移民加拿大。新的移民条例的实行使加拿大华人移民的数量大大增加。从 1965 年 3 月到 1966 年中，通过申请技术移民来加拿大的华人家庭已经超过 500 个。[②]

在此时期，加拿大华侨华人除了继续要求扩大亲属移民的范围之外，对技术移民的类别的要求也提出了修改意见。例如，当时新的移民条例只准许合格的大学学历人士申请移民，华人社区则根据当时中国的实际情况，要求准许中学生以及中专生移民加拿大，然后通过培训成才，为加拿大社会创造更多财富。此外，华人社区也提出请求，要求入籍法庭准许在加拿大已经居住 20 年以上的老华侨在入籍问话时，可以由翻译传译，而不需要申请人直接用英语或法语回答问题，而且传译人员应该由法庭聘请。总之，不管华人社区的要求是否与新的移民政策条例相一致，至少说明当时华人社区的要求已经不只是与其他族裔一视同仁，而是有了更多华人自己的特殊要求，这也说明当时加拿大华人的社会政治地位在提高，在加拿大新移民政策上的影响力在提升。1966 年 10 月 14 日，移民部长马尔

---

① ［加］黎全恩、丁果、贾葆蘅：《加拿大华侨移民史（1858—1966）》，北京：人民出版社，2013 年，第 511 - 512 页。

② ［加］黎全恩、丁果、贾葆蘅：《加拿大华侨移民史（1858—1966）》，北京：人民出版社，2013 年，第 526 页。

尚（Jean Marchand）在国会发表修改移民政策的白皮书，允许所有加拿大籍公民，不论其族裔背景及祖籍国，都有申请亲属移民加拿大的权利，而以前只允许欧洲裔和美洲裔的加拿大公民有此权利，现在适用到所有加拿大公民。[①] 该政策白皮书受到华人社区的欢迎，为 1967 年加拿大国会通过平等对待各国移民的新移民法的出台开启了序幕。

　　总之，在选择入境时期，在华人社区的大力争取之下，在主流政党和国会议员、白人主流民意和专业人士、宗教人士和英文媒体的正面积极支持之下，还有在世界发展的大潮流影响之下（如加拿大是联合国的创始会员国，必须倡导和遵守人权平等的大原则），华人移民人数快速增长，加拿大政府对其过时的移民政策不断进行修改和修正，加拿大华人社区开始进入新的发展阶段。

二、平等入境时期（1967—2022）

　　该时期也称为普遍移民时期。1967 年 10 月 1 日，加拿大联邦政府开始实施宽松的"评分制"移民政策，根据申请人的受教育程度、职业技能等标准，通过打分平等地吸纳外来移民。此后，华人终于实现与世界上其他国家的申请者一样享有平等移民加拿大的权利。根据该政策，移民记录将不再登记移民的种族出身，只登记其最后的永久居住地。1967 年该政策正式实施之后，来自世界各地拥有专业技能的华人开始大量移民加拿大。1986 年，加拿大又开始实施"投资移民"政策，吸引大批中国香港、台湾的投资者和企业家，携带大量资金和人力资本移民加拿大。20 世纪 90 年代，很多香港居民担心香港回归后的政治前景不明朗，于是纷纷选择移民国外，其中大部分移民到加拿大。统计数据显示，1994年共有 44 227 名香港人和 7 423 名台湾人移民到加拿大。但到 2000 年，香港顺利回归后，香港移民加拿大的人数很快减少到 2 862 人，台湾移民也减少到3 511人左右。同期，从中国大陆移民到加拿大的人数从 12 486 人快速增加到 36 718人。此后，来自中国大陆的新移民猛增。在 2001—2006 年的五年间，总共有 19万人从中国大陆移民加拿大，而香港只有 10 300 人。2006 年加拿大人口普查数据显示，全加共有 134.65 万华人，其中 86% 聚居在五大城市，其中多伦多有53.7 万，温哥华有 40.2 万，蒙特利尔有近 8.3 万，卡尔加里有 7.5 万多，埃德蒙顿有近 5.4 万。现在，全加拿大来自中国广东珠江三角洲地区的华人移民已经

---

　　① ［加］黎全恩、丁果、贾葆蘅：《加拿大华侨移民史（1858—1966）》，北京：人民出版社，2013年，第 528 页。

占比不到 40%，来自中国大陆其他地区、香港和台湾等的占 60% 以上。[①]

表 1 - 1　1971—2001 年从中国大陆、香港、台湾移民加拿大的人数统计表

单位：人

年份	中国香港	中国台湾	中国大陆	加拿大移民人数
1971	5 009	761	47	121 900
1972	6 297	859	25	122 006
1973	14 662	1 372	60	184 200
1974	12 704	1 382	379	218 465
1975	11 132	1 131	903	187 881
1976	10 725	1 178	833	149 429
1977	6 371	899	798	114 914
1978	4 740	637	644	86 313
1979	5 966	707	2 058	112 096
1980	6 309	827	4 936	143 138
1981	6 451	834	6 551	128 641
1982	6 542	560	3 572	121 178
1983	6 710	570	2 217	89 185
1984	7 696	421	2 214	88 272
1985	7 380	536	1 883	84 347
1986	5 893	695	1 902	99 352
1987	16 170	1 467	2 625	152 077
1988	23 281	2 187	2 778	161 585
1989	19 908	3 388	4 430	191 550
1990	29 261	3 681	7 989	216 451
1991	22 340	1 389	13 915	232 790
1992	38 910	7 456	10 429	254 787
1993	36 576	9 667	9 466	256 637
1994	44 227	7 423	12 486	224 382

---

① "A Brief Chronology of Chinese Canadian History：From Segregation to Integration"，http：//www. sfu. ca/chinese - canadian - history/chart. html#.

（续上表）

年份	中国香港	中国台湾	中国大陆	加拿大移民人数
1995	31 767	7 689	13 291	212 862
1996	29 987	13 225	17 516	226 070
1997	22 250	13 324	18 526	216 036
1998	8 087	7 193	19 785	174 195
1999	3 664	5 464	29 119	189 950
2000	2 862	3 511	36 723	227 470
2001	1 965	3 114	40 365	250 656

资料来源：感谢贾葆蕄女士向笔者提供这一宝贵的统计数据，也可参见［加］黎全恩、丁果、贾葆蕄：《加拿大华侨移民史（1858—2001）》（社科卷下），北京：华夏出版社，2022年，第 7 - 39 页。

（一）中国香港移民

1967 年之后，加拿大对华移民政策不断调整，总体来看是越来越宽松的，例如，除了继续保持家庭团聚移民不减少，还增加了独立的技术移民，20 世纪 80 年代又开启了投资移民政策，结果是大批移民涌入加拿大，加拿大华人人口得到快速增长。当然，移民政策的效应是双向的，最终还要取决于移民来源地的态度和反应。据统计，1956 年至 1965 年，只有 14 648 名香港人移民加拿大，平均每年约为 1 628 人。1967 年香港暴动发生后，移民加拿大的香港人开始激增，出现当代历史上的第一个高峰。从 1973 年至 1976 年，每年都有上万名香港人移民加拿大，其中 1973 年为 14 662 人，1974 年为 12 704 人，1975 年为 11 132 人，1976 年为 10 725 人。1977 年至 1986 年开始有所回落，每年有 4 000 ~ 7 000 人。1984 年 12 月 19 日，中英两国政府正式签署《关于香港问题的联合声明》，引起一些香港人的惊慌和恐惧，他们通过技术移民和投资移民移居加拿大，形成当代历史上的第二个高峰。从 1987 年到 1997 年，香港移民加拿大的人数再次急剧上升，每年都有 1.6 万至 4.4 万人（参见表 1 - 1）。[①]

回顾这段移民历程可以发现，20 世纪 70 年代和 80 年代后期，加拿大的香港移民出现两次增长高峰的主要原因有：第一，如上所述 1967 年的香港暴动和 1984 年中英两国政府正式签署《关于香港问题的联合声明》之后，很多香港人对未来政局产生担忧，所以移民加拿大。第二，加拿大没有种族歧视的新移民政

---

① 黄昆章：《二战后加拿大华人人口结构与经济概况》，《八桂侨刊》2001 年第 3 期，第 17 页。

策，吸引很多符合资格的香港人申请移民加拿大。第三，加拿大良好的教育条件和经济机会，吸引很多香港人带孩子移居加拿大。第四，加拿大政府从 1973 年 8 月开始实施实一项新的移民政策，规定凡持有学生签证，在 1972 年 11 月 30 日之前入境加拿大的学生，可以申请成为加拿大永久居民。之后大约有 500 名持有学生签证的香港学生提出申请，并很快获得加拿大永久居住权。第五，加拿大政府在 1973 年特赦境内的非法移民成为居民，规定凡是在 1972 年 11 月 30 日之前入境加拿大的旅客和非法移民，如果他们后来没有再离开加拿大，并且在加拿大没有犯罪记录，都可以给予 60 天时间让他们更改身份，但要在 1973 年 10 月 15 日前提出申请。最后大约有 3.9 万人利用这一政策取得合法身份。[①]

据统计，来自香港的移民大多为技术移民和投资移民。他们受教育程度高，大多从事专业工作，经济实力雄厚，移民加拿大后大多居住在大城市，如多伦多、温哥华和列治文，这些地方被戏称为"小香港"，尤其是温哥华（Vancouver）在海外华人研究界被笑称为"香哥华"（Hongcouver）。现在大温哥华地区的列治文市华人人口占当地总人口的比例已经超过 50%，成为当地人口的绝对多数。在加拿大，人口多意味着选票多，加上香港人的政治参与意识觉醒得较早，他们参政议政的能力早在香港时就已经得到锻炼，这些为他们后来参与加拿大政治奠定坚实基础，也是如今在加拿大政坛的华人移民多数来自香港的主要原因。

（二）中国台湾移民

1967 年加拿大进行移民法改革之后，来自台湾的新移民从 20 世纪 70 年代开始逐步增多，1971 年为 761 人，1972 年为 859 人，1973 年为 1 372 人，1974 年为 1 382 人，1975 年为 1 131 人，实现了从数百到数千的突变（参见表 1-1），之后增长一直比较平稳，基本保持在每年 1 万人以内。只是在 20 世纪 90 年代两岸关系紧张时期，尤其是在 1995—1996 年的台海危机期间，由于担心两岸将会发生军事冲突，于是大批台湾人移民海外，主要目的地是美国和加拿大，因此从表 1-1 也可以发现，在 1996 年和 1997 年移民加拿大的台湾人首次突破万人大关，分别为 13 225 和 13 324 人。台海危机之后，两岸无战事，移民加拿大的台湾人数显著回落，又恢复到每年 3 000 ~ 5 000 人的正常水平（参见表 1-1）。移民加拿大的台湾人主要是技术移民、留学移民和投资移民，家庭团聚移民相对比较少。早期赴加拿大的台湾新移民受教育程度高，经济实力也比较雄厚，加上台

---

① ［加］黎全恩、丁果、贾葆蘅：《加拿大华侨移民史（1858—2001）》（社科卷下），北京：华夏出版社，2022 年，第 7-8 页。

湾政治民主化进程发生得比较早，他们的政治参与意识比较强，对西方那套参与选举政治的方式和方法非常熟悉，而且他们移民到加拿大之后大多从事专业技术工作，社会政治经济地位较高，这些与他们后来顺利走上参政的道路有很大关系。台湾华人移民在加拿大的政治参与水平仅次于香港华人移民。

（三）中国大陆新移民

1947 年之后，加拿大对华移民政策逐步放宽，但由于当时中国政府对国民出国的限制，直到1978 年改革开放前，每年移居加拿大的中国人只有几十到几百人，如 1971 年到 1973 年分别为 47、25 和 60 人，1974 年到 1978 年分别为379、903、833、798 和 644 人。直到 1978 年实行改革开放后，中国政府开始放宽出国的条件，移居到加拿大的中国大陆新移民才开始显著增加，但从 1979 年至 1988 年，每年大多保持在 2 000 人左右，只有个别年份多一些，如 1980 年和1981 年分别为 4 936 人和 6 551 人，可能是受中国政府正式放宽出国的条件所致。1989 年后移民加拿大的中国大陆新移民急剧增加，其中，1991 年移民加拿大的中国大陆新移民，包括被加拿大政府接纳的中国留学生、访问学者及其家属共有13 915 人，首次突破万人，之后两年有所回落。但随着中国改革开放的深入，20世纪 90 年代移民加拿大的中国大陆新移民稳步增长，基本上保持在 1 万 ~ 2 万人。20 世纪 90 年代末，受中国经济腾飞的影响，移居加拿大的中国大陆新移民开始迅猛增长，其中 1998 年接近 2 万人，1999 年接近 3 万人，[①] 2000 年达到 3.6万人，2001 年更是突破 4 万人（参见表 1 - 1）。中国大陆已成为加拿大华人新移民的最大来源地和生力军，一直持续至今。

20 世纪八九十年代，来自中国大陆的华人新移民以家庭团聚移民和技术移民为主。21 世纪以来投资移民的数量也在急剧上升，尤其是 2008 年美国金融危机之后，中国经济快速发展，人民富裕，来自中国大陆的新移民大多携带巨额资金来到加拿大，他们的经济实力引人瞩目。还有大批的留学移民，他们不仅在留学期间向加拿大的大学交纳相当于本地学生三倍的学费，毕业后还留下来为加拿大工作和服务，向加拿大政府纳税，支撑加拿大这个高福利社会运转。这些新技术移民和留学移民不仅受教育程度高，而且了解加拿大社会的政治制度和社会文化，熟悉加拿大的政治运作。他们大多接受过高等教育，留学生接受的还是加拿大当地教育，毕业后大多从事专业技术和管理工作，参政意识比老移民显著增强，这些都为他们未来介入加拿大选举政治积累了能量，做好了准备。

---

① 黄昆章：《二战后加拿大华人人口结构与经济概况》，《八桂侨刊》2001 年第 3 期，第 17 - 18 页。

（四）印支华人难民

除了来自中国大陆、香港、台湾的华人新移民之外，自 1975 年以后，还有大批来自印支的华人难民。据统计，1975 年到 1978 年，加拿大接收了 9 000 名来自越南的难民；1979 年至 1980 年，又接收了 5 万名印支难民，其中大多数是华人。他们当中大多数人的祖籍地是广东省各个县市，以汕头地区和珠江三角洲居多。① 他们也是当代加拿大华人新移民的重要组成部分。

与此同时，加拿大联邦政府也开始承认华人对加拿大经济社会发展和多元文化形成所做的巨大贡献，逐步向过去曾经排华的历史做出正式道歉。例如，1980 年 6 月 16 日，加拿大国会通过一项动议，承认华人对加拿大多元文化的贡献。这是官方首次承认华工对修建太平洋铁路所做出的巨大贡献。1982 年 9 月，加拿大历史遗迹委员会在 BC 省耶鲁镇博物馆外悬挂铜制的匾额，以纪念华工对修筑西太平洋铁路所做出的巨大贡献和牺牲。1986 年 6 月，4 个加拿大白人工会在甘巴仑的华人和日本人坟场外竖立石碑，纪念逝世的华人和日本人煤矿工人。1987 年，主导加拿大联邦政府的三大政党——保守党、自由党和新民主党一致通过国会动议，承认人头税和《排华法案》在历史上曾经对华人造成许多不公平的待遇和歧视。② 2006 年 6 月 22 日，加拿大总理哈珀代表加拿大联邦政府正式就历史上的人头税法案和《排华法案》向加拿大华人社区道歉，给予仍活着的人头税受害者及其配偶每人 2 万加元的象征性赔偿，并拨款设立种族平等教育基金等。

小　结

自 1788 年以降，230 多年来，加拿大对华移民政策经历了自由出入时期、管制入境时期、禁止入境时期、选择入境时期和平等入境时期。华人移民及其后代在加拿大也经历了从被排斥到被接纳、从被隔离到主动融合的过程，走过了漫长而艰辛的道路。他们在科学、艺术、音乐、学术、体育和社会服务等各个方面都为加拿大做出了卓越贡献，最终得到加拿大政府和主流社会的认可。近年来，多位华人精英被授予加拿大公民的最高荣誉——"加拿大勋章"，以表彰他们对加

① 黄昆章：《二战后加拿大华人人口结构与经济概况》，《八桂侨刊》2001 年第 3 期，第 17 - 18 页。
② "A Brief Chronology of Chinese Canadian History: From Segregation to Integration", http://www. sfu. ca/chinese - canadian - history/chart. html#.

拿大的突出贡献和服务。历史证明，排斥移民是错误和灾难，积极吸纳和管理才是正确的选择。外来移民对加拿大社会的贡献远远大于索取，吸纳移民能体现加拿大社会的民主和包容，促进多元文化主义在加拿大的发展和繁荣。廓清加拿大对华移民政策变迁，尤其是当代加拿大政府对华移民政策的变迁和华人移民加拿大的艰辛历程，是本书研究的历史和现实基础。

第二章

当代加拿大华人政治参与的相关理论

多年以来，学界一直批评国内的海外华人研究只有方法，没有理论，只知道用历史学的方法平铺直叙世界上某个地区的海外华人，包括他们的发展历程、现状与特点、存在的问题与障碍，以及未来发展前景。这种批评其实有些偏激，国内的海外华人研究并非没有理论，即使用历史学的方法研究也有各种史学方面的理论支撑，只是用得太多，比较单一，没有创新而已。近年来，越来越多的国内学者开始尝试从各种不同学科的视角及其相关理论研究海外华人问题，如政治学、法学、经济学、社会学、民族学、宗教学和人类学等。

笔者从事美国华人参政研究多年，一直在思考如何从政治学的视角，用少数族裔政治参与的相关理论来研究和解释美国华人参政问题，并努力构建一套完整的海外华人参政理论，希望能最终形成一种研究范式，但一直不是很完善。例如，以前笔者在做当代美国华人政治参与研究时，在绪论部分的概念界定中只详细讨论关于海外华人政治参与的定义，而把他们政治参与的主要类型、影响因素和参政方式尽量融合到具体章节中进行解释和运用，感觉有些分散，不够系统和完整。因此，在研究当代加拿大华人政治参与这一课题的过程中，一方面，针对加拿大与美国的政治制度模式虽然大体相近，但也存在大量细节差异的现实，笔者对原来针对美国华人政治参与的研究范式重新进行调整和修正；另一方面，笔者经过长期的思考和总结，期望用独立的一章内容，构建一套比较系统和完整的关于当代加拿大华人政治参与的理论，然后围绕这一理论分析框架，对当代加拿大华人精英、社团和普通民众的政治参与实践进行全面具体的综合分析。本章首先对当代加拿大华人政治参与的定义进行界定，然后简单概括他们参政的类型和方式，具体融合到后面的章节中去阐释，最后重点分析影响他们政治参与的社会因素和个人因素，使其形成一个完整的分析框架，从理论的高度指导第三、四、五章的研究。

第一节　当代加拿大华人政治参与的定义、类型与方式

一、当代加拿大华人政治参与的定义

要界定当代加拿大华人政治参与的定义，首先必须了解什么是政治参与。政治参与（Political Participation）作为政治学的一个重要研究领域最早形成于西方。早在古希腊政治学说中，就已经孕育政治参与的思想。最先对政治参与这种现象进行思考的是法国思想家卢梭，而首创公民政治参与历史和经验研究的是法国政

治学家托克维尔。卢梭从"主权在民"的政治理念出发，深入阐述了人民作为主权所有者参与社会政治过程的重要性和路径；托克维尔则在《论美国的民主》一书中"严肃地思考公民政治参与的理论价值和实践意义"①。现代政治学中政治参与的概念是"二战"后西方学者首先使用并进行研究的。早期的政治参与研究主要是对选举学或选举行为的各种解释，但政治参与真正成为政治学的一个重要研究领域是在20世纪60年代之后的美国。此后，政治参与研究逐渐成为现代政治学研究中的热门领域之一。

一般认为，现代民主政治发展的过程就是政治参与不断扩大的过程，一个国家公民政治参与的程度和水平越高，这个国家的政治发展程度就越高。政治参与的扩大是政治现代化的标志。② 在某种程度上，政治参与已成为衡量一个国家政治发展程度的重要标准。因此，在政治学中，对政治参与的研究一直备受关注。第二次世界大战结束以来，专门研究政治参与的著作众多，涉及各种类型的国家。对政治参与的研究已成为当今政治学研究的热点之一，但有关政治参与的定义一直存在争议和分歧。由于研究方法和研究兴趣的差异，西方学者对政治参与所下的定义各不相同，较具代表性的有以下几种：

维巴和尼认为，政治参与是一般公民或多或少直接以影响政府人事甄选和政策为目标而采取的各种行动。政治参与除了投票和竞选之外，在非选举期间，仍有影响政府决策的各种政治活动。政治参与是一种实际的行为，各种有关的态度与心理倾向，也许是促成参与行为的重要因素，但并非政治参与本身。政治参与的主体是一般公民，而不是民意代表、政党干部、职业说客及政府官员。政治参与不包括仪式性参与、支持性参与或符号性支持，而为自愿和自发的参与。政治参与仅限于合法参与，不包括非暴力反抗和政治暴力、政变或巩固政府的行为以及政府动员的政治行为等。只有依法定程序参与政治的行为才是政治参与。③

巴恩斯和凯思认为，政治参与是在政治的各个层次中意图影响政治抉择的公民的一切自愿活动，包括抗议和暴力行为。纳尔逊认为，政治参与是指旨在影响国家和地方政府的平民行动，包括抗议和暴力参与，也包括动员参与或操纵参与，特别强调政治参与的目标是指向政府。布斯和塞莱格森认为，政治参与的目标不完全指向政府，影响或试图影响公益分配的行为都是政治参与，社区（村庄、街区）也可能涉及公益分配问题，所以政治参与的目标也可能指向社区。美

---

① ［美］安东尼·M.奥勒姆著，李云龙等译：《政治社会学导论：对政治实体的社会剖析》，杭州：浙江人民出版社，1989年，第324—325页。

② ［美］塞缪尔·亨廷顿、琼·纳尔逊著，汪晓寿、吴志华、项继权译：《难以抉择：发展中国家的政治参与》，北京：华夏出版社，1989年，第1页。

③ 郭秋永：《政治参与》，台北：幼狮文化事业公司，1993年，第28—33页。

国政治心理学家威廉·斯通把人们一切与政治有关的活动都视为政治参与，甚至认为讨论政治问题、阅读和收看政治新闻也是间接的政治参与。[①] 该定义使政治参与的外延过于宽泛。实际上，公民在茶余饭后讨论政治问题、阅读和收看电视新闻或政论节目，大多数情况下只是为了消遣和娱乐，顶多是关注，并未涉及政治参与行为。

亨廷顿和纳尔逊把政治参与界定为平民试图影响政府决策的活动。该定义强调政治参与的主体必须是平民，即非政治职业者（或政治职业者的非角色化）的政治行为。该定义包含六个核心要点[②]：第一，政治参与包括活动而不包括态度，即政治参与仅仅指活动，而不包括知识和态度等心理因素。尽管有关政治的知识、兴趣、能力和效能感以及与政治相关的认知与政治行为常常密切相关，但由于它们不是政治行为，不是政治活动，因此不能把它们包括在政治参与之内。主观的政治态度和客观的政治活动应被看作两个不同的变量。第二，政治参与是指平民的政治活动，更确切地说，是指充当平民角色的那些人的政治活动，即政治参与是指普通公民的政治活动，不包括那些政治职业者，如政府官员、政党骨干、政治候选人和职业院外活动分子的角色化的政治行为，他们的非角色化的政治行为才是政治参与。如一名高级文官在政府机构中制定政策的活动不是政治参与，但他在选举中投票或在市镇会议上演讲则是政治参与。第三，政治参与只是指试图影响政府决策的活动。这类活动的目标指向政府，因为政府通常被认为对社会价值的权威性分配拥有合法的最终决定权。通常所说的政治，以及社会中各团体之间的资源分配，有许多可能在没有政府参与的情况下发生。根据这一限定，迫使私人公司资方增加工资而举行的罢工不是政治参与，要求政府提高工资标准而举行的罢工则属于政治参与。第四，政治参与包括合法参与和非法参与。第五，政治参与包括所有试图影响政府的活动，而不管这些活动是否产生实际效果。有学者把政治参与仅仅看作是成功的努力，即把政治参与等同于政治力量。但亨廷顿和纳尔逊认为，政治参与者可能获得成功，也可能不成功，可能力量强大，也可能力量弱小。只有当参与者对他们要影响的政府决定产生实际影响时，他的参与才是成功的。参与者的力量取决于他们实际影响政府决定的数量、范围和程度。第六，政治参与不仅包括行动者本人自发的影响政府决策的活动，而且包括行动者受他人动员而进行的影响政府决策的活动。前者为主动参与，后者为动员参与。

---

① 程同顺编著：《当代比较政治学理论》，天津：南开大学出版社，2001年，第58—59页。

② ［美］塞缪尔·亨廷顿、琼·纳尔逊著，汪晓寿、吴志华、项继权译：《难以抉择：发展中国家的政治参与》，北京：华夏出版社，1989年，第5—7页。

当代中国政治学者周平从民族学的视角对政治参与的有关理论进行了探索。他认为，民族政治参与不是以民族共同体为单位的政治参与，而是民族成员对政治过程的参与，是民族成员的一种普遍的政治行为，其主要目的是影响政府的决策和行为。民族政治参与有三个特征：第一，民族政治参与的主体是普通的民族成员。普通的民族成员必须是这个国家的公民，享有公民应有的政治权利。在此条件下，民族政治参与实际上是属于各个民族集团和公民的政治参与，既包括公民的个人参与，也包括公民团体的参与。但民族政治体系中的特殊角色，如民族领袖、民族干部、党政官员的政治活动不属此列。他们的政治活动是一种职业政治活动，而不是一般意义上的政治参与。第二，民族政治参与的对象是政治过程。在民族社会或多民族社会中，同时存在着多种政治过程，既有政府发动的政治过程，也有政党和其他民族政治组织发动的政治过程，以及民族成员自发的各种政治过程。民族成员对这些政治过程的介入，不论其目的如何，都是政治参与。其政治参与直接影响到政治决策的制定，有的仅影响政策执行，有的可能只是民族政治的一种心理宣泄，并不产生确定的影响。第三，民族政治参与是一种实际的政治行为。只有民族成员实际介入一定的政治过程，才是真正的民族政治参与。在民族政治生活中，民族成员的思想意识对民族政治生活的影响往往是巨大而深刻的，但思想的活动和影响并不属于民族政治参与的范畴。政治参与是一种实际的政治行为。只要民族成员介入某个具体的政治过程，不论这种行为是否达到预期目的，也不论这种行为的影响如何，都是政治参与。①

上述关于政治参与的各种定义都有一定道理，其中美国学者的政治参与理论大多是对白人主流社会或黑人的政治活动进行的一般性概括和总结，因此，针对少数族裔华人这一特殊群体的政治参与，直接套用这些理论进行解释显然不够全面和准确，也不能正确反映当今加拿大政治发展的现实。本书以上述政治参与理论为基础，结合当代加拿大政治制度和华人参政的历史发展进程，对当代加拿大华人政治参与的定义及其内涵与外延进行界定。本书认为，当代加拿大华人政治参与就是指加拿大华人公民或公民团体运用各种方式影响加拿大各级政府决策和社区公益分配，维护和增进华人公民权利和政治权利的活动。该定义包含以下核心要点：第一，加拿大华人的政治参与主要是指影响各级政府决策和社区公益分配的活动，分析时也涉及他们对政治的认知和态度等心理因素。第二，与上述界定有所不同，当代加拿大华人的政治参与不仅指普通加拿大华人公民的政治活动，也包括那些与选举共进退的华人政府官员、政党骨干、政治候选人的角色化政治行为，但不包括公务员。第三，当代加拿大华人的政治参与主要是指他们影

---

① 周平：《民族政治学导论》，北京：中国社会科学出版社，2001 年，第 272－274 页。

响政府决策和社区公益分配的活动，不论成功或失败。第四，根据合法与否，当代加拿大华人政治参与可分为合法参与和非法参与，本书仅研究他们的合法政治参与。第五，根据是否有组织介入可以把当代加拿大华人政治参与分为个人参与和团体参与，个人参与又可分为精英与普通民众的参与。第六，根据是否有中介可以把他们的政治参与分为直接参与和间接参与。第七，根据参与的方式不同，可以把他们的政治参与分为参与选举政治和非选举政治两种类型。具体来看，参与选举政治的方式包括参加选举登记和投票、竞选各级议员和政府公职、争取政治委任、提供政治捐款和助选等；参与非选举政治的方式主要包括个人接触（游说）、通过大众媒体进行政治表达、加入参政团体、游行、示威、静坐、抵制、诉讼等合法的政治参与活动，不包括暴力等非法参与方式。第八，根据是否自觉，他们的政治参与可分为主动参与和动员参与。

二、当代加拿大华人政治参与的类型与方式

当代加拿大华人政治参与的类型众多，根据不同的分类标准可以划分为不同类型。例如，如果从历史学的视角，按参政华人移民加拿大的时间先后和是否在当地出生，可以划分为老移民参政、新移民参政和土生华人参政这三种类型；也有学者将其进一步细分为老移民参政、新移民参政、土生华人参政和1.5代华人（10岁以前移民加拿大的华人）参政这四种类型。如果从政治学的视角，按当代加拿大华人参政的主要方式来分析，可以划分为参与选举政治和参与非选举政治这两大类型。如果从民族学和社会学的视角来考虑，有学者又把当代加拿大华人参政划分为华人精英、华人社团和华人普通民众参政这三种类型。本书以政治学中的政治参与理论为"经"，以历史学、民族学和社会学的政治参与理论为"纬"，综合研究当代加拿大华人的政治参与，并对它们进行分类。

从政治学视角出发，根据政治参与的方式不同，可以把当代加拿大华人参政分为参与选举政治和非选举政治两大类型。加拿大华人既可以参与选举政治，也可以参与非选举政治。根据是否有组织介入可以把政治参与分为个人参与和团体参与。加拿大华人既可以通过个人参与的形式参与政治，也可以通过加入政党或组建参政团体的方式参与政治。根据是否合法可以把政治参与分为合法参与和非法参与，但从历史和现实来看，加拿大华人的政治参与都属于合法参与。根据是否有中介可以把政治参与分为直接参与和间接参与。当代加拿大华人的政治参与既可以通过直接参与的方式，也可以通过间接参与的方式。本书主要是从参与选举政治和非选举政治两大类型去分析和评估当代加拿大华人的政治参与。

在当代加拿大和美国，参与选举政治的方式基本一样，主要有参加选举登记

和投票、竞选各级政府公职、争取各级政治委任、提供政治捐款和助选等。非选举政治在有的著作中也被称为"抗争政治""维权政治"或"民权政治"，主要参与方式有个人接触、游说、请愿、集会、游行、示威、抗议、抵制、投诉、诉讼、提案、加入或组建参政团体等。关于这些非选举政治参与方式的定义和案例分析在本节内容中不再展开，而是放在后面第三、四、五章中的对应部分，在具体讨论当代加拿大华人精英、参政团体和普通民众政治参与时进行详细的阐释和分析，这样读者可更加形象、直观和具体地理解当代加拿大华人参与选举政治和非选举政治的各种方式及其作用。

根据当代加拿大华人精英担任政府公职的方式和层级、是否代表华人利益、参党组党的方式和选票的主要来源，可以把他们参政的方式概括为五种理论模型：选举型和委任型、全国型和地方型、象征型和实在型、主流政党型和华人政党型、华人选票型和非华人选票型。在研究美国华人精英政治参与的模型中没有主流政党型和华人政党型，因为美国的政党制度是典型的两党制，而且大多数州采取的选举方式是简单多数获胜，导致第三党在竞选中很难获胜和生存。而加拿大的政党政治制度是多党制，第三党、第四党和第N党都有生存的空间，因此华人组党参政从理论上看是可行的，具体效果如何要到实践中检验。

另外值得一提的是，当代加拿大华人精英的政治参与不只是参与选举政治，也可以参与非选举政治。在选举政治中，华人精英可以竞选各级政府公职和争取政治委任，也可以参加选举登记和投票、提供政治捐款、为各级候选人站台辅选等。可能有学者会指出，争取政治委任严格来说不能算是参与选举政治。在此需要说明的是，通过政治委任方式参政的华人精英主要是通过助选或提供政治捐款等选举政治方式而获得政治回报，为了便于比较，本书将其归入选举政治参与。当代加拿大华人精英的多元化政治参与不但能有效地维护和增进华人社区和他们自身的合法权益，而且能完善加拿大的选举政治制度，推动加拿大的政治改革和社会进步，使多元文化主义在加拿大更加繁荣壮大。

第二节　影响当代加拿大华人政治参与的社会因素

根据少数族裔政治参与理论，影响当代加拿大华人政治参与的因素众多，主要可以分为两大类：社会因素和个人因素。据笔者分析发现，影响当代加拿大华人政治参与的社会因素主要有五个，即族裔人口结构、族裔社会经济地位、族裔政党认同、选区重划和重大历史事件的刺激。在本节中，笔者根据有关材料和长期思考，仅对影响当代加拿大华人政治参与的社会因素进行分析，以反映自1947

年以来加拿大华人生存环境和社会政治地位的变化。

一、族裔人口结构

族裔人口结构是研究族裔政治参与的基本因素之一，包括族裔人口的数量和质量。族裔人口数量以族裔人口多少作为衡量标准，而族裔人口质量则是通过年龄、性别、语言、地理分布、来源地、受教育程度和移民地位等方面来体现。在加拿大，只有年龄达到18周岁的公民才有投票权，不同年龄的人们对政治参与的兴趣不同；性别在投票参与方面有较大差异；移民的英语能力直接影响他们的参政意愿和行动；族裔人口的地理分布和来源地影响他们的政治参与，在华裔分布集中的地区，华人的政治影响力较强，在华裔人口稀少的地区，华人的政治影响力较弱；来自不同地区的华人参政水平不同；受教育程度越高的族裔，通常政治参与水平越高，受教育程度越低，政治参与水平越低；当前华人新移民数量占全加华人总人口一半以上，移民地位影响他们的政治参与水平；华裔人口的内部差异也同样影响他们的参政取向和参政水平。

（一）当代加拿大华人人口结构变迁和发展趋势

华人是最早最多移民加拿大的亚裔族群之一。他们移民加拿大的历史至少可以追溯到19世纪50年代末，甚至更早。自1858年有明确历史记录的第一批华人移民加拿大以来，华人在加拿大已有160多年的历史。早期的华人移民在加拿大遭受了许多磨难，如人头税、《排华法案》等歧视性待遇。1947年加拿大政府废除长达24年的《排华法案》，华人终于获得在联邦选举中的投票权。但直到1967年加拿大政府采用"评分制"移民政策吸纳外来移民，华人才与其他国家的申请者一样平等享有移民加拿大的权利。1971年，加拿大政府开始实行多元文化主义政策，平等对待各个民族，从而根本改变华人的社会政治地位。

表 2 - 1　1961—2016 年加拿大华人人口变化统计表

年份	华人人口	增长人口	增长率（%）	占加拿大总人口比例（%）
1961	58 197	25 669	78.9	0.32
1971	118 815	60 618	104.2	0.55
1981	289 245	170 430	143.4	1.2
1986	414 040	124 975	43.1	1.65

（续上表）

年份	华人人口	增长人口	增长率（%）	占加拿大总人口比例（%）
1991	586 645	34 521	41.7	2.5
1996	736 015	149 370	25.4	2.6
2001	1 029 400	293 385	39.4	3.5
2006	1 346 510	317 110	21.1	4.3
2011	1 487 585	141 075	9.5	4.5
2016	1 813 750	326 165	18.0	5.3

资料来源：2006年以前的数据参见万晓宏：《当代加拿大华人参政分析》，《世界民族》2011年第4期，第57页；2011年的数据参见"Chinese Canadians"，https://en.wikipedia.org/wiki/Chinese_Canadians；2016年的数据参见"Data Tables, 2016 Census"，https://www12.statcan.gc.ca/census - recensement/2016/dp - pd/dt - td/Rp - eng.cfm? TABID = 2&LANG = E&APATH = 3&DETAIL = 0&DIM = 0&FL = A&FREE = 0&GC = 0&GK = 0&GRP = 1&PID = 110528&PRID = 10&PTYPE = 109445&S = 0&SHOWALL = 0&SUB = 0&Temporal = 2017&THEME = 120&VID = 0&VNAMEE = &VNAMEF = 。

战后初期，加拿大华人人口增长缓慢，至1961年华人总人口仍不到6万。此后加拿大华人人口开始快速增加，根据加拿大人口统计，截至2016年，加拿大华人人口已经超过181万，是1961年的30多倍，几乎不到2年就增加一倍（参见表2－1）。早在2012年，加拿大统计局就预测，到2017年，华人人口将达到181万，其中，多伦多为73.5万人，温哥华为60万人，这与实际增长的数据相比，非常接近。① 在"一人一票"的政治原则之下，族裔人口的快速增长必然带来更多政治影响力。

表2－2　2011、2016年加拿大华人人口最多的十个省区及2016年华人占比分布表

省区	华人人口（2011年/2016年）	2016年占该省人口比例（%）	省区	华人人口（2011年/2016年）	2016年占该省人口比例（%）
安大略省	713 245/865 775	6.5	新不伦瑞克省	2 945/4 550	0.6

---

① ［加］黄运荣：《加统计局预测：加拿大华裔人口2017年将达180万》，环球网，http://blog.huanqiu.com/? uid - 133483 - action - viewspace - itemid - 293591。

（续上表）

省区	华人人口 （2011 年/ 2016 年）	2016 年 占该省 人口比例 （%）	省区	华人人口 （2011 年/ 2016 年）	2016 年 占该省 人口比例 （%）
BC 省	464 800/562 160	12.3	纽芬兰和拉布拉多省	1 970/2 750	0.5
阿尔伯塔省	155 965/191 240	4.8	爱德华王子岛省	1 915/2 755	2.0
魁北克省	101 880/123 730	1.6	育空地区	600/625	1.8
曼尼托巴省	22 600/30 315	2.4	西北地区	515/400	1.0
萨斯喀彻温省	13 990/19 400	1.8	努纳武特地区	95/115	0.3
新斯科舍省	7 065/9 940	1.1	总计	1 487 585/ 1 813 750	5.3

资料来源：2011 年的数据参见 "Chinese Canadians"，https：//en. wikipedia. org/wiki/Chinese_Canadians；2016 年的数据参见 "Data Tables，2016 Census"，https：//www12. statcan. gc. ca/census – recensem5ent/2016/dp – pd/dt – td/Rp – eng. cfm? TABID = 2&LANG = E&APATH = 3&DETAIL = 0&DIM = 0&FL = A&FREE = 0&GC = 0&GK = 0&GRP = 1&PID = 110528&PRID = 10&PTYPE = 109445&S = 0&SHOWALL = 0&SUB = 0&Temporal = 2017&THEME = 120&VID = 0&VNAMEE = &VNAMEF = 。占该省人口比例是笔者根据 2016 年人口统计数据计算得出。特别指出的是，此处的 2016 年华人人口数据包括台湾和西藏，但加拿大在人口统计数据中把台湾和西藏单列。

表 2 - 3　2011、2016 年加拿大华人人口最多的十大都市区及华人占比分布表

城市	省	华人人口 （2011 年/ 2016 年）	比例 （%）	城市	省	华人人口 （2011 年/ 2016 年）	比例 （%）
多伦多	安大略省	531 635/ 714 695	9.6/ 12.2	渥太华	安大略省	42 740/ 50 800	3.5/ 3.9
温哥华	BC 省	411 470/ 519 965	18.0/ 21.4	温尼伯	曼尼托巴省	20 410/ 26 945	2.9/ 3.5
蒙特利尔	魁北克省	91 785/ 110 790	2.4/ 2.8	汉密尔顿	安大略省	14 785/ 17 640	2.1/ 2.4

（续上表）

城市	省	华人人口（2011 年/2016 年）	比例（%）	城市	省	华人人口（2011 年/2016 年）	比例（%）
卡尔加里	阿尔伯塔省	75 470/106 700	6.3/7.8	维多利亚	BC 省	14 460/18 280	4.3/5.1
埃德蒙顿	阿尔伯塔省	60 715/72 665	5.3/5.6	基奇纳	安大略省	14 125/18 990	3.0/3.7

资料来源：2011 年的数据参见 "Chinese Canadians"，https：//en. wikipedia. org/wiki/Chinese_Canadians；2016 年的数据参见 "Data Tables, 2016 Census"，https：//www12. statcan. gc. ca/census – recensement/2016/dp – pd/dt – td/Rp – eng. cfm? TABID = 2&LANG = E&APATH = 3&DETAIL = 0&DIM = 0&FL = A&FREE = 0&GC = 0&GK = 0&GRP = 1&PID = 110528&PRID = 10&PTYPE = 109445&S = 0&SHOWALL = 0&SUB = 0&Temporal = 2017&THEME = 120&VID = 0&VNAMEE = &VNAMEF = 。

（二）族裔人口结构对当代加拿大华人政治参与的影响

从上述分析可以发现当代加拿大华人人口结构和政治参与关系十分密切。第一，族裔人口的数量、性别和年龄对他们的政治参与产生重要影响。加拿大是一个多种族的民主国家，而民主国家政治权利的一个集中表现就是采取"一人一票"的原则。选票的多少决定一个族裔对加拿大政治影响力的大小，因此族裔人口的数量和政治参与的影响力成正比。2018 年加拿大华人人口已经接近 190 万，占加拿大总人口的 5.3%，在加拿大联邦国会选举和地方各级选举中都能发挥一定的影响力。

在加拿大，性别与政治参与相关，尤其对投票行为有较大影响。20 世纪 60 年代的选举研究表明，支持进步保守党的女性一直多于男性，而支持新民主党的男性则多于女性。70 年代这一格局没有发生大的变化。但到 80 年代，支持进步保守党的女性略少于男性，新民主党的女性拥护者已经略多于男性，而自由党继续受到更多女性的欢迎，自由党在女性当中有着经久不衰的号召力。[1]

年龄也影响政治参与。例如，20 世纪 60 年代和 70 年代，进步保守党在年长的人群中得到的支持率最高，但到 1988 年，这种现象已不复存在。自由党在老

---

[1] ［加］沃尔特·怀特、罗纳德·瓦根伯格、拉尔夫·纳尔逊著，刘经美、张正国译：《加拿大政府与政治》，北京：北京大学出版社，2004 年，第 148 页。

年人群中的得票率最高。新民主党在年轻人当中得到的支持比较多，但不投票的年轻人也最多。直到今天，新民主党的支持者都主要是年轻人，尤其是大学生特别多。

第二，族裔人口分布影响他们的政治参与水平。加拿大华人的居住模式既集中又分散，主要分布在安大略省的多伦多、魁北克省的蒙特利尔、BC省的温哥华、阿尔伯塔省的卡尔加里和埃德蒙顿、曼尼托巴省的温尼伯。据统计，加拿大前十大都市区的华人人口占了华人总人口的近70%（参见表2-3）。华人人口高度集中在城市地区。由于加拿大华人人口分布不均衡，其政治力量也主要集中在大温哥华、大多伦多、蒙特利尔和卡尔加里等大都市区。由于选举都是地方的，华人在这些大都市三级政府的选举中能发挥一定作用，尤其在华人人口集中的选区，华人选票在三级政府各职位的选举中能够发挥关键作用。

第三，受教育程度对族裔政治参与是"双刃剑"。通常受教育程度与政治参与成正比。与加拿大其他族裔相比，华人受教育程度较高，通常情况下政治参与的积极性应该更高。来自不同地区的华人受教育程度有显著差异，其中来自台湾和香港的受过高等教育的比例最高，大陆其次，但近年来随着大陆新移民，尤其是技术移民和留学移民的增多，他们的受教育程度呈上升趋势。在加拿大政坛，来自香港的移民的成就最高，来自台湾的移民其次，来自大陆的移民才开始起步。但受过高等教育的加拿大华人大多偏重于自然科学和工程科学的学习，目的是更容易就业。调查发现，华人学生在完成中学教育后，准备进入大学发展时，多倾向采取规避风险的发展策略。华裔，特别是移民，大多选择自然科学、工程科学和商科作为他们的本科或研究生专业，很少有华裔选择社会科学作为他们的本科或研究生专业。他们这样选择是为了增加毕业后找到高薪工作的机会，以迅速改善自身的经济地位。通常，学习社会科学的人比学习自然科学和商科的人对政治更感兴趣。由于华人高度集中于后者，所以华人在加拿大受教育程度虽然高，但受这种非政治化的影响相当严重，政治参与上不积极，导致政治参与水平低。[1] 据笔者观察发现，在加拿大受教育程度越高，支持新民主党的越多。

第四，族裔语言多元程度影响政治参与水平。中国大陆新移民的增加使加拿大华人社区的语言更加复杂多元，有粤语、普通话、客家话、上海话、闽南话等，这些语言不仅妨碍了华人社会内部的沟通，而且妨碍了华人英语交流水平的提高，阻碍他们进一步参与加拿大政治。年轻一代华人英语能力的提升对他们未来参与加拿大政治是必要条件之一，但第一代移民主要还是用中文交流，英语能

---

① Jun Xu, "The Political Behavior of Asian Americans: A Theoretical Approach", *Journal of Political and Military Sociology*, 2002, 30（1）, p.77.

力有限，这是他们参与政治的最大障碍之一。

第五，移民地位和身份影响族裔政治参与程度。加拿大华人的移民地位和身份，包括祖籍、归化过程、在加居住时间以及寄居者的复杂心态对政治参与有较大影响。第一代移民通常较难掌握熟练的政治参与技能。就华人移民来说，尤其是那些收入少、受教育程度低、语言能力差和处理复杂政治信息困难的华人的政治参与可能要付出更高成本。另外，华人移民来源地的政治制度大多与加拿大不同，这也可能导致华人移民熟悉加拿大政治相当困难。因此，综合考虑参与的成本与收益，容易导致华人移民急于追求经济上的成功，而延缓政治参与的进程。① 这样的人口结构和发展趋势对加拿大华人政治参与产生的影响既积极又消极。积极方面体现在华裔人口增加，在选举政治中意味着选票增加；受教育程度越高，其投票率会越高，这样华人的政治影响力会相应增大。但华人人口快速增长主要靠移民，而移民要加入加拿大国籍，取得公民权一般需要5～7年时间，因此华人人口的增长从短期来看并不能在政治上产生太大影响力，然而从长期来看，具有积极影响。

第六，族裔人口的内部差异影响政治参与水平。加拿大华人的来源地和历史背景各不相同，对他们打造集团政治力量形成巨大挑战。加拿大华人由来自中国大陆、台湾、香港及东南亚和世界其他地区的华人再移民共同组成，十分复杂多元。由于他们的移民背景、社会经济地位和政治观念不同，因此很难在政治上形成一股统一的力量或政治联盟，对加拿大主流政治产生影响。

加拿大华人人口结构中的不利因素，如占总人口比例小、移民地位和年龄分布复杂、在教育上规避风险等，对他们参与加拿大政治有较大的消极影响。虽然近年来有些改善，但进展并不尽如人意，如何消减这些不利因素值得加拿大华人社会思考和探索。展望未来20年，加拿大华人人口仍将持续快速增长。男女比例均衡；华人人口中的移民数量仍将多于加拿大出生的人数；在加华人青少年的比例仍将高于老年人所占的比例；华人中的专业人士的数量将大大多于劳工阶层的人数；华人移民的来源地将更加多元化，普通话会更加盛行；华人的职业范围将扩大到各个领域。加拿大华人人口的这些未来变化将对他们参与当地政治产生更加深刻的影响。

总之，自1967年加拿大实施平等宽松的移民政策以来，华人技术移民和亲属链式移民大量涌入加拿大，加上留学生群体和非正式途径移民加拿大者，导致在加华人人口快速增长。由于高素质移民和低素质移民并存，加拿大华人的社会

---

① Jun Xu, "The Political Behavior of Asian Americans: A Theoretical Approach", *Journal of Political and Military Sociology*, 2002, 30 (1), p. 76.

经济地位呈明显的两极分化。华人新移民以亲属移民为主，除留学生群体外，第一代华人移民受教育程度较低，但由于华人高度重视子女教育，并乐意为子女的发展做毕生的奉献，他们携带的未成年子女以及在加拿大出生的子女都受到良好的教育。华人新移民及其后代人口数量和质量的提高对未来加拿大华人政治参与水平的提高具有积极意义。

二、族裔社会经济地位

一般而言，政治参与的水平与社会经济发展程度密切相关，社会经济发展的水平越高，政治参与的水平也就越高。因为：第一，在一个社会中，社会经济发展水平越高，受教育程度和收入水平高的人口就越多。受教育程度越高，自信心越强，更有可能把政治参与作为改变自己处境和命运的方法；收入水平越高，为政治参与而花费的成本就越微不足道，这使社会经济发展水平较高的社会有更多的人参与政治。第二，社会经济发展造成人们利益的多样化，容易增加人们之间发生利益冲突的可能和机会，使各种利益团体大量涌现，为维护和促进各自利益而设法影响政府决策。第三，社会经济发展也要求政府职能扩大，相应促进了政治参与的增多。[①] 在加拿大，联邦、省和市镇这三级政府的更替都需要通过选举来实现，这为加拿大各族裔公民参与政治提供了机会。

早期的加拿大华人主要来自中国广东珠三角的农村地区，他们几乎没有什么文化，主要在采矿、筑路、捕鱼和种植等行业从事劳工工作，为加拿大西部的经济发展和繁荣做出了巨大贡献。后来，由于金矿衰竭、铁路完工，加上白人劳工强烈排华，尤其是1923年至1947年制度化排华期间，华人移民不得不聚居在狭小的唐人街及其附近地区，长期与外界隔离。在严重的种族歧视环境之下，华人经济不可能有大发展，华人只能从事一些主流社会不屑从事的行业，如洗衣、餐馆和杂货是早期中国移民赖以生存的三大支柱产业。

加拿大华人的社会经济地位主要体现在受教育程度、职业构成、家庭或个人年平均收入、住房拥有率这四个方面。首先，当代加拿大华人整体受教育水平有显著提升，华人人均受教育程度已超过全国平均水平，在各少数族裔平均受教育年数上位居前列；华人接受高等教育的比例也高于全国平均水平。1981年的调查显示，华人受教育的平均年数为12.12年，而其他加拿大人为11.56年；大学毕业的华人占17.5%，其他加拿大人仅占7.9%；在读的华人大学生占11.3%，

---

① 施雪华主编：《政治科学原理》，广州：中山大学出版社，2001年，第782-783页。

与已毕业的大学生这两项占比相加近29%，高于其他加拿大人的25.8%。[①] 2001年，31%的加拿大华人接受过大学教育，高于全国平均值13个百分点，是加拿大受教育程度最高的族群。[②] 一般说来，受教育程度高的族裔比受教育程度低的族裔的政治参与水平要高一些。

其次，与受教育水平的提升相适应，华人的职业地位也发生很大变化，主要趋势是体力劳动者比例逐渐降低，专业技术与管理人员比例不断增加，社会职业地位不断提高。如1971年从事专业技术与管理工作的华人只有30%，1981年上升至41.2%，1984年上升至53%。[③] 随着时间推移，现在华人职业结构更加多元化。2001年，就业华人中有20%从事销售和服务行业；20%从事商务、金融和行政；16%从事自然和应用科学行业；13%从事管理行业；11%从事加工、制造和公用事业。[④] 白领职业的人数增加对华人的政治参与具有显著的促进作用。

再次，随着华人受教育水平与职业地位的提升，他们的收入水平也有较大提高，已接近全国平均水平。1983年，普通加拿大人年薪为0.8万~1.2万加元，医生、律师、会计师等高级专业人士年薪为4.5万加元以上。当时，自己开业的华人医生年薪为5.7万加元，律师为4.5万加元，会计师为3.6万加元，工程师和建筑师为3.5万加元，大学教授为8万加元以上。[⑤] 据笔者2011—2012年在加拿大的实地调查，当时普通华人劳工的年薪为2万~3万加元，会计师、工程师和建筑师为4万~7万加元，医生、律师和大学教授为9万~15万加元，甚至更高。

与美国相比，即使加拿大华人的家庭收入较高，但并不比白人高，可能有如下原因：其一，华人平均工作时间比白人长。其二，华人家庭的平均工作人数更多。通常华人家庭有3~4人工作，而白人家庭大多只有1~2人工作。其三，华人多集中居住在大都市中心地带或沿海发达地区，如多伦多、温哥华、蒙特利尔和卡尔加里等地，其工资水平和消费水平比全国平均水平要高，因此较高的收入部分反映该地区的工资水平和较高的消费水平，而不是更强的财力。实际上，如果按人均收入计算，华人的收入可能比白人低得多。家庭收入并不能完全说明华人的政治参与水平。收入与政治参与的关系根据活动而变化。

最后，在住房拥有率方面，随着加拿大华人受教育程度的提高、职业结构的

---

① 黄昆章：《二战后加拿大华人人口结构与经济概况》，《八桂侨刊》2001年第3期，第18页。

② "Chinese Canadian"，http://en.wikipedia.org/Chinese_Canadian.

③ ［加］李胜生著，宗力译：《加拿大的华人与华人社会》，香港：三联书店（香港）有限公司，1992年，第144页。

④ "Chinese Canadians：Enriching the Cultural Mosaic"，*Canadian Social Trends*，2005（76）.

⑤ 黄启臣：《粤籍华侨华人在加拿大》，《华侨华人历史研究》1997年第2期，第22页。

改善和家庭年收入的增长，他们的住房拥有率和居住模式也发生显著变化。据统计，过去的 20 年里，加拿大华人的居住模式已经发生重大改变，聚居在各大城市中心唐人街的华人已显著减少，大多数华人新移民都定居在亚裔或白人中产阶级聚居的郊区，他们大多数拥有自己的独栋房屋，有的甚至有好几栋房产。笔者在加留学期间的房东是一对来自广州天河棠下城中村的农民夫妇，他们 20 世纪 90 年代移民卡尔加里，是典型的劳工移民，两人都没有什么专业技能，来加拿大十几年，英语还说得不流利。男的开始在建筑工地打工，后来自己单干，女的在卡尔加里大学从事清洁工作。凭在加拿大多年的勤奋工作，加上勤俭节约，他们很快在当地购买了两套独栋房屋，一套自己住，另一套出租给卡尔加里大学的中国学生和访问学者。

加拿大华人在教育与就业方面的显著成就，以及华人中产阶级人数的稳步增加，意味着加拿大华人社会经济地位的提高，这大大改善华人在加拿大公众心目中的形象。华人从早期愚昧无知的"苦力"，或拒绝与加拿大主流文化同化的"寄居者"，上升为现在受教育程度高、经济实力强的"模范少数族裔"。在此基础上，加拿大华人开始进入加拿大主流政治，在联邦、省和市镇三级政府为选民服务。毫无疑问，社会经济地位的高低对加拿大华人的政治参与水平影响重大。随着华人在加拿大社会经济地位的不断提升，他们的政治参与意识会进一步增强。但由于当代加拿大华人新移民的社会经济背景各不相同，一些人来到加拿大时几乎身无分文，受教育程度很低，又没有专业工作技能，这些不利因素迫使他们从事低薪体力工作，定居在居住环境比较差的唐人街及其附近地区；而另一些人则带着巨额家庭存款或雄厚资本来到加拿大，而且他们的受教育程度和专业工作技能均超过全加平均水平，这些差异导致他们的政治参与兴趣存在较大差异。

综上所述，在西方国家，族裔人口的受教育程度、职业构成、家庭年均收入和住房拥有率通常影响他们的参政水平。由于加拿大华人人口快速增长，受教育程度不断提高，就业结构持续改善和经济实力显著增强，以及中国快速崛起，在国际政治经济中的地位不断提升，华人在加拿大的社会经济地位也在不断提升。随着融入主流社会程度的加深，他们的参政意识逐渐增强，他们的参政能力也开始逐步展现。

三、族裔政党认同

在多元化的加拿大民主政治体制下，政党与移民群体有理由成为密切合作的伙伴。作为目标是取得竞选胜利的组织，政党需要移民来扩大其选举的基础，特别是在竞争激烈时。作为利益团体的主要代表，政党是保护和促进少数族裔群体利益的理想组织。历史上，众多移民群体都认同并依靠政党作为他们进入加拿大政治过程的有效途径。因此，政党是移民群体政治合作的强有力组织之一。

加拿大是个多党制国家，在联邦层面有保守党（前身为进步保守党）、自由党、新民主党、魁北克集团和绿党等。在20世纪，联邦政权主要由自由党和进步保守党交替执掌，而且绝大部分时间由自由党执政，因此，20世纪的加拿大实际上是两党制。在省级政府也是由政党来主导，在市镇层级通常不强调政党色彩，但近年来越来越强调团队竞选，有走向政党化的趋势。因此，一个人或一个族裔集团要参与加拿大政治，无论是参加投票还是参加竞选，首先要加入某个政党，取得在党内初选中的投票权，或得到某个政党的支持，然后再参加竞选，成功后才能担任某个政府公职。因此，政党认同是政治参与者参与政治活动的基础。虽然个人有选择不加入某个政党的自由，但从加拿大政党发展的历史看，加入上述五大政党取得竞选成功的可能性比较大。因此，政治参与者最好在这几大政党之间选择。

据笔者观察，加拿大华人的政党认同并不明显，加入哪个政党，主要取决于个人的需要，而非真正的个人政治价值和理念。华人精英参选时，会尽量争取加入自己所信仰的政党，但如果不能获得党内提名，为了参选，加入其他政党也可以。华人普通民众的政党认同也并不是很强，通常在族裔和政党之间，更多情况下选择族裔，而不是政党。另外，华人加入哪个政党还取决于各大政党的招募力度和动员范围，例如，在2003年的联邦大选期间，华裔候选人陈卓愉抓住机会，在温哥华招募了上千名的自由党新党员，为他的胜选立下汗马功劳。自20世纪90年代以降，加拿大华人的政党认同主要是偏向自由党，甚至有媒体认为大部分华裔是自由党的铁票，但在2006年大选前，自由党政府推动的人头税解决方案竟然以不道歉和不赔偿为前提，导致华人社区的强烈反对，华人群体开始转向支持保守党。加拿大华人的政党认同也由此发生重大转向，开始走向中间偏保守，与联邦保守党的理念更加一致。这也说明加拿大华人的政党认同并不是固定不变的，更非某个政党的铁票，而是根据自身的正当利益诉求做出调整，只有这样才能被各政党和各级候选人尊重和重视。

加拿大华人政党认同的这种现状对华人在加拿大政治中的影响力是利是弊一直存有争议。有学者认为，华人的政党认同多元，甚至大多数没有政党认同，导致华人不能集中选票，发挥集团政治影响力，而是各方力量相互抵消。有学者认为，华人政党认同的这种状况，特别是独立选民多，会导致形成大量的"游离票"（Swing Votes），反而会引起加拿大五大政党的重视，增加他们在加拿大选举政治中的筹码。也有学者认为，组建华人自己的政党参政更能代表、维护和增进华人社区的利益。在加拿大，这种政党认同多元的情况是客观现实，是华人社会内部不同利益阶层政党认同的体现，并不影响华人对加拿大政治的参与，华人可以就某一议题超越政党认同，实行集团投票。以上三种观点都有各自的道理，但笔者还是主张尽量加入主流政党参与加拿大政治，这样成功的可能性才会更大，影响也会更大。在加拿大的多党政治体制之下，有政党在背后强力支持，会大大增强候选人在竞选中取得胜利的可能性。在加华裔必须认识到，华人人口数量相对较少，仅靠华裔自身的力量，不足以进入加拿大主流政治，必须依靠加拿大五大政党——自由党、保守党、魁北克集团、新民主党和绿党之一的强力支持。没有主流政党的支持或主流政党支持的力度不够，华裔候选人几乎很难当选，甚至连担任候选人的机会都没有。

由此可见，华裔参与加拿大政治，无论是参加选举投票还是直接参加竞选，加入政党是参与的基础，能使自己的一票充分发挥作用。要竞选省级或联邦层级政府公职的华裔精英人士，除本身须具有地方政治的草根基础外，亦须加入主流政党，并在所属的政党中建立良好人际关系，尤其是与党魁的关系，取得党魁的信任，这样可以被派到该政党占优势的选区参选，会大大地提高竞选成功的概率，否则不但选得辛苦，而且很难当选。

总之，笔者据长期观察和体会发现，加拿大华人的传统价值观念和政治理念还是与保守党比较接近。例如，华人在思想观念上相对保守，支持合法移民，反对非法移民和难民，反对大麻，反对政府过多干预经济发展，反对高福利等，这些都与保守党的政治理念和价值非常一致。因此，加拿大华人加入保守党参政议政最为合适。但在实践中，加拿大华人的政党认同又是实用主义优先，例如，"二战"结束以来，自由党一直比较开放和宽松的移民政策符合华人的利益和需求，因此得到很多加拿大华人的欢迎和拥护，华人甚至一度被称为自由党的"铁票部队"。加入保守党或自由党是华人参政议政的第一步，当然加入其他政党也可以，总比无党无派没有政党认同要好。

四、选区重划

（一）何谓选区重划？

所谓选区重划（Redistricting）是指重新划分加拿大联邦国会、省议会、市议会选区的地理界线，通常根据每10年的人口普查结果进行调整。[①] 历史上，加

---

① Rand Dyck & Christopher Cochrane，*Canadian Politics：Critical Approaches*，7th ed，Toronto：Nelson Education，2013，p. 292.

拿大各政党一直都在争夺主导省政府重新划分选区的法律和政治机制——通常是通过对省议会的控制，因为在因人口变迁而需要对选区界线做出调整时，控制省级立法机构的政党能够通过重新划分选区来增强本党候选人的得票实力和成功机会。

选区重划的工作由各省的选区划分委员会负责。该机构最初根据《1964年选区重划条例》建立，该条例几经修改，到1997年为止，规定每个省建立一个由3人组成的独立委员会，由1名法官和另外2名本省居民组成，其中法官由该省首席大法官指定，2名本省居民由该省的众议院议长提名。1960年之前，重新划分选区的工作受到各省众议院的控制，而多数党也尽可能以对自己最有利的原则来划分。[①]

与美国一样，加拿大国会选区、省议会选区和市议会选区如何划分大有学问，对议员选举的结果有着重要影响。由于1867年宪法中没有明确规定划分规则，因此选区重划长期存在两个问题。一个问题是选区的人口不相等，直到《1964年选区重划条例》规定，除特殊情况外，每个选区选民人数变化的范围不得超过选民人数的正负25%，这种情况才发生改变，但各省之间的差异仍然很大。另一个问题是"不公正地划分选区"。掌握省议会多数席位的政党经常通过把选区界线划得奇形怪状，使该政党能在该选区轻易取胜。这种情况也是直到《1964年选区重划条例》出台后才得到一定程度的控制。[②] 总之，加拿大的各级选区重划的基本原则是保证基本的自由和公平。

（二）选区重划对加拿大华人政治参与的影响

在加拿大各级选区重划或调整的历史上，少数族裔一直没有得到公平待遇，这主要表现在两个方面：第一，他们的人口经常被分割到不同的选区当中；第二，即使是少数族裔比较集中的地区，也常常被划得难以成为多数。因此，许多选区被划得奇形怪状，其真实目的是确保执政党的党员在竞选中的绝对优势，这种不公平的选区重划或调整在加拿大也被称为"火蛇"。[③]

根据加拿大宪法规定，联邦政府每隔10年的人口普查结果可以作为重新划分或调整各级选区的依据。选区重划的具体原则也是多方面的，既要考虑人口普

---

① ［加］沃尔特·怀特、罗纳德·瓦根伯格、拉尔夫·纳尔逊著，刘经美、张正国译：《加拿大政府与政治》，北京：北京大学出版社，2004年，第124页。

② Rand Dyck & Christopher Cochrane, *Canadian Politics: Critical Approaches*, 7th ed, Toronto: Nelson Education, 2013, pp. 293-294.

③ Rand Dyck & Christopher Cochrane, *Canadian Politics: Critical Approaches*, 7th ed, Toronto: Nelson Education, 2013, p. 293.

查数据，又要尽可能按中心城市、一般城市的行政区划来划分选区，并充分考虑到历史因素和共同利益，还有地理因素，不能太大也不能太小。加拿大华人居住密集的唐人街或社区究竟应该划入哪一个选区，将直接影响到华人社区的利益，以及唐人街的未来政治生态和发展方向，加拿大华人和华人社区对此都一直非常关注。

例如，根据 2011 年加拿大人口普查数据，2015 年联邦大选众议院席位将从原来的 308 席调整为 338 席，增加 30 席，增长率约为 10%，其中，安大略省增加 15 席，BC 省增加 6 席，阿尔伯塔省增加 6 席，魁北克省增加 3 席。早在 2012 年 2 月就正式开始选区重划，这项工作由各省成立一个超党派的 3 人委员会负责，其中一位必须是现任首席法官。根据过去的经验，90% 的选区都会有某种程度的改变，这对选民权益的影响是深远且巨大的。这种改变包括选区可能会重新命名，选区形状和大小可能会改变，选区可能与邻区合并，也可能与邻区重新划分变成两个选区等。这次选区重划总共需要 15 个月的时间，各省的 3 人委员会必须为主办大选的委员会预留 7 个月的缓冲期，以使该委员会完成雇用或重新任命选务人员、调整选举人名册等工作。新选区预定在 2015 年 10 月 19 日联邦大选日采用。根据 2011 年 12 月 16 日生效的《公平代表法》（The Fair Representation Act），选区重划的主要标准是"选民人数均衡"，即每一选区平均选民人数为 10 万人，不得少于 7.5 万人，也不得多于 12.5 万人。当然 3 人委员会也会考虑其他合理因素，如社会和地区性因素。这次选区重划，安大略省要增加 15 个席位，变动巨大，有人认为这对执政的保守党有利，因此引发在野党人士议论纷纷，他们认为这是保守党为寻求连任而做的政治布局。也有人认为选区重划是一种正常的行政事务，由超党派人士负责，要经过公平、公开和公正的程序，必须举行听证会让选民发表意见，最后由联邦国会批准才能生效。这个新"游戏规则"在很多选区是一个新的开始，所以机会均等，胜负难料。这对广大加拿大华人来说更是一个参政的大好机会，如果华人社区能够推出品德、才华、财力、人脉和英语能力都很出色的候选人，在大多伦多地区的国会议员选举中应当可以在当时的 2 席（邹至蕙、梁中心）基础上，在华人人口众多的东、西唐人街，士嘉堡，万锦和列治文山再赢得至少 3 席。加华社区服务中心主席陈荫庭在《北美时报》发表文章，指出联邦选区重划有利于华人参政。他呼吁华人踊跃参加多伦多地区的多场联邦选区重划听证会，并发表意见，争取把多伦多市东、西唐人街合并为一个单一选区，确保华人能够选出自己族裔的国会代表。①

---

① 《加拿大侨领投书华媒 指联邦选区重划有利华人参政》，中国新闻网，http://www.chinanews.com/hr/2012/10－24/4272106.shtml，2012 年 10 月 24 日。

这次选区重划的结果显示，有 87% 的选区被完全重新划分，BC 省有多个重点新选区，其中温哥华－固兰湖为全新选区，由 4 个不同选区部分调整而成，是各党必争之地；史蒂夫斯顿－列治文东是列治文市重新划分的新选区，区内华裔人口集中，引人关注。但选举结果让人失望，在华人人口过半的史蒂夫斯顿－列治文东选区，华裔候选人赵锦荣没有能够当选。在列治文中选区，华裔候选人黄陈小萍也只是险胜。在安大略省的万锦－于人村和士巴丹拿－约克堡这两个选区，华裔候选人都有优势，但江邦固和邹至蕙都意外失败。① 当然有利于华人的选区重新划分并不意味着华裔候选人必然当选。如果选区内华裔公民的选举登记率和投票率继续低迷，票源分散，或者华裔候选人自身有问题，那么华人选出自己族裔代表的机会仍可能很小。但无论怎样，选区重新公平合理地划分使华人有机会在华裔占多数的选区选出自己的代表。

在加拿大，每 10 年一次的选区重划是根据人口变化对选区进行重新调整的正常过程，但同时也是增强某一政党或某一族裔政治力量的大好机会。掌握选区划分的省议会的作用更是举足轻重。在省议会占多数的政党为了增强本党候选人胜选的可能性，尽可能让选区划分对自己有利。为了限制少数族裔聚居区选出自己的少数族裔代表，以白人为主的省议会经常把少数族裔人口集中居住的地区划分到各个不同的选区，以削弱其选出自己族裔代表的可能性。因此，选区重划意义重大。加拿大华人社区应关注并参与每 10 年一次的人口统计和选区重划，以维护和增进华人社区的政治利益，至少要保证选区重划公平合理。

五、重大历史事件的刺激

影响公民政治参与水平的因素很复杂，有时候，必须考虑重大历史事件的作用和影响。重大历史事件的发生，常常能突破社会经济发展水平和国家政治制度的限制，超越主流政治文化的常规，极大地促进公民的政治参与。② 通过长期观察与分析，笔者发现，加拿大华人的政治参与水平也不可避免地由于加拿大内政外交中一些重大历史事件，尤其是与华人社会密切相关的重大歧视性事件的刺激而有显著提升。

最典型的案例是人头税赔偿事件。众所周知，华人为加拿大西部的早期发展做出了杰出贡献，仅 1880 年到 1885 年参与修建太平洋铁路的华工就达 1.7 万

---

① 万晓宏：《2015 年加拿大联邦国会选举与华人参政》，仲伟合主编：《加拿大发展报告（2016）》，北京：社会科学文献出版社，2016 年，第 37－38 页。

② 施雪华主编：《政治科学原理》，广州：中山大学出版社，2001 年，第 786 页。

人，其中死亡的有 1 500 人。但铁路完工后，为了限制华人入境，加拿大政府从 1885 年开始向他们征收人头税，起初每人 50 加元，后增至 100 加元，1903 年增至 500 加元。这相当于当时一名华工两年的工资，可以买两间房子。这不仅阻碍了华人移民加拿大的脚步，也阻碍了已经在加拿大的华工与他们在中国的家庭成员团聚。更令人气愤的是，只有华人需要交纳此项税款，其他族裔不用交纳，这是赤裸裸的种族歧视行径。人头税政策直到 1923 年才被废除，代替的是《排华法案》，禁止中国人入境加拿大和加入加拿大国籍。《排华法案》直到 1947 年才被废止。

1986 年，加拿大政府向"二战"时被关进集中营的日裔移民道歉并赔偿 2.91 亿加元，向财产被没收的意大利裔移民道歉，唯独对华人人头税问题不道歉不赔偿，令华人深感失望和愤慨。为了讨回公道，争取应该享有的平等权益，加拿大华人展开斗争。早在 1984 年，当时仍健在的 2 300 多名华工要求政府就人头税事件向华人道歉并赔偿损失。平权会领导了这场斗争，后来全加华人联会和人头税受害人及家属联盟加入了斗争行列。他们采取了签名、游行、宣传等方式向加拿大政府请愿并反映华人的诉求。2001 年，华人正式向法院发起诉讼，开启用法律手段解决人头税赔偿问题的序幕。[①]

在国际国内舆论的强大压力之下，尤其是在华人选票的强大压力之下，加拿大联邦政府终于向华人道歉并赔偿。2006 年 6 月 22 日，加拿大总理哈珀代表政府用英语、法语和粤语对过去曾向华人征收人头税一事正式道歉。其他 3 个反对党的代表也在会上致辞，表示支持政府的声明。政府还向健在的当年曾缴纳人头税的 25 位华裔老人以及 400 名遗孀每人赔偿 2 万加元，并为受此政策影响的人士提供其他资助，设立发展教育基金，全部开支估计达 3 000 万加元。哈珀总理还高度评价华人对加拿大做出的积极贡献。至此，经过 100 多年的顽强抗争，华人争取平反人头税的斗争终于取得阶段性的胜利。

人头税赔偿运动这一重大历史事件不仅没有降低华人对加拿大政治的兴趣和参与加拿大政治的能力，而且进一步锻炼了加拿大华人的斗争意志，以及不达目的决不罢休的坚持精神，激励他们把这场运动进行到底。这场运动使加拿大华人深刻认识到把非选举政治和选举政治相结合的重要性，还有斗争策略的重要性。总的来看，这一系列压制华裔参政的"制度化歧视"事件不仅没有削弱华人及亚裔的参政热情，反而加深了他们对加拿大社会的认知，更加激发出他们积极参政的热情。

2020 年新冠疫情在加拿大流行后，加拿大多地都陆续出现针对华人或亚裔

---

① 黄昆章：《加拿大平反华人人头税》，《华人世界》2006 年第 8 期，第 115 页。

的言语威胁、建筑涂鸦或破坏，甚至人身袭击等事件。2020 年 6 月 23 日，加拿大民调机构公布的一项调查结果显示，一半受访者表示自己因新冠疫情而受到辱骂或侮辱；43% 的人表示自己曾受到威胁或恐吓；30% 的人表示，自疫情出现后，自己经常受到种族主义涂鸦或相关社交媒体信息的侵扰；29% 的人认为，自己经常被视作对他人健康和安全的威胁；约一半的人担心，亚裔孩子在重返校园时会因疫情被人欺凌；61% 的受访者表示，自己调整了日常行为，以免发生冲突或其他不愉快的遭遇；同时，64% 的人认为北美新闻媒体的报道导致对加拿大华人的负面看法；只有 13% 的受访者认为加拿大华人是"真正的加拿大人"。该调查覆盖 516 名加拿大华人，其中 44% 的受访者出生在加拿大，另各有 22% 来自中国内地和香港。①

2020 年以来，新冠疫情在全世界蔓延，一些美国政客肆意诋毁中国，称新冠病毒为"中国病毒"，给美国民众造成误解，导致美国社会对华人及亚裔的歧视和仇恨犯罪加剧。加拿大社会对华人的歧视和仇恨犯罪也随之增加，华人社区的安全面临严峻挑战。但加拿大华人的参政热情丝毫未减，他们认识到积极参政维护自身权益的重要性，不但没有止步，而且更加踊跃。在 2021 年加拿大联邦大选中，虽然只有 21 位华人精英参选国会议员，比往年减少近一半，但选举结果显示有 9 位华人精英当选国会众议员，突破历史纪录。华人社团和华文媒体在此次选举中通过选民教育和选举动员继续发挥重要的助推作用。华人普通民众的投票和助选积极性也有显著提高。例如，面对已经开始的加拿大联邦大选，BC 省列治文的华裔居民艾丽·王（Ally Wang）推出一个无党派网站，旨在应对当地华人社区新移民投票率历来较低的问题，并试图改变一些华人选民只投票给会说华语的候选人的习惯。她希望通过该网站，向使用中文的选民介绍各政党的竞选政纲，鼓励更多华人选民出来投票。②

在 2022 年 10 月 15 日举行的 BC 省地方选举中，大温哥华地区的华人积极参政，有多名华人精英参选并成功当选。其中最令人关注的是，出生在温哥华本地，但祖籍中国香港的华人沈观健（Ken Sim）高票当选温哥华下一届市长，是该市建市 136 年来的首位华裔市长，具有重要的现实意义和象征意义。③ 沈观健最大的优点是敢于公开承认他是华人中的一分子，敢于代表华人的利益，而历史

---

① 《民调显示加拿大华人受到种族主义这一"影子疫情"冲击》，中国新闻网，https：// www. chinanews. com/hr/2020-06-23/9219700. shtml，2020 年 6 月 23 日。

② 《卑诗华人建网站 鼓励华人移民投票》，环球中文网，https：//www. cbeiji. com/shownews. php? jd =131732&fid，2021 年 8 月 17 日。

③ 《温哥华选出建市以来首位华裔市长！》，加中在线，http：//www. ccbestlink. com/static/content/ XW/2022-10-16/1031358645621108736. html，2022 年 10 月 17 日。

上来自香港的一位女士曾经担任过加拿大总督，还有同样是来自香港的林思齐曾经担任过 BC 省的省督，但是他们在任职期间不但不以自己是华裔而自豪，甚至在不同的场合都竭力回避自己是华裔的事实。[①] 正因为沈观健敢于公开承认自己是华人，敢于代表华人社区的利益，所以温哥华的华人选民都支持他，华人社区的选票和钞票在他此次胜选中确实发挥了重要作用。来自香港的另一位华裔参选人余星友（Simon Yu）在 BC 省北部的乔治王子城（Prince George）当选市长，成为当地有史以来首位华人市长。在大温哥华地区的列治文、本拿比等城市，有多名华人市议员获得连任。在 10 月 24 日举行的安大略省市级选举中，总共有 26 名华裔候选人成功当选市议员、学区教育委员等职务。[②] 虽然新冠疫情导致加拿大社会对华人的种族偏见、种族歧视和仇恨犯罪显著增多，但这不仅没有降低华人参政的热情，反而进一步激发了他们的参政热情，通过积极参政来回应这些歧视和偏见是最好的方式。

这些事件的偶然性和必然性使华人及亚裔深刻认识到，虽然华人在加拿大已生活了 160 多年，为加拿大的繁荣与富强做出重大贡献，但他们一直因为肤色和祖籍国背景被视为"永久的外国人"。他们意识到，只有团结起来积极介入加拿大政治，才能维护和增进自身的公民权利和政治权利。从 20 世纪 90 年代至今，加拿大举行了多次大选、省选和市级选举，华人参政出现一轮又一轮的高潮。在各届选举中，与过去相比，华人的登记率和投票率都有显著提高；直接参加竞选并取得成功的华人精英明显增多，职位层次也稳中有升；华人社团更加积极地推动选民登记和投票等助选活动；华裔的政治捐款更加注重与维护自身权益相结合。这些发生在华人社会的重大历史事件无疑是近年来华人参政水平提高的重要推动原因之一。可见，重大历史事件，尤其是制度化歧视性事件，对华人参与加拿大政治具有较大影响和推动作用，在研究加拿大华人政治参与时不可忽视。

通常在西方国家，族裔人口结构、族裔社会经济地位、族裔政党认同、选区重划和重大历史事件的刺激影响族裔参政水平。当代加拿大华人人口数量仍在继续保持快速增长，人口结构也在不断优化；华人新移民和土生华人的受教育程度都在不断提高；随着大量投资移民和技术移民的到来，加上中国经济的快速发展和国际政治经济地位的提升，加拿大华人的社会经济地位一直在不断攀升；在一系列重大历史事件的推动下，他们的参政水平有显著提升，他们的政党认同感也比以前有所增强，尝试组党参政；随着他们融入主流社会的程度加深，他们的参

① 陶短房：《创造历史！温哥华选出首位华裔市长，华人权益得到保障》，https：//baijiahao. baidu. com/s？id=1747292340929344326&wfr=spider&for=pc，2022 年 10 月 21 日。

② 《2022 安大略省市选当选市长、市议员、教委与公众和媒体见面会》，华人头条，http：// www. 52hrtt. com/in/n/w/info/G1666598326931，2022 年 10 月 28 日。

政意识逐渐增强，可以确信，他们有资格也有能力参与当地政治生活，行使公民的政治权利。

第三节　影响当代加拿大华人政治参与的个人因素

影响当代加拿大华人政治参与的因素众多，除了族裔人口结构、族裔社会经济地位、族裔政党认同、选区重划和重大历史事件的刺激等社会因素之外，还有族裔传统政治文化、族裔现状满足感、族裔政治效能感、族裔政治信任感、对参与成本和收益的考虑等个人因素。本节仅就影响当代加拿大华人政治参与的这些个人因素进行分析。

一、族裔传统政治文化

政治文化是指政治关系的心理和精神的反映，它是人们在社会政治生活中形成的对于政治的感受、认知和道德习俗规范的复杂综合。政治文化一般由政治心理和政治思想两个层次构成，政治心理是政治文化的表层和感性部分，而政治思想是政治文化的深层和理性部分。政治文化可以通过政治社会化的过程得以学习和传承。①

加拿大与美国一样，是一个典型的移民国家，由来自世界各地的移民群体构成，但建国初期主要是由英裔和法裔占主导。1971 年以来，加拿大政府一直在推行多元文化主义政策，强调各族裔不论人口多少，都有权保留其族裔文化，与英裔和法裔文化处于平等地位。现在加拿大的英裔和法裔人口合起来已经不到加拿大总人口的 50%，也就是说其他少数族裔的人口已经超过加拿大总人口的一半，加拿大是名副其实的多元文化主义国家。虽然有学者对此一直持批判态度，但笔者对加拿大政府实行的多元文化主义政策基本上持肯定态度，只是不赞同其过分强调各族裔文化在交汇中的相互独立性，不赞同否认文化的互融性和互动性。

加拿大是一个以英裔和法裔文化为主体的白人国家。非裔、西裔、亚裔、犹太裔等少数族裔文化是这一主流文化下面的亚文化支流。作为亚裔的一个重要组成部分，华人移民加拿大已经有 160 多年的历史，但其中排华的时间长达 24 年。排华期间华人为避免受迫害而集中居住在唐人街，几乎与外界隔离，因此，他们

① 王浦劬主编：《政治学基础》，北京：北京大学出版社，1995 年，第 307 页。

身上仍保留着浓厚的中华传统文化。受 20 世纪 60 年代美国民权运动的影响，多元文化主义思潮在加拿大日益盛行，并在 1971 年正式成为加拿大政府的民族政策。华人社区的中华传统文化不仅没有因多元而被削弱，反而得到进一步强化。总体来看，华人的中华传统文化与加拿大白人主流文化有鲜明的异质性，中华传统文化强调集体主义，而以白人主流文化为代表的加拿大文化更强调个人主义。

作为移民国家的国民，许多加拿大人保持了他们祖先从世界各地带来的价值观念、礼仪、习俗、宗教、语言和艺术等文化传统，华人也不例外。具体来看，在价值观上，与白人相比，华人更重视家庭，重视子女教育；在习俗上，华人虽身居加拿大，但每逢中国传统节日，都会身穿中国传统服装，举办舞龙、舞狮和赛龙舟等活动以示庆祝；在宗教上，加拿大华人除了信仰基督教、天主教和伊斯兰教之外，还有很多人信仰中国传统的儒教、佛教和道教等；在语言上，大多数华人在家里讲普通话或粤语等祖籍地方言。在许多情况下，这些以族裔为基础的移民文化传统影响了他们的政治观念和行为，从而形成以族裔为特色的个人政治文化。

由于移民来源国的背景不同，公民个人从小所接受的政治文化往往与加拿大的主流政治文化完全不同，对加拿大华人来说更是如此。加拿大的主流政治文化强调民主、平等、自由和三权分立制衡，而华人的中国传统政治文化更强调服从、恪守习俗、尊重权威和中庸之道。① 比较发现，来自中国大陆的华人新老移民的传统政治文化对他们参与加拿大政治有较大影响，具体表现在两个方面：一方面，他们在参与加拿大政治时或多或少受中国传统政治思想和个人亲身经历的影响和束缚；另一方面，他们对加拿大主流政治文化缺乏足够的认识和了解。这些都阻碍了他们参与加拿大政治。

首先，当代加拿大华人的政治心理多少受到某些中国传统思想的影响和束缚。在中国的传统政治思想中，儒家思想对中国人的政治心理的影响较大。儒家坚信道德是政治问题的重心，主张道统高于治统，道义重于权令，从道不从君，推崇道德高于政治，认为从政不必当官，宣传孝道就是参政。儒家的基本参政心理是首先要"修身、齐家"，然后才能"治国、平天下"。这句话已成为许多中国人奋斗的座右铭，对中国人的影响可谓潜移默化、根深蒂固。除了儒家思想之外，老庄的道家思想对中国人的影响也非常大。老子主张"无为而治"，庄子更将老子的"无为"思想发挥得淋漓尽致，他要求人类彻底回归到大自然当中去。

---

① ［美］施于杭：《美籍华人的政治取向和期望：兼论美籍华人在中美关系发展中的作用》，［美］孔秉德、尹晓煌主编：《美籍华人与中美关系》，北京：新华出版社，2004 年，第 90 - 91 页。

这些在政治参与上的消极思想对中国人的影响无处不在。①

受儒家和道家等传统中国文化的熏陶，再加上早期华侨身处异乡，可能连生命都有危险，极其自然地养成"明哲保身""多一事不如少一事"的保守政治心理。虽然中国传统思想对当代加拿大华人参政意愿的影响已减弱了很多，但并未完全消除。许多华人新移民仍然只埋头从事专业工作、赚钱，视"搞政治"为畏途。② 即使在今天，受中国传统政治文化的影响，"各人自扫门前雪，休管他人瓦上霜"的保守政治心理在加拿大华人社区仍然非常普遍。如很多华人担心登记成为选民后要浪费时间去承担做陪审员、投票等义务，影响自己的工作和休息。这种保守自私的心理导致相当多华人公民不参加选举登记与投票。③

事实上，当代加拿大华人大多数是第一代移民，他们主要来自中国大陆、香港和台湾，其余大多来自东南亚国家，这些国家历史上都是威权主义国家，人民大多没有参与政治的传统。华人在这些国家也只是埋头赚钱，忽视争取平等政治地位，且常常由于祖籍国的原因而在政治上遭受迫害。因而，他们移民加拿大后，更热衷经济活动，对政治持冷漠态度。来自台湾的新移民，包括留学生及其父母，受20世纪50年代台湾"白色恐怖"政治影响，视政治为畏途。他们中的大多数人认为，参与政治就是对某党、某派的赞同和认可，就是走路线、搞手段、搞党派、出风头之类，只要任何人一提到"政治"，就不由自主地往不正确的一方想。④ 这种陈旧观念仍存在于许多华人脑海中。这些华人只埋头从事专业工作，不愿意登记为选民，害怕自己与某一党派扯上关系。而在加拿大不登记为选民就没有资格投票，即使投了票也不一定能发挥作用。

其次，由于当代加拿大华人人口中有一半以上是移民，他们当中相当一部分人的受教育水平低，不能熟练使用英语，平时的活动只限于华人圈，对加拿大主流政治文化缺乏了解或认识不够，这阻碍了他们参与加拿大政治。很多人根本不知道加拿大的政治参与方式有选举政治和非选举政治两大类型。他们对加拿大民主政治制度及其运作过程更是缺乏具体了解，一个直接表现就是华裔选民不知道该投票支持谁，不知道应该支持什么或反对什么。有的华人甚至不知道在第一次投票之前先要进行选举登记。一些加拿大华人虽有参与政治的兴趣和热情，但由于不懂英语，面对复杂的投票程序，如果没有中文翻译，也只好选择放弃。

---

① 郭岱宗：《美国华人政治参与之研究》，淡江大学博士学位论文，1992年，第55-57页。
② 郭岱宗：《美国华人政治参与之研究》，淡江大学博士学位论文，1992年，第57页。
③ 万晓宏：《当代美国华人政治参与研究（1965—2004）》，暨南大学博士学位论文，2005年，第182页。
④ 林启文：《华裔美人参与政治活动之研究（1965—1993）》，台湾政治大学硕士学位论文，1993年，第43页。

可见，中国传统政治文化对加拿大华人影响深远，在一定程度上影响了他们对加拿大政治的参与。虽然 20 世纪 90 年代后，中国大陆、台湾和香港的民主化进程开始加快，来自这三地的华人新移民受中国传统政治文化的消极影响开始减少，但并没有完全消失。要克服这些消极影响，最好的办法是进一步加大选民教育力度，提高华人的英语水平，增加华人对加拿大主流政治文化尤其是当代加拿大选举政治文化的认识和了解，鼓励华人积极参与当地政治过程。笔者以为这既需要加拿大华人参政团体的大力宣传与动员，更需要华人公民的努力学习、亲身实践和锻炼。

二、族裔现状满足感

现状满足感是指公民对自身的生活水平和社会地位等现状的满意程度。一般来说，在相同条件下，对现状满足感低的人比对现状满足感高的人更希望通过政治参与来达到改变自己命运的目的。[1] 在加拿大，白人、非裔、拉美裔和亚裔对现状的满意度各不相同，导致他们对参政的态度也不同。即使在加拿大华人社会内部，来自中国大陆的新移民、香港移民和台湾移民，以及土生华人对现状的满意度也各有不同，导致他们的参政水平有较大差异。其实来自中国大陆、香港和台湾的华人新移民对加拿大生活现状的满意度都比较高，但为何除土生华人之外，来自香港的移民政治参与度最高，来自台湾的移民次之，而大陆新移民最低？

这里涉及政治效能感的问题。在政治效能感强的人群当中，对现状满足感低的人往往比对现状满足感高的人更加积极参与政治；在政治效能感弱的人群当中，无论现状满足感多么低，他们可能都不会选择通过政治参与的方式来改善自己的处境，而是通过其他的途径来解决。[2] 土生华人生于斯长于斯，他们的政治效能感无疑是最高的。来自中国香港和台湾的华人新移民因为受过选举政治文化的长期熏陶或训练，政治效能感较强，而来自中国大陆的新移民受中国传统政治文化的影响较大，移民前没有或很少接触选举政治文化或抗争政治文化，因而移民加拿大后的政治效能感最弱，政治参与度也最低。

笔者在加拿大进行的实地访谈结果显示，来自中国大陆、香港和台湾的华人新移民对在加拿大的生活现状总体上表示满意，对加拿大政府照顾国民的能力评价也相当积极。他们对加拿大政府在处理公共事务时较少出现官僚作风和较为民

---

① 施雪华主编：《政治科学原理》，广州：中山大学出版社，2001 年，第 787 页。
② 施雪华主编：《政治科学原理》，广州：中山大学出版社，2001 年，第 787 页。

059

主比较满意。不论出生在哪里，大多数受访者都对祖籍地近年的发展，特别是中国大陆的发展十分关注。多位来自中国大陆的华人新移民受访者表示他们当初没有想到中国发展如此之快，言辞之中隐含后悔。他们都承认中国大陆的医疗保障和社会保险制度都越来越完善。

当代加拿大华人中对现状表示满意的人士居多，尤其是新移民当中的那些投资移民、留学移民和技术移民，他们在加拿大的生活相当富裕、稳定、受人尊重，感受不到任何歧视与偏见。他们对现状相当满足，觉得参不参与政治没有什么不同。在现状满足感较高的华人群体中，政治效能感强的来自香港和台湾的华人参与政治更加积极一些，他们经常会主动担任华人社区的代言人参与并影响政治。因而我们通常能够看到，成功参政的华人精英大多是土生华人、来自香港或台湾的华人，来自大陆的华人比较少。而政治效能感弱的那些华人精英可能根本不会去参与政治。看到其他华人积极参与当地政治或为加拿大华人社区的权益而努力，他们可能会不以为意，不屑一顾。这些人在来自香港、台湾和大陆的华人当中都占大多数。这是华人民众政治参与度总体较低的重要原因之一。要改变这种现状，新老华人社团，尤其是参政团体应该发挥积极作用，如鼓励那些满足现状的华人更多关心加拿大华人社区的整体利益、所在华人社区的公共事务和部分华人弱势群体的需求，以调动他们关心并参与当地政治的兴趣，激发他们关注加拿大华人社会问题的热情。

三、族裔政治效能感

政治效能感是指一个人认为他自己的政治参与行为影响政治体系和政治决策的能力。一般来说，政治效能感强的人会比政治效能感弱的人更多地参与政治。[①]

大量研究认为，社会地位越高的人，政治效能感越强，政治参与也就越多。事实上这并不完全正确，因为人们的社会地位与政治效能感之间没有必然的联系，有些社会地位很低的社会成员反而是政治生活的积极参与者。如美国社会下层的黑人社会地位很低，但这并没有妨碍他们成为积极的政治参与者。而社会地位较高的人如果缺乏政治效能感，那么他们不参与政治的情形比地位较低者会更为严重。[②] 在加拿大，印度裔的社会经济地位总体较低，但他们的政治参与度较高。同样在加拿大，华人的社会经济地位较高，但他们的政治参与度较低，这与

[①] 施雪华主编：《政治科学原理》，广州：中山大学出版社，2001 年，第 787 页。

[②] ［美］塞缪尔·亨廷顿、琼·纳尔逊著，汪晓寿、吴志华、项继权译：《难以抉择：发展中国家的政治参与》，北京：华夏出版社，1989 年，第 86 页。

他们的政治效能感有关。

就加拿大华人个体而言，政治效能感也是影响他们政治参与的重要主观因素之一。华人政治效能感越强，政治参与就越积极；政治效能感越弱，政治参与相对越少。政治效能感强的加拿大华人认为他的政治参与行为将会对政府决策和执行产生一定的影响，他们会在政治参与活动中体会到自己的尊严和价值，因此，他们就会积极地进行政治参与；而那些政治效能感弱的加拿大华人则认为无论他如何进行政治参与，到头来也不会对政府决策和执行产生任何影响，他们总认为自己的参与和不参与没有什么区别，因而就不参与政治。持这种观点的中国大陆新移民最多，因此他们很少或不参与政治。

就加拿大华人整体而言，受人口数量和结构、社会经济地位等因素的影响，早期加拿大华人的政治效能感非常弱，因此除了实在忍无可忍才偶尔抗议一下，其他大多时候都保持沉默。"二战"结束后，随着1947年《排华法案》被废除，华人开始拥有投票权。20世纪50—60年代，华人人口开始快速增长，社会经济地位不断提升，尤其是20世纪90年代后移居加拿大的华人新移民，包括来自中国香港、台湾和大陆的新移民，不仅受教育程度高，经济实力雄厚，政治参与意识强，其政治效能感也在不断提高。但由于各种显性和隐性的种族歧视和偏见依然大量存在，他们正在逐渐增强的政治效能感会因此受到一定的冲击。

尽管近年来加拿大华人的政治效能感总体上比以前增强了很多，但在华人族群内部仍有较大差异。如上文所述，来自中国香港和台湾的华人移民的政治效能感最强，而来自中国大陆的新移民的政治效能感相对较弱。另外，与加拿大其他少数族裔，如印度裔相比，华人的政治效能感尚待进一步提升。目前，加拿大华人政治性社团，甚至传统的宗乡社团都在开始采取各种形式对加拿大华人进行宣传教育，鼓励他们积极参与当地政治，从关注、解决社区问题入手，逐步扩大到更高层次，这是提高他们政治效能感的重要途径。

四、族裔政治信任感

政治信任感是指公民对政府或政治领导人的信任程度。如果公民认为政府是为国家和人民谋福利的，并且有能力领导国家不断发展进步，那么就说明他们的政治信任感高；反之，如果人们认为政治领导人腐败无能，不能为国家和人民谋福利，那么就说明他们的政治信任感低。政治效能感的高低决定公民政治参与的多少，而政治信任感的高低决定公民政治参与的性质，即是支持性参与还是抗议性和反对性参与。政治信任感高的公民的参与常常是支持性参与，至少不是抗议性参与；而具有极低政治信任感的公民的参与经常是抗议性或反对性参与，如游行、示威或暴乱等。①

目前，关于加拿大华人对加拿大政府的政治信任感的定量研究成果还没有出现，所以没有相关数据可以参考和衡量，但由于加拿大联邦政府与美国联邦政府的性质相似，权力自下而上，因此，可以把"2000—2001 年全美亚裔政治调查"的结果推广到加拿大华人。总体来看，加拿大华人对加拿大各级政府官员的信任度还是比较高的，这决定他们对加拿大政治的参与多为支持性参与。但与其他亚裔相比，华人对加拿大各级政府官员的信任度仍然较低，可见对政府官员持不信任态度的加拿大华人仍然不少。这些人当中可能采取非选举政治参与方式的比例较高，其原因是多方面的，其中一个重要原因是华人在加拿大社会曾经长期遭遇种族歧视和偏见。

根据笔者在美国、加拿大留学的体会，从定性的视角来分析，当代加拿大华人对加拿大各级政府的政治信任感应该比当代美国华人对美国各级政府的政治信任感更高一些。主要原因有二：第一，加拿大的政治制度是议会内阁制，总理来自议会中的多数党，议会与总理的执政目标完全一致，都是为选民服务，因此民众对政府的政治信任感高；而美国是三权分立相互制衡，总统和议会由选民各自选出，有时总统与议会两院的多数党来自同一政党，这时执政目标完全一致，但更多时候总统和议会两院的多数党是分裂的，导致执政目标不一致，有时完全相左，导致党争激烈，损害选民的利益，甚至引导国家走向错误的方向，因此民众对政府的政治信任感低。第二，加拿大实行的是福利资本主义，公民享受高福利待遇，整个社会贫富差距较小，社会矛盾相对缓和，各级政府对公民的照顾，尤其是对弱势群体的照顾更多、更细致，还长期推行多元文化主义政策，平等对待每一个少数族裔，反对种族歧视和偏见，对仇恨犯罪的打击力度比美国更大，控枪也更加严格，犯罪率低，社会治安好，因而民众对加拿大政府的政治信任感更高。另外，近年来华人新移民不断涌入加拿大这一移民现象其实也是一个重要的侧面证据，说明华人对加拿大各级政府的政治信任感比较高。当他们对加拿大政府的政治信任感高的时候，他们的政治参与大多数是支持性参与；当他们对加拿大政府的政治信任感低的时候，他们的政治参与大多数是反对性参与。

五、对参与成本和收益的考虑

在很多时候，对参与成本和收益的考虑也是影响公民政治参与的一个重要因素。因为政治参与是要付出代价的，当政治参与的代价与期望的收益相比得不偿

---

① 施雪华主编：《政治科学原理》，广州：中山大学出版社，2001 年，第 789 页。

失时，或者当政治参与的代价过于巨大，公民个人无力承担时，人们都有可能会选择不参与。[①]

美国学者安东尼·唐斯（Anthony Downs）在其《民主的经济理论》（1957年）一书中认为，经济行为与政治行为之间有相似之处，例如两者都根据个人自身利益而行动。唐斯认为，根据统一收入计算的概念，政治参与者通常会比较自身在现政府和竞争性政党将来执政中的得失来决定自己的政治行为，理性并综合考虑政治参与的代价。在失（成本）大于得（收益）的选举中，政治参与者要么投票支持他们偏爱的政党，要么弃权。

应用到亚裔，政治经济学的研究方法认为，预期的政治投入与产出不平衡，导致亚裔政治参与的水平一直较低。由于人口少、语言障碍和缺少统一的领导，亚裔在获得有利的政治结果之前可能要经历一个长期的低收益过程。基于对政治参与的成本和收益的慎重考虑，许多亚裔觉得在选举中放弃投票并谋取其他实际利益是理性的。[②]

2016年加拿大人口统计显示，全加华人人口已经超过180万，占加拿大总人口的5.3%，但华人在联邦国会中的代表只有7位，与按人口比例分配至少应该有18位相去甚远。如果把他们的收益和在此次选举中投入的成本、提供的捐款和实际参与中付出的物质和精神代价相比，他们得到的上述收益应该微不足道。除了大温哥华、大多伦多和卡尔加里等地以外，华人在其他大多数市镇、省和联邦选举中发挥的作用非常小。即使加拿大华人全体参与，考虑到加拿大政治中少数服从多数的选举制度，华人的影响力也非常有限。因此，大多数国会议员候选人和省议会议员候选人在他们的竞选政纲中倾向于不支持与华人有关的议题。这也说明加拿大华人的政治参与对加拿大政治几乎没有什么影响或者影响不大。当参与的低收益变得非常明显时，加拿大华人可能会退出加拿大政治。

出于参与成本和收益不成比例的考虑而不参与政治的加拿大华人人数相当多，这种现象尤其是在新移民当中普遍存在。新移民刚到加拿大，由于忙于生计，根本没有时间和精力去参与政治活动，即使有参与政治的良好愿望，但考虑到参与要付出高昂成本，而又不能确定收益会怎么样时，大多数人可能会选择放弃参与。高素质华人新移民和土生华人也是如此，他们在加拿大有良好的教育背景，有令人羡慕的工作，有丰厚的收入，有美满的家庭，有悠闲而丰富的业余生活，如果参政，将不得不放弃这些，甚至连周末陪孩子吃饭的时间都没有，家庭

①　施雪华主编：《政治科学原理》，广州：中山大学出版社，2001年，第789－790页。

②　Jun Xu，"The Political Behavior of Asian Americans：A Theoretical Approach"，*Journal of Political and Military Sociology*，2002，30（1），pp. 71－89.

生活更是没有任何隐私可言，而且参与政治得到的收益一时还很难估算，因此权衡利弊得失，很多高素质的华人最后决定不参政参选。

加拿大华人现在的政治影响力与过去相比已经有显著增强，但与其他少数族裔如印度裔相比还有相当大的差距。要使加拿大华人的政治参与水平达到一定高度，可能还需要好几代华人的共同努力，需要高素质华人精英和广大普通华人民众不计得失的参与。在短时期内，加拿大华人政治参与的成本和收益可能会不成正比，有时投入的成本巨大却根本没有看到明显收益。但从长远的、发展的眼光来看，只有长期的、不断的、量的累积才会最终导致质变，政治参与也是一样，需要高素质华人精英和广大普通华人民众的无私奉献。在加拿大，可能需要好几代高素质华人精英和广大普通华人民众一起不计成本地参与，他们的政治参与收益才会有明显增长。

总体来看，这些社会和个人因素对当代加拿大华人政治参与的广度和深度都有重要影响，其中社会因素的影响比较直接，呈显性；个人因素的影响相对间接，呈隐性。分析这两方面的因素有助于更好地理解加拿大华人政治参与度不高的深层原因和逻辑。

具体来看，族裔人口结构是影响当代加拿大华人参与选举政治的基本因素；族裔社会经济地位直接影响他们的参政水平；族裔政党认同与他们能否成功步入加拿大政坛紧密相关；选区重划直接影响华人集团投票的政治影响力和能否选出本族裔的政治代表；重大历史事件一方面使华人政治效能感受挫，另一方面又使华人深思，转而更加理性积极地参与加拿大政治；中国传统政治文化确实对当代加拿大华人政治参与有一定程度的负面影响，但随着世代的更迭会逐渐减退，这可以通过加强选民教育力度、提高华人参政意识的途径来克服；大多数华人对在加拿大的生活现状较为满意，导致他们的政治参与度低；随着华人社会经济地位的进一步提升，他们的政治效能感可能会进一步增强，但他们对加拿大政府的政治信任感仍然比较低，虽然与美国华人相比已经相当高；如果考虑到政治参与的成本在很多时候远远大于参与取得的收益，很多优秀的加拿大华人精英会选择不参与政治。

通过上述分析也可以发现，这些社会因素和个人因素对当代加拿大华人政治参与的影响不是单个就能起决定性作用，而是既相互区别，又相互联系、相互影响，综合发挥作用。因此，在分析影响当代加拿大华人政治参与的社会因素和个人因素时，既要对影响加拿大华人政治参与的各个相关变量进行定量分析，也要对影响加拿大华人参政的社会因素和个人因素进行综合的定性评估，只有把二者紧密结合进行分析，才能全面真实地反映当代加拿大华人政治参与的成就与不足，指出他们未来政治参与的前景和参与路径。

小　结

　　本章首先对当代加拿大华人政治参与的定义、内涵和外延进行明确界定，然后分别从历史学、政治学、民族学和社会学的视角出发，对当代加拿大华人政治参与的类型与方式进行简要分析，最后对影响当代加拿大华人政治参与的社会因素和个人因素进行深入探讨，基本上把研究当代加拿大华人政治参与的理论分析框架搭建起来，比较系统和完整，为后面的实证分析奠定理论基础。需要强调的是，当代加拿大华人的政治参与是在现行加拿大国体、政体的法治原则规定下进行的，并无改变加拿大根本政治制度的企图，因此他们的政治参与无疑具有合法性。由于加拿大华人在不同历史时期的政治参与类型和方式具有特殊性，所以他们的政治参与活动不但能有效地维护和增进加拿大华人和华人社区的权益，而且能在一定程度上完善和丰富加拿大的政治法律制度，甚至推动加拿大政治法律制度的改革、发展和进步。加拿大是当今西方国家民主的典范之一，其民主化程度非常高。与东南亚各国相比，当代加拿大华人参与政治的大环境更为宽松和平等。但不能因为平等而等着从天上掉下馅饼，加拿大华人要享有真正平等的权利和待遇，最佳途径就是通过政治参与去争取。

第三章

当代加拿大华人精英的政治参与

1947 年以前，加拿大华人的政治参与活动属于非选举政治参与，如前所述也可称之为加拿大华人的"抗争政治"或"民权政治"活动，在黎全恩等著述的《加拿大华侨移民史（1858—1966）》一书中有较详细的史料叙述，包括华人反击当地的排华运动和抗议联邦政府制定的《排华法案》，此处不再赘述，因为本书的重点是研究当代加拿大华人的政治参与，侧重于 1947 年以来加拿大华人的政治参与。但必须强调的是，从当时华人的抗争行动来看，他们并非以往华侨史书中所说的胆小怕事、任人宰割的传统负面形象，而是非常熟练地使用各种非选举政治参与方式，包括通过媒体进行政治表达，利用公共舆论对加拿大政府施加影响，还通过集会、请愿、抗议、组建参政团体等方式进行合法抗争。他们对选举政治的参与方式也非常熟悉，只是因为当时没有公民权而无法参与。

1947 年，加拿大联邦政府最终废除执行长达 24 年的《排华法案》，给予华人投票权，消除了华人长期受歧视和不能参与选举政治的制度性障碍。在参与选举政治的制度性障碍清除后，华人大规模参与加拿大选举政治的另一条件是须具备一定的人口规模和社会经济实力，才能有足够的资源去建立社区和从事政治动员，以参与选举政治活动。20 世纪 60 年代中期，加拿大华人的人口规模和经济实力尚处在积累阶段。20 世纪 70—80 年代，随着大批来自中国香港和台湾的高科技移民和投资移民涌入加拿大，加上 90 年代之后中国大陆新移民中的技术移民和留学移民到来，致使加拿大华人社会的人力资源（选票）与经济实力快速上升。在华人精英的呼吁和动员之下，普通华人民众参与选举政治的意识开始觉醒；在普通华人民众的长期坚定支持下，一大批华人精英开始步入加拿大各级政坛。

本章首先分析当代加拿大华人参与选举政治的五种主要方式；然后把当代加拿大华人精英参与选举政治的方式概括为五种理论模型进行具体分析，以准确反映当代加拿大华人精英参政的方式和作用；最后指出他们参政过程中存在的问题和障碍。

第一节　当代加拿大华人参与选举政治的五种方式

加拿大维多利亚大学地理系的华裔教授黎全恩博士从历史学的视角把加拿大华人参政分为土生华裔参政、第一代老移民参政和新移民参政三个阶段进行具体分析。[①] 但笔者在本节中尝试从少数族裔政治参与的理论视角，探讨当代加拿大

---

① 和静钧：《用政治自由享受政治民主——加拿大华人组党启示录》，《南风窗》2007 年第 16 期，第 77 页。

华人参与选举政治的主要方式。当代加拿大华人参与选举政治的方式不是只有参加竞选和投票两种方式，而是呈多元化发展趋势。据笔者研究发现，他们参与选举政治的方式主要有参加选举投票、竞选各级议员与政府公职、争取政治委任、提供政治捐款和助选等五种方式。

一、参加选举投票

参加选举投票是现代国家公民的基本政治权利之一。在美国，公民要参与选举投票，第一步是要进行选举登记，然后才有资格参加投票。但在加拿大，公民在参加选举投票前不需要进行选举登记，各级政府已经提前统计好并列出选民名单。即使选民名单上没有某公民的名字，该公民在投票日也可以凭相关身份证件去投票站投票，由选举委员会负责查核并统计。[①] 与美国一样，在加拿大参加选举投票的方式有多种，包括提前投票、特殊投票和在选举日去投票站投票等，大多数选民选择在选举日去投票站投票。加拿大联邦选举都安排在周一举行，投票时间是当地早上9点到晚上8点。选民在选票上给自己支持的候选人打"×"，选举结果采取"简单多数获胜"原则，而不要求必须得到过半数选票才能当选。从1970年开始，公民的投票年龄从21岁降低到18岁。[②] 选民也可以采取策略性投票或跨党派投票，即在选举中不是投票支持自己最喜欢的候选人或所属政党的候选人，而是投票支持在选举中最有可能击败自己最讨厌的候选人的最强对手。例如，在联邦选举中，新民主党的支持者可能投票支持自由党候选人，目的是击败保守党的候选人。[③] 西方政治学者的研究发现，选民投票的取向主要分为三种：政党认同取向、候选人取向和议题取向。

（一）政党认同取向

所谓"政党认同取向"投票是指选民投票时只注意候选人的党派，而且只投票给自己所归属的政党。在加拿大华人选民中，除少数积极参政人士认同并加入自由党、保守党、新民主党和绿党等主流政党之外，大部分华人选民政党认同度低，相当多出于参选考虑而加入某一政党，实际并不一定认同。从华人移民的

---

① Rand Dyck & Christopher Cochrane, *Canadian Politics*: *Critical Approaches*, 7th ed, Toronto：Nelson Education，2013，p. 296.

② Rand Dyck & Christopher Cochrane, *Canadian Politics*: *Critical Approaches*, 7th ed, Toronto：Nelson Education，2013，pp. 297 – 298.

③ Rand Dyck & Christopher Cochrane, *Canadian Politics*: *Critical Approaches*, 7th ed, Toronto：Nelson Education，2013，p. 310.

传统思想观念来看，他们与保守党的理念最为相近，因此华人按照思想理念最适合加入保守党。但"二战"后自由党比较开放的移民政策赢得了华人的广泛支持，所以从战后到 20 世纪 90 年代支持自由党的加拿大华人比较多。实际上，绝大多数加拿大华人民众属于无党无派，也就是独立选民（independents），所以他们的投票行为较少受某一个党派的约束，经常会出现跨党投票的现象。

笔者长期观察发现，在有政党认同的加拿大华人当中，加入自由党、保守党和新民主党的华人较多。早期华人主要认同自由党，因为其移民政策理念开放，加上其大力宣传和动员，可以说华人当时几乎是自由党的"铁票"。在 20 世纪 90 年代，加入自由党的华人还寥寥无几，进入 21 世纪，在华人参政社团和华文媒体的推动和影响下，越来越多的华人意识到加入政党的重要性，积极加入政党和参与党务工作，其中大多数支持自由党。据统计，2003 年，仅在 BC 省就有 8 000 名华裔自由党党员；代表 BC 省参加当年自由党全国代表大会的华裔党员就超过 70 人，创下历史之最。华裔已经成为 BC 省自由党内仅次于印度裔的最为活跃的族裔政治力量。在党务方面，华人同样十分活跃并取得较为突出成绩，如陈国治出任安大略省北约克市自由党地区代表，袁薇担任自由党新党魁保罗·马田竞选办公室传媒主任。[①] 但之后华人一直是某一政党"铁票"的情况开始发生改变，华人的政党认同开始走向多元化，尤其在主流政党的政治动员影响下，华人的政党认同发生重大转变，如标榜开放包容移民政策的自由党多次拒绝就历史上针对华人的人头税法案和《排华法案》进行正式道歉并赔偿，使广大华人社区非常失望，但这些都在保守党执政期间得到实现，以至于支持保守党的华人快速增长。近年来加入新民主党和绿党的华人人数也有显著增长的趋势。但总体来看，由于华裔选民大部分属于微弱政党者或独立选民，在党派立场上具有较大弹性，因此，加拿大华人选民中属于政党认同取向者，仅占所有华裔选民中的少数。

由于加拿大华人的政党认同比较弱，因此需要主流政党做大量的工作，进行政治动员，号召并说服华人选民加入主流政党参与政治。例如，2015 年以来，由于石油经济衰退，加拿大最富裕的阿尔伯塔省遭遇发展瓶颈，失业人数猛增。而刚上台的新民主党省政府却提高税收，大肆举债，广发福利，让经济在高赤字下运行，引起民众不满。这时，有 2019 年联邦国会议员和联邦政府多个部长经历的杰森·康尼（Jason Kenney）辞去国会议员职位，回归阿省。他承诺如在 2019 年省选中当选省长，将在 2~3 年内平衡政府收支，以改善经济和就业为首

---

① 广东省侨办赴加拿大调研团：《参政参党 方兴未艾：加拿大华人参政情况浅析》，《侨务工作研究》2004 年第 2 期。

要任务，带领阿省人民重建阿省的优势。这非常符合阿省民众，尤其是华人社区的诉求，康尼因此赢得阿省大多数华人的支持。华人社区领袖、阿省前议员栾晋生和他的骨干团队以敏锐的洞察力和长远眼光，一致认为只有康尼领导的联合保守党（UCP）的政策才能够重建阿省经济，实现阿省的持续繁荣。他们决定坚定地支持康尼竞选。在康尼合并保守党和野玫瑰党成立联合保守党以及竞选该党党魁的过程中，栾晋生及其团队骨干动员近 3 000 名华人加入联合保守党，支持康尼担任党魁，成为他在 2017 年 10 月顺利当选该党党魁的一支重要骨干力量。[①]在此过程中，卡尔加里华人的参政议政和求变意识被充分点燃，涌现出一大批骨干力量，迎来又一次卡尔加里华人参政议政的高潮。

加拿大是一个典型的多党制国家，政党政治非常发达，参党组党是参与加拿大联邦和省级选举政治的基础。不加入政党或组建政党，不从事政党活动，永远无法进入联邦和省级主流政治，甚至因为得不到主流政党的提名而几乎没有当选的可能。21 世纪以来，加拿大华人的政党认同有所增强，加入自由党、保守党和新民主党的人数比例有所提高，华人在这些主流政党中的地位和影响也在增大。例如，在华人居住集中的选区，这三大主流政党通常都一致提名华人精英候选人代表该党在该选区参选，以至于在这些选区基本上是华人候选人在互相竞争。这不是因为华人彼此不团结，兄弟相残，而是因为各为其党，或者说为了参选必须加入某个主流政党。总体来看，加拿大华人的政党认同度相当低，华人参政精英们通常是实用主义，而普通华人民众几乎都是无党无派的独立选民。

（二）候选人取向

所谓"候选人取向"是指选民参政经验较少，还没有固定政见和政党认同，他们在选举投票时常常只注意候选人的个人性格、外在特征（如仪表、谈吐）或族裔背景。

在加拿大的少数族裔研究中还没有相关的调查数据，但美国加州大学圣芭芭拉分校政治学系的连培德教授在 2000—2001 年全美亚裔政治调查中发现，向所有受访者，无论投票与否，问同样的假设性问题——"如果你有机会决定两个候选人担任某一政治职务，其中一位是亚裔，而两人资质相同，你会更可能投亚裔的票吗？"，结果华人以 71% 的压倒性多数投票支持亚裔，22% 不确定。在都市区该比例变化不大。作为一个整体，亚裔投票支持亚裔的比例不高，为 60%。其中越南裔最高，为 75%；最低是日裔和南亚裔，分别为 22% 和 24%。当这些

---

① 《扬帆出海，再踏征程！卡城华人社区领袖栾晋生宣布参选 UCP Foothills 选区省议员提名！》，学路网，http://www.xue63.com/toutiaojy/20180315F042HT00.html。

表示支持的受访者被问及"如果亚裔候选人不太合格，你们会投他或她的票吗？"，有36%的华人表示肯定支持，但亚裔总支持率只有24%，越南裔支持率最低。[①] 这表明，在决定投票时华人比其他亚裔更重视候选人的族裔背景，而不是个人资质。在加拿大，大多数华人选民投票时也是如此。

一般来说，当某一选区只有一位华裔候选人时，华人选民大多会把选票投给该华裔，但当该选区同时有两位或更多华裔参选同一职位时，从理性的角度来看，华人选民可能只有从其个人能力与政见方面来决定投谁的票；有政党认同的华人会投本党提名的华裔候选人，但由于大多数华人没有政党认同，而且没有参政经验，不懂选举，这时候就很容易受到选举动员的影响。实践中也是如此，大部分华人选民都把候选人的族裔背景放在第一位，而把党派和政见放在第二、三位。可见，华人选民在投票时有较强的候选人取向，而且华人选民重视候选人的族裔背景甚于其资质和能力。

（三）议题取向

所谓"议题取向"是指选民投票给政见最符合自己愿望的候选人，而不考虑候选人的党派与个人品质等背景因素。从政治参与理论上来说，这是最为理性的投票选择。但在当今日益多元化的加拿大社会中，选民常常只就候选人对自己关心的某一特殊问题的立场来决定其投票的取向。华人选民中，持议题取向的也在日益增加。例如，自20世纪90年代以来的每次加拿大联邦国会选举中，代表三大主流政党的候选人对"中国议题"立场一直是相当多华人选民投票取向的风向标。

近年来，随着QQ、微信、脸书和推特等网络社交媒体的日益普及，候选人的形象和选举议题变得更加重要，政党在选举中的主导地位显著下降。加拿大华人选民跨党投票的情况变得更加普遍。整体而言，跨党派投票的盛行不只是因为候选人形象和议题的吸引，其真正的关键是21世纪以来加拿大华人选民政党认同日益走向多元化的大趋势所致。

华人在加拿大是少数族裔，人口少，选民少，如果分为自由党、新民主党和保守党这三大派，并各自分散投票，难以形成像英裔、法裔和印度裔那样的集团投票影响力，以维护与增进自身的权益。21世纪以来，加拿大华人逐渐认识到这种分散投票的缺点，为了改变这种缺陷，许多华人精英和参政团体呼吁华人社区团结起来，实行跨党派投票，在各级选举中集中选票投给关心自己利益的候选

[①]　Pei-te Lien，"Behind the Numbers：Studying the Political Attitudes and Behavior of Chinese Americans"，2004年4月7日美国犹他大学政治学系连培德教授在暨南大学华侨华人研究所的演讲稿，第17页。

人。因此，近年来，华人选民以议题为取向的跨党派投票和分散投票已成为普遍现象。

笔者以为，加拿大华人选民在选举政治中持单一取向的投票者并不多，应该说，随着华人在政治参与上的日臻成熟，选民投票的决定因素应该是对上述三种取向的综合考虑，只不过更关注、更倾向于哪一种取向而已。在实际选举过程中，这三种取向不是绝对分离的，而是综合发挥作用，只不过有时某一取向发挥主导作用而已。

二、竞选各级议员与政府公职

参加选举投票和提供政治捐款是运用手中的选票和金钱（钞票）间接影响加拿大政府决策的重要方式，而代表华人利益、少数族裔利益或社区整体利益竞选加拿大三级政府公职和议会议员是华人精英期望直接参与加拿大政府决策的一种重要方式，也是提升加拿大华人形象、显示加拿大华人政治力量和综合实力的重要手段。

在加拿大华人社会，华人精英竞选各级议员或政府公职历来十分受重视，在学界更是受到高度关注。有很多老学者认为，华人精英竞选各级议员和政府公职的成功率和担任职位的高低是衡量当代加拿大华人参政水平的唯一标准，这种说法确实有些偏颇。相对而言，笔者从少数族裔政治参与的理论视角提出，应该从参加选举的投票率、提供的政治捐款、政党认同、竞选的职位、被委任的职位和助选等指标进行综合评估。当然，竞选各级议员与政府公职确实是衡量加拿大华人参政水平的重要标准之一。

根据竞选职位的高低，华人竞选加拿大各级议员与政府公职至少可以分为竞选国会众议员、竞选省议员、竞选市镇议员与市长、竞选学区教育委员这四个层次。

（一）竞选国会众议员

加拿大国会众议院的席位是变动的，根据人口统计数据每 10 年做一次调整，也就是选区重划。2015 年以来，加拿大国会众议院有 338 个席位，比此前增加了 30 个席位（从 2006 年到 2015 年，国会众议院只有 308 个席位）。加拿大国会众议员选举采用单一选区制，即在一个选区中获得简单多数的候选人当选为该选区的众议员，不需要获得过半数选票。像美国国会众议院选举一样，通常只有大党才能获得胜利，小党很难有机会当选。要参选国会众议员，首先要被所属的政党提名。要被正式提名为国会众议员候选人，除了获得所属政党的支持之外，还必须提交两份正式提名文件：第一，有 100 位当地选民授权支持的证明文件；第二，已经交纳 1 000 加元保证金的收据。代表政党的正式候选人必须得到党魁的授权，才能在选票上使用政党的名称。[①]

表 3 - 1　2015 年加拿大联邦大选国会众议院各省获取的席位分布表

省名	席位	省名	席位
BC 省	42	新斯科舍省	11
阿尔伯塔省	34	爱德华王子岛省	4
曼尼托巴省	14	纽芬兰和拉布拉多省	7
萨斯喀彻温省	14	育空地区	1
安大略省	121	西北地区	1
魁北克省	78	努纳武特地区	1
新不伦瑞克省	10	总计	338

资料来源：Rand Dyck & Christopher Cochrane，*Canadian Politics*：*Critical Approaches*，7th ed，Toronto：Nelson Education，2013，p. 293.

1957 年，华裔郑天华当选为国会众议院议员，成为加拿大第一位华裔国会议员。1974 年，李侨栋代表自由党当选国会众议员，是加拿大第二位华裔国会议员。20 世纪 90 年代，当选国会众议院议员的华裔增加到 4 人，此后这个数字一直保持到 2008 年。2011 年联邦大选后，华裔国会议员的人数增加到 7 人。2015 年联邦大选，当时只有 6 名华裔当选，但后来经过两次补选，华裔国会议员又恢复到 7 人。2019 年联邦大选，华裔国会议员增加到 8 人。2021 年联邦大选之后，华裔国会议员增加到 9 人。总体来看，联邦国会中华人精英人数的比例一直呈增长的趋势，但与加拿大华人人口变化而应当占有的席位数相比，还有一定差距，而且华裔国会议员主要分布在安大略省、BC 省和魁北克省，其他省份暂时还没有，最让人惊讶的是华裔人口大省阿尔伯塔省竟然一个华裔国会议员都没有。

（二）竞选省议员

在省一级，加拿大实行的也是联邦制和议会内阁制，每个省的议会都通过分区选举产生，议会的议席也是采用单一选区制，但不同省份省议会的议席不一

[①] Rand Dyck & Christopher Cochrane，*Canadian Politics*：*Critical Approaches*，7th ed，Toronto：Nelson Education，2013，p. 297.

样。2018年，在BC省议会和阿尔伯塔省议会各有87个议席，在安大略省议会有124个议席，在魁北克省议会有125个议席，在议席最少的育空地区和西北地区各有19个议席。（参见表3-2）

表3-2 2018年加拿大联邦各省议会席位分布表

省名	席位	省名	席位
BC省	87	新斯科舍省	51
阿尔伯塔省	87	爱德华王子岛省	27
曼尼托巴省	61	纽芬兰和拉布拉多省	40
萨斯喀彻温省	57	育空地区	19
安大略省	124	西北地区	19
魁北克省	125	努纳武特地区	22
新不伦瑞克省	49		

资料来源：根据加拿大各省和地区议会网站2018年的数据统计整理得出。

与华人人口的分布特点和居住模式相似，加拿大华人省议会议员也主要分布在安大略省、BC省、阿尔伯塔省和魁北克省，其中，以BC省的华人省议员人数最多，其次是安大略省，阿尔伯塔省的华人省议员近年来也一直保持着2个席位。

（三）竞选市镇议员与市长

从加拿大华人人口的分布与居住模式来看，华人精英在参与市镇议员与市长的竞选时最具优势，因为通常在他们竞选的选区中，华人人口占相当大比例，有些甚至是绝对多数。在投票率本来就不高的地方选举中，华人选票能够发挥关键作用。例如，在BC省的列治文市和安大略省的万锦市等多个城市，华人居民占当地人口的比例超过40%，他们的选票是华裔候选人胜选的基础和关键。还有在加西的本拿比市和温哥华市，在加东的旺市、约克区和士嘉堡区等地，华人人口都占10%以上，华人选票是能够发挥重要作用的。实际统计数据得出的结论也是如此，华人精英候选人在这些城市当选的比例较高。历年来当选市镇议员和市长的华人精英人数是当选省议员和联邦国会议员总和的好几倍。因此，无论从理论分析还是实践检验，华人精英在市镇议员和市长这一层级的政治选举中具有较强实力。

（四）竞选学区教育委员

虽然学区教育委员（School Trustee）是加拿大地方选举政治中的最低层次，但对有志参政的华人精英人士来说，参选学区教育委员不仅是关心子女教育的表现，也是关注社区公共事务的开始。20 世纪 90 年代以前，华人精英人士对学区教育委员职位的重要性认识不够，参选的人数很少。据笔者初步统计，当时总共只有 4 位华人学区教育委员。20 世纪 90 年代以来，华人精英人士从重视子女教育开始认识到学区教育委员等职位的重要性，参选人数迅速增加。据笔者不完全统计，这一时期，当选学区教育委员等职位的华人精英至少有 30 人。通过基层锻炼，他们与当地的各主流政治派别建立并保持良好关系，为将来进一步参加市镇议员、市长、省议员、国会众议员的选举奠定了基础。例如，关慧贞、邹至蕙、陈圣源、黄素梅、区泽光、王白进和鲍胡莹仪等众多华人精英在竞选市镇议员、省议员和国会众议员成功之前都曾长期担任学区教育委员的工作。这是一个好现象，不仅体现了华人重视子女教育的文化传统，也体现了华人精英参政意识的显著提升。他们的成功经验值得有志参与加拿大地方选举政治的华人精英借鉴。

三、争取政治委任

在加拿大，进入政坛担任职位除了通过直接参加竞选的方式外，还可以通过与联邦总理、省长或其他全国性或地方性官员建立密切关系而被其在权限内委任为某一政府职位，这一方式也叫争取政治委任。华人精英运用此方式参政始于20 世纪 50 年代。例如，1957 年，华裔国会议员郑天华被委任为加拿大驻联合国代表团首席法律顾问；1968 年，黄景培被委任为联邦政府卫生部部长特别助理，1972 年又被委任为联邦首位多元文化国务部部长特别顾问；1993 年，陈卓愉被委任为外交及国际贸易部亚太事务部部长；1998 年，利德蕙被委任为代表大多伦多地区的联邦参议员，是加拿大第一位华裔联邦参议员；1999 年，伍冰枝被委任为加拿大第 26 届总督，是担任加拿大国家元首的第一位华裔妇女；2013 年，来自新加坡的华人商界精英胡子修被哈珀政府委任为参议员，是加拿大华人历史上的第二位参议员；2016 年，出生于马来西亚的华人学术精英胡元豹被小特鲁多总理委任为代表 BC 省的联邦参议员，是加拿大华人历史上的第三位联邦参议员。现在加拿大联邦参议院同时有两位华裔参议员，史无前例。在省级政府部门，则有三位华人精英被委任为该省的总督，他们分别是 BC 省的林思齐、阿尔伯塔省的林佐民和曼尼托巴省的李绍麟。

据笔者观察，被委任的华裔政府官员大多数具有以下共同特点：首先，该华裔通常是执政党的长期坚定支持者，一直积极从事执政党的组织活动，尤其是提供政治捐款或参与筹款活动，与执政党政治领袖人物保持密切关系；其次，该华裔通常是该政党在议会中的重量级议员或者是在华人社区具有重要影响力的商界或企业界领袖；最后，该华裔也有担任某一职位的主动要求，否则比较难以被委任。随着华人参与主流政党的政治活动愈加积极，通过政治委任参与加拿大政治的方式会愈加普遍。争取政治委任与其他参政方式一样，是华裔间接参与加拿大选举政治的重要方式之一。通过政治委任方式获得的职位对政府决策产生的影响不亚于通过竞选方式获得的职位。

四、提供政治捐款

美国政坛中有一句流行俗语："金钱是政治的母乳。"每到选举年，参加竞选公职的候选人为了筹集选举经费而绞尽脑汁，四处奔走。所有人都知道，要想当选，没有钱是万万不行的，虽然有了钱也并不一定保证就能当选。[1] 这句话在西方民主选举制度中都适用，在加拿大也是一样。因此，提供政治捐款也是参与加拿大选举政治的一种重要方式。

一般来说，加拿大各级民选官员的竞选经费来源主要有个人捐款、政党筹措、商业团体捐款、候选人个人财产或借贷这四种方式。加拿大华人大多喜欢通过个人捐款支持某位候选人。长期以来，商业团体向候选人和政党提供政治捐款是一种惯例，但也容易导致候选人和政党在财政上对商业团体的依赖。一旦商业团体拒绝为他们提供捐款，会对候选人和政党造成巨大压力。为了防止候选人和政党对商业团体的过度依赖，1974 年的加拿大《选举经费条例》规定，凡是提供政治捐款者都可以减税，以鼓励更多的人为政党和候选人捐款。条例还规定，凡是获取 15% 选票的候选人可以从政府筹措的资金中得到部分返还，返还的比例为所报支出的 50%。[2] 条例还规定，虽然对政治捐款的多少没有限制，但全国性政党及其候选人的竞选费用有上限设置；超过 100 加元的政治捐款必须向选举监督官员如实申报，以便接受公众监督；提供政治捐款超过 100 加元的捐献者可以获得 75% 的税务减免，最多只可以享受 500 加元的税务减免。[3]

---

① 张立平：《美国政党与选举政治》，北京：中国社会科学出版社，2002 年，第 190 页。
② ［加］沃尔特·怀特、罗纳德·瓦根伯格、拉尔夫·纳尔逊著，刘经美、张正国译：《加拿大政府与政治》，北京：北京大学出版社，2004 年，第 129 页。
③ Rand Dyck & Christopher Cochrane, *Canadian Politics*：*Critical Approaches*, 7th ed, Toronto：Nelson Education, 2013, p. 306.

由于选举条例规定任何超过100加元的捐款候选人都必须报告其来源，因此，为了拓宽经费来源，现在加拿大各主要政党都在努力寻求更多小额捐款。其中新民主党一直是靠小额捐款支持的，其经费来源主要是党员所缴纳的党费。后来劳工组织开始支持新民主党，提供该政党的一大部分经费。据笔者实地调查发现，加拿大华人受教育程度越高，对新民主党的支持度越高，从他们热衷于向该党提供政治捐款可以看出。

自20世纪80年代开始，加拿大华人的政治捐款能力就引起了当地主流政客的注意。到20世纪90年代，加拿大华人社区已成为许多各级公职候选人筹款的必去之地。21世纪以来加拿大华人社区更是富豪众多，愿意提供政治捐款的华人大有人在。而且由于华人提供的政治捐款比其他族裔更多，还不要求候选人当选后必须回报，因此无论华人政客还是白人政客都想尽办法去华人社区召开筹款会。当然，每逢选举，候选人最好是通过华人社团在华人社区召开筹款餐会，接受华人捐助。慢慢地，华人也逐渐意识到利用政治捐款影响候选人的政见，为自身争取权益的重要性。

就华人的政治捐款而言，在地方选举中，华人可通过集体捐款方式再加上选票的运用对地方政治发挥相当大的影响，但在全国性的大选中，由于华人在政党认同上的差异分散了华人的政治捐款，导致不能产生较大影响。近年来，一些华人参政团体认识到这一缺点，希望能通过成立参政团体把华人的捐款整合起来，提升华人对加拿大政治的影响力。该策略从理论上来说是正确的，但在实践中能否真正整合全加华人的捐款仍是一个问题。

笔者在加拿大访学期间，曾经参加过一位华人省议员候选人的筹款会。当笔者与合作导师走进这位候选人的房子时，屋里已经挤满了该选区的居民，有白人也有其他亚裔，当然更多的是华人。大家一边品着美味的葡萄酒或白酒，吃着各种本地的特色小吃，一边与候选人或彼此进行亲切友好的交谈。临别时，大家都会递上"红包"，即政治捐款。总体感受是，华人对提供政治捐款确实相当热衷，但由于大部分是第一代移民，英语能力有限，对加拿大政治文化缺乏了解，不知道如何参与当地公共事务，因此不知道如何通过政治捐款来影响当地政治。另外，有些华裔候选人在华人社区举行筹款餐会时，总是把募款的大半花在餐费上，浪费了来之不易的政治资源，值得参选的华人精英注意。

五、助选

所谓"助选"是指华人精英和华人普通民众在选举过程中自己并不参选，但为帮助自己喜欢的候选人而努力从事宣传和动员选民的工作，争取让他们支持的候选人成功当选。加拿大华人精英助选或辅选的方式主要有：为候选人站台或背书表示支持、为候选人介绍各种竞选资源、呼吁支持自己的选民支持候选人等。加拿大华人普通民众参与助选的具体方式有：为候选人扫街拜票，即到选民家叩门宣传，为候选人拉票；给选民打电话宣传候选人的政治主张，为候选人寻求选票支持；帮助候选人散发宣传册或插广告牌；在公众场所为候选人举标语牌进行竞选宣传等。助选也是公民参与选举政治的一种重要方式，反映公民对政治的热衷和积极参与，对候选人的成功当选发挥着十分重要甚至关键性的作用。

竞选是一个漫长的过程，需要大量的人力、物力和财力，仅靠候选人自己还不行，需要大量的义工通过助选帮助候选人。每到竞选时期，助选贯穿始终。候选人不仅要竭尽全力争取主流社会名人和政客的背书与支持，争取各华人社团在选票和钞票方面的赞助和支持，争取华人政商学界精英在舆论方面的宣传与支持，还要奋力招募尽可能多的竞选义工，为竞选做踏实的宣传和动员工作，以获取选举的最后胜利。候选人还要尽可能利用华文媒体，在选举过程中充分宣传自己的政治主张和施政理念，为竞选发挥关键性的助选作用。加拿大华人精英和普通民众对各种助选方式的熟悉程度、参与规模和参与效果反映了他们的参政意识和参政水平。

综上所述，华人参与加拿大选举政治的方式是多样的，无论是参加选举登记与投票、竞选议员和政府公职、争取政治委任、提供政治捐款还是助选等，都是参与加拿大选举政治的重要方式。从理论上来看，华人参与加拿大选举政治的这些方式没有优劣和主次之分，都是影响加拿大政治、为华人争取权益和提升华人形象的手段，它们可以优势互补，相得益彰。在实践中，既要鼓励普通华人公民积极参加选举投票和助选活动，提醒他们慎重考虑提供政治捐款的对象与数额，也要鼓励优秀的华人精英直接尝试参加竞选各级政府公职和议员的活动，以及通过积极参与政党活动、捐款活动、助选活动等方式获得政治委任，担任各级政府公职。这些参与选举政治的基本方式不仅是维护华人自身权益的重要手段，也是每个加拿大华裔公民的基本义务之一。

第二节　当代加拿大华人精英政治参与的五种模型

随着社会经济地位的提升，加拿大华人的参政意识逐渐觉醒，开始对选举政治产生兴趣。但是，华人公民积极参加选举投票只是华人参政的一个最基本层次。要真正能够代表华人群体，反映华人政治诉求，还必须成功地进入政府决策层，参与政府政策的制定。据笔者研究发现，加拿大华人精英参政的方式与美国华人精英参政的方式稍有不同。根据加拿大华人精英担任政府公职的方式和层级、是否代表华人利益、参党组党的方式和获取选票的主要来源，可以把他们参政的方式概括为五种模型：选举型和委任型、全国型和地方型、象征型和实在型、主流政党型和华人政党型、华人选票型和非华人选票型（参见表3－3）。[①]这些参政的模型是英国、北美、澳大利亚和新西兰等实行民主选举政治体制地区华人参政共有的规律，基本上大同小异。本节期望通过对当代加拿大华人精英参政的五种模型的阐释与分析，加深学界对华人精英参与选举政治的本质认识。

表3－3　当代加拿大华人精英参政模型分类表

分类标准	五种华人精英参政模型
根据担任政府公职的方式	选举型和委任型
根据担任政府公职的层级	全国型和地方型
根据是否代表华人的利益	象征型和实在型
根据他们参党组党的方式	主流政党型和华人政党型
根据获取选票的主要来源	华人选票型和非华人选票型

一、选举型和委任型

加拿大的政治制度是联邦议会制，国会由参众两院构成。国会众议员、省议员、市议员、市长和学区教育委员通过直接选举产生。总督由总理提名，英国国王任命；参议员由总督根据总理的建议任命；内阁部长、省督和法官等许多其他重要政府官员都由总理委任。[②] 因此，根据担任政府公职的方式不同，可把在加拿大各级政府担任公职的华人分为选举型和委任型两种类型。

---

① 美国的四种模型参见万晓宏：《当代美国华人精英参政模型分析》，《暨南学报》（哲学社会科学版）2006年第6期，第94页。

② Rand Dyck, *Canadian Politics：Critical Approaches*, 6th ed., Toronto：Nelson Education, 2010, p. 557.

表 3 - 4 1957—2021 年通过选举担任联邦国会众议员的华人精英情况

当选时间/任期	姓名	职位	党派
1957—1962	郑天华（Douglas Jung）	国会众议员	保守党
1974—1978	李侨栋（Art Lee）	国会众议员	自由党
1993、1997、2004、2006	陈卓愉（Raymond Chan）	国会众议员	自由党
1997、2000	梁陈明任（Sophia Leung）（女）	国会众议员	自由党
1997、2000、2004、2006、2008—2010	麦鼎鸿（Inky Mark）	国会众议员	保守党
1997、2000、2004、2006、2008、2011、2015、2019、2021—	庄文浩（Michael Chong）	国会众议员	保守党
2004、2006、2008—2001	黄美丽（Meili Faille）（女）	国会众议员	魁北克集团
2006、2008、2011—2015	邹至蕙（Olivia Chow）（女）	国会众议员	新民主党
2008、2011、2015—2019、2019—2021	黄陈小萍（Alice Wong）（女）	国会众议员	保守党
2011—2015	杨萧慧仪（Wai Young）（女）	国会众议员	保守党
2011—2015	刘舒云（Laurin Liu）（女）	国会众议员	新民主党
2011—2015	徐正陶（Ted Hsu）	国会众议员	自由党
2011—2015	梁中心（Chungsen Leung）	国会众议员	保守党
2011—2015	梅佑璜（Hoang Mai）	国会众议员	新民主党
2014—2017	陈家诺（Arnold Chan）	国会众议员	自由党
2015、2019、2021—	关慧贞（Jenny Kwan）（女）	国会众议员	新民主党
2015、2019、2021—	陈圣源（Shaun Chen）	国会众议员	自由党
2015—2019	谭耕（Geng Tan）	国会众议员	自由党
2017、2019、2021—	伍凤仪（Mary Ng）（女）	国会众议员	自由党
2017、2019、2021—	叶嘉丽（Jean Yip）（女）	国会众议员	自由党
2019—2021	赵锦荣（Kenny Chiu）	国会众议员	保守党
2019、2021—	董晗鹏（Han Dong）	国会众议员	自由党
2021—	王启荣（Kevin Vuong）	国会众议员	独立人士

（续上表）

当选时间/任期	姓名	职位	党派
2021—	蒋振宇（Paul Chiang）	国会众议员	自由党
2021—	缪宗晏（Wilson Miao）	国会众议员	自由党

资料来源："Electoral Firsts in Canada"，http：//en. wikipedia. org/wiki/Electoral_ firsts_ in_Canada；"Meili Faille"，http：//en. wikipedia. org/wiki/Meili_Faille；"Hoang Mai（politician）"，http：//en. wikipedia. org/wiki/Hoang_Mai_（politician）；以及笔者根据加拿大《环球华报》、中国新闻网、中国侨网和加拿大联邦政府网站上的资料进行综合统计得出。

　　所谓"选举型"，就是指通过直接参加竞选担任某一政府职位或民意代表的华裔参政类型，例如，现任的所有华裔国会众议员、省议员、市议员、市长和学区教育委员等。根据笔者的初步统计，在当代加拿大社会，从1957年至2021年，通过选举成功担任联邦国会众议员的华人精英有25人，共当选近60次，因为有的多次连任（参见表3－4）。1957年，郑天华当选为第一位华裔国会众议员；1974年，李侨栋当选为第二位华裔国会众议员；1993年起，陈卓愉先后4次当选国会众议员；1997年，梁陈明任当选首位华裔女性国会众议员，并在2000年大选中获得连任；麦鼎鸿自1997年当选国会众议员以来，先后连任4次，直到2010年宣布辞职；庄文浩自1997年当选国会众议员以来，至今已连任8次；2004年以来，又先后有8位华裔女性当选国会众议员，她们分别是黄美丽、邹至蕙、黄陈小萍、杨萧慧仪、刘舒云、关慧贞、伍凤仪和叶嘉丽。在2011年5月的联邦选举中，总共有7位华人精英当选国会众议员，比2008年增加2位。在2015年10月举行的联邦国会选举中，虽然华人精英只有6人当选，但出现了史上第一位来自中国大陆的华人新移民国会众议员谭耕。

　　谭耕是出生在北京的湖南人，在湖南大学本科毕业后，从事化工方面的研究设计和管理工作多年，并取得高级工程师职称。1998年他申请到多伦多大学的全额奖学金，进入化工及应用化学系学习，之后在多伦多大学获得硕士和博士学位。做完博士后研究，他进入加拿大乔克里弗（Chalk River）国家核实验室工作。从2009年起，他在一家电力公司任核电化学部门资深科学家。在多伦多大学留学期间，他当选并连任该校中国学生学者联谊会主席。他还担任过加拿大湖南同乡会第二和第三任会长，并兼任加拿大中国专业人士协会（CPAC）副会长。[①] 他此次代表自由党在重新划分的当谷北选区竞选国会众议员，以高票获

---

　　① 《中国大陆留学生成政治新星　首次成为国会议员》，温哥华港湾网，http：//www. bcbay. com/news/2015/10/20/371744. html，2015年10月20日。

胜。他认为，对本地区和西方文化的深入了解、多年累积的社区服务经验和为新移民发声的责任心是他参选的动力和获胜的主因。[①]

据笔者统计，在 2015 年联邦国会选举中，共有 25 名华人被提名为各大政党的候选人参选联邦国会议员。其中，BC 省被各政党提名参选的华人最多，达 12 人，安大略省有 11 人，魁北克省有 2 人。所有华裔候选人中，代表保守党的有 10 人，自由党 7 人，新民主党 3 人，绿党 4 人，名不见经传的加拿大自由意志言论者党 1 人。他们当中年龄最小的是代表绿党的大学生邱敏圣，年仅 18 岁。10 月 19 日选举结果显示，有 6 名华人当选为联邦国会众议员，分别是来自大多伦多地区的庄文浩、谭耕、陈家诺和陈圣源，大温哥华地区的关慧贞和黄陈小萍。他们当中老将与新人各占一半，保守党的黄陈小萍、庄文浩和自由党的陈家诺为连任，代表新民主党的关慧贞从 BC 省议会转战联邦国会，陈圣源与谭耕是首次代表自由党参选并取得胜利。

表 3-5　2015 年 10 月 19 日加拿大联邦国会选举华裔候选人基本情况

姓名	省份	选区	党派	成败
黄国治 （Edward G. Wong）	BC 省	温哥华东 （Vancouver East）	自由党	失败
詹姆斯·罗 （James Low）	BC 省	温哥华东 （Vancouver East）	保守党	失败
关慧贞 （Jenny Kwan）（女）	BC 省	温哥华东 （Vancouver East）	新民主党	成功
杨萧慧仪 （Wai Young）（女）	BC 省	温哥华南 （Vancouver South）	保守党	失败
黄陈小萍 （Alice Wong）（女）	BC 省	列治文中 （Richmond Centre）	保守党	成功
赵锦荣 （Kenny Chiu）	BC 省	史蒂夫斯顿-列治文东 （Steveston-Richmond East）	保守党	失败
胡以钧 （Lawrence Woo）	BC 省	列治文中 （Richmond Centre）	自由党	失败

---

① 《加拿大首位中国大陆新移民议员谭耕：华人要勇于发声》，中国新闻网，http://www.chinanews.com/hr/2016/04-09/7828697.shtml，2016 年 4 月 9 日。

（续上表）

姓名	省份	选区	党派	成败
寇鸿久 （Steven Kou）	BC省	温哥华－京士威 （Vancouver-Kingsway）	自由党	失败
邱敏圣 （Vincent Chiu）	BC省	列治文中 （Richmond Centre）	绿党	失败
吴英慈 （Elain Ng）	BC省	温哥华南 （Vancouver South）	绿党	失败
胡博雅 （Bonnie Hu）	BC省	南素里－白石 （South Surrey-White Rock）	自由意志 言论者党	失败
谭百昭 （Peter Tam）	BC省	匹特草原－枫树岭 （Pitt Meadows-Maple Ridge）	绿党	失败
庄文浩 （Michael Chong）	安大略省	惠灵顿－豪顿山 （Wellington-Halton Hills）	保守党	成功
陈家诺 （Arnold Chan）	安大略省	士嘉堡－爱静阁 （Scarborough-Agincourt）	自由党	成功
江邦固 （Bang-Gu Jiang）（女）	安大略省	万锦－于人村 （Markham-Unionville）	自由党	失败
高境岚 （Elvin Kao）	安大略省	万锦－于人村 （Markham-Unionville）	绿党	失败
常斌 （Bin Chang）（女）	安大略省	士嘉堡－爱静阁 （Scarborough-Agincourt）	保守党	失败
梁中心 （Chungsen Leung）	安大略省	惠柳第 （Willowdale）	保守党	失败
邹至蕙 （Olivia Chow）（女）	安大略省	士巴丹拿－约克堡 （Spadina-Fort York）	新民主党	失败
陈圣源 （Shaun Chen）	安大略省	士嘉堡北 （Scarborough North）	自由党	成功
王晨 （Andy Wang）	安大略省	尼平 （Nepean）	保守党	失败
谭耕 （Geng Tan）	安大略省	当谷北 （Don Valley North）	自由党	成功

（续上表）

姓名	省份	选区	党派	成败
刘雄赐 （Henry Lau）	安大略省	温莎西 （Windsor West）	保守党	失败
刘舒云 （Laurin Liu）（女）	魁北克省	蒙特利尔市千岛湖 （Riviere-des-Mille-iles）	新民主党	失败
余昌涛 （Jimmy Yu）	魁北克省	蒙特利尔市圣劳伦 （Saint Laurent）	保守党	失败

资料来源：笔者根据加拿大《世界日报》《星岛日报》和《明报》的有关报道统计整理，并通过加拿大联邦政府官方网站核实和确认。

通常华裔候选人选情跟着政党走，党赢候选人赢，党输候选人就输，但关慧贞、黄陈小萍是例外，她们是参政的华人中的真正实力派，分别代表新民主党和保守党在温哥华东选区、列治文中选区参选。关慧贞获胜的主要原因是她不仅与华人社区联系紧密，而且得到原住民和许多政界人物的支持，是公认的华人参政的实力派人物。在列治文中选区，代表保守党的黄陈小萍和代表自由党的华裔胡以钧竞争激烈，经过一番苦战，黄陈小萍仅以400张选票的微弱优势赢得选举，能够在保守党选情不利情况下获胜，表明黄陈小萍仍然具有一定实力。华裔陈圣源自幼在士嘉堡北选区长大，2006年当选为多伦多教育局教育委员，2014年被推举为教育委员会主席，2015年又赢得自由党士嘉堡北选区候选人资格。在此次大选中，他借自由党支持度高的优势和自身的实力，轻松当选。

2015年大选华人精英参政具有以下四个特点：第一，华人精英参选准备工作开始早，选举团队行动快，与其他群体相比，他们更善于运用各种途径和平台推销自己，积极与选民接触，赢得支持。如袁薇早在2014年10月就向联邦自由党候选人资格评审委员会提交了候选人申请文件，以争取该党在史蒂夫斯顿－列治文东选区的提名。2014年12月，黄国治宣布竞选联邦自由党在温哥华东选区的提名，并开始积极筹备，组织助选团队，准备迎战。2015年8月2日哈珀宣布10月19日举行大选后，关慧贞在8月5日就带领义工团队在选区和社交网络上开展拉票活动，争取选民支持。第二，参选的华裔候选人受教育程度比较高，社会地位也比较高，引人注目。笔者注意到，参选的华人几乎都有学士学位，其中有两位博士和两位教授。例如，来自中国湖北的新移民常斌女士，先后在皇后大学、多伦多大学获得经济学硕士、金融学博士学位，现为安大略省科技大学金融系主任和终身教授；来自中国湖南的华人新移民谭耕拥有多伦多大学化工及应用化学硕士和博士学位；华裔政坛老将邹至蕙女士为怀雅逊大学文学院客座教授。第三，参选的华人人数创历史新高，其中最引人注目的是中国大陆华人新移民的参政意识开始崛起。在此次大选中，华裔候选人多达25人，比2011年的23人多2人。其中7人有中国大陆背景，而2011年只有3人具有中国大陆背景，结果谭耕成功当选为第一位中国大陆新移民国会议员。第四，华人女性参政成就显著，成为加拿大政治舞台上一道亮丽风景线。参选的25名华裔候选人中有7位女性，其中有2位成功当选，在参选和胜选的华人中都占1/3，成绩突出。华人女性个人素质高，有耐心，愿意为社区和国家服务。她们的参选改善了加拿大华人在主流社会的形象。

在2019年联邦国会选举中，华人精英积极参选，总共有40名华人精英被各政党提名为正式候选人参选联邦国会议员，而2015年只有25名华人精英被提名为正式候选人，2011年只有23名华人精英被提名为正式候选人，这是一个巨大进步。成功当选的华人国会议员人数也有较大突破，共有8人胜出，成功率达20%。其中，加东地区有5人，分别是自由党的陈圣源、叶嘉丽、伍凤仪、董晗鹏和保守党的庄文浩；加西地区则有保守党的黄陈小萍、赵锦荣和新民主党的关慧贞。当选的8人中，有6人为连任，而董晗鹏和赵锦荣都是新当选。13岁从上海移民加拿大的董晗鹏，是新一届联邦国会中唯一的中国大陆新移民。有趣的是，董晗鹏所属的当谷北选区前任国会议员谭耕是加拿大历史上第一位中国大陆新移民国会议员，选前因多方面原因不得不宣布退选，随后董晗鹏宣布在该选区参选并最终胜出。最让人振奋的是，加拿大华人人口最密集的列治文市的两个国会议员选区全部由华人获胜，分别是黄陈小萍和赵锦荣，显示出华人选民比以前更加团结，他们二人都属于保守党。新民主党的关慧贞则在华人人口较多的温哥华东选区（华人人口占22.1%）参选并获胜。本届大选参选的40名华人精英中代表保守党的最多，有12人；代表人民党参选的有10人，人数仅次于保守党；代表自由党的只有6人，代表新民主党的也有6人，代表绿党的有3人，独立参选的也有3人。[1] 选后不久，顺利连任国会众议员的华人精英伍凤仪被小特鲁多新政府委任为小型企业、出口促进和国际贸易部部长，职责比原来有所扩大，其仍然是小特鲁多内阁中唯一的华人部长。[2]

---

① 方华：《加拿大大大选华裔候选人多胜选者也不少》，加拿大广播公司，https：//www.rcinet.ca/zh/2019/10/22/加拿大大大选华裔候选人多胜选者也不少/，2019年10月22日。

② 《华裔国会议员伍凤仪再度进入加拿大新政府内阁名单》，中国新闻网，https：//m.chinanews.com/wap/detail/zw/hr/2019/11-21/9013393.shtml，2019年11月21日。

表 3 - 6　2019 年加拿大联邦国会众议员选举中获胜的华人精英基本情况

姓名	党派	省份	选区	移民来源地
陈圣源（Shaun Chen）	自由党	安大略省	士嘉堡北 （Scarborough North）	土生
叶嘉丽（Jean Yip） （女）	自由党	安大略省	士嘉堡 - 爱静阁 （Scarborough-Agincourt）	土生
伍凤仪（Mary Ng） （女）	自由党	安大略省	万锦 - 康山 （Markham-Thornhill）	中国香港
董晗鹏（Han Dong）	自由党	安大略省	当谷北 （Don Valley North）	中国上海
庄文浩（Michael Chong）	保守党	安大略省	惠灵顿 - 豪顿山 （Wellington-Halton Hills）	土生
黄陈小萍（Alice Wong） （女）	保守党	BC 省	列治文中 （Richmond Centre）	中国香港
赵锦荣（Kenny Chiu）	保守党	BC 省	史蒂夫斯顿 - 列治文东 （Steveston-Richmond East）	中国香港
关慧贞（Jenny Kwan） （女）	新民主党	BC 省	温哥华东 （Vancouver East）	中国香港

资料来源：笔者根据中国新闻网、中国侨网、加中时报网、温哥华天空网的有关报道统计整理，并通过加拿大联邦政府官方网站核实和确认。

此次联邦大选中华人精英参政具有以下几个特点：第一，参选人数突破新高，获胜人数也显著增加。在这次联邦大选中，总共有 40 位华人精英参选，其中有 8 人胜出，双双突破历史，而 2015 年大选中有 25 名华裔候选人，其中有 6 人当选，2011 年大选中只有 23 人参选，但有 7 人当选。第二，华裔候选人大多数集中在华人集中居住的选区。例如，在大温哥华地区的列治文中选区，出现保守党黄陈小萍、自由党寇鸿久、人民党白巍和独立参选人张哲共 4 名华人参选人对峙的局面。在多伦多士嘉堡北选区，自由党陈圣源、保守党江如天和新民主党陈艳对阵。自由党的伍凤仪和叶嘉丽则分别迎战保守党的袁海耀和胡商。在大多伦多地区万锦 - 于人村选区，有自由党何胡景、绿党高境岚、人民党钟碧珍参与混战。① 第三，华裔候选人的当选概率大小，与华人人口多寡和是否代表主流政

---

① 余端冬：《众多华人参选人抽身 2019 加拿大联邦大选》，中国侨网，http：//www.chinaqw.com/hqhr/2019/10 - 20/234574.shtml，2019 年 10 月 20 日。

党参选呈正相关。当选的华人精英基本上都在华人人口集中的大多伦多和大温哥华地区，代表主流政党参选的成功率更高，成功当选的华人分别属于自由党、保守党和新民主党这三大主流政党。第四，在华人社区中不缺乏优秀的华人精英，为获胜奠定基础。选前第一位中国大陆华人新移民国会议员谭耕因为多方面原因而退选，让人担心该选区会落入其他族裔之手，但新移民董晗鹏及时补位获胜说明优秀的华裔候选人并不缺乏。第五，在此次大选中成功参政并当选的华人精英当中，仍然以来自中国香港的移民和土生华人为主，大陆华人新移民虽然参政的积极性显著增高，参与竞选的人数显著增多，但成功率仍然较低，也有个别来自中国台湾的华人参与此次大选。第六，参选的华人精英中右翼党派候选人占多数，左翼党派候选人占少数。加拿大右翼政党有保守党和人民党，左翼政党主要有自由党、新民主党和绿党。据笔者统计，此次参选的40名华人精英中，有22人属于右翼政党，15人属于左翼政党，右翼政党占多数。

在2021年加拿大联邦国会大选中，总共有21名华裔候选人参选，其中20人是由四大政党提名，包括自由党8人、保守党5人、新民主党4人、绿党3人，另有1人以独立候选人身份参选。与2019年大选有40位华人精英参选相比，此次大选华裔候选人人数少了近一半，是近年来华人精英参选人数最少的一次。但大选结果显示，总共有9名华人精英当选，其中有6人是连任，3人是新当选。而2011年大选有23位华人精英参选，其中7人当选；2015年大选有25位华人精英参选，只有6人当选；2019年大选有40位华人精英参选，最终8人当选。纵向比较可以发现，2021年被各大政党提名的华裔候选人人数虽然大幅减少，但无论是当选人数还是成功率都比上次更高，这是华人精英参与选举政治取得的新进展。

表3-7 2021年被各大政党提名参与联邦国会众议员选举的华裔候选人基本情况

姓名	党派	省份	选区	成败
伍凤仪 （Mary Ng）（女）	自由党	安大略省	万锦-康山 （Markham-Thornhill）	成功
陈圣源 （Shaun Chen）	自由党	安大略省	士嘉堡北 （Scarborough North）	成功
叶嘉丽 （Jean Yip）（女）	自由党	安大略省	士嘉堡-爱静阁 （Scarborough-Agincourt）	成功
董晗鹏 （Han Dong）	自由党	安大略省	当谷北 （Don Valley North）	成功

（续上表）

姓名	党派	省份	选区	成败
蒋振宇 （Paul Chiang）	自由党	安大略省	万锦－于人村 （Markham-Unionville）	成功
缪宗晏 （Wilson Miao）	自由党	BC 省	列治文中 （Richmond Centre）	成功
黄翠玲 （Brea Sami）（女）	自由党	BC 省	本拿比南 （Burnaby-South）	失败
庄文浩 （Michael Chong）	保守党	安大略省	惠灵顿－豪顿山 （Wellington-Halton Hills）	成功
黄陈小萍 （Alice Wong）（女）	保守党	BC 省	列治文中 （Richmond Centre）	失败
赵锦荣 （Kenny Chiu）	保守党	BC 省	史蒂夫斯顿－列治文东 （Steveston-Richmond East）	失败
车恺霖 （Kailin Che）（女）	保守党	BC 省	温哥华－固兰湖 （Vancouver-Granville）	失败
赵瑛（Kathy-Ying Zhao）（女）	保守党	安大略省	密西沙加中 （Mississauga Centre）	失败
关慧贞 （Jenny Kwan）（女）	新民主党	BC 省	温哥华东 （Vancouver East）	成功
张柏力 （Brian Chang）	新民主党	安大略省	多伦多中 （Toronto Centre）	失败
郭旼修 （Kingsley Kwok）	新民主党	安大略省	士嘉堡－铁丹公园 （Scarborough-Rouge Park）	失败
刘妍君 （June Liu）（女）	新民主党	BC 省	南素里－白石 （South Surrey-White Rock）	失败
朱然 （Ran Zhu）	绿党	安大略省	惠灵顿－豪顿山 （Wellington-Halton Hills）	失败
高境岚 （Elvin Kao）	绿党	安大略省	万锦－于人村 （Markham-Unionville）	失败
李肖君 （Mimi Lee）（女）	绿党	安大略省	万锦－康山 （Markham-Thornhill）	失败

（续上表）

姓名	党派	省份	选区	成败
王启荣 （Kevin Vuong）	因曾遭性侵指控被自由党除名，后作为独立候选人参选	安大略省	士巴丹拿－约克堡 （Spadina-Fort York）	成功
潘红岩 （Melody Pan）	独立候选人	BC 省	三角洲 （Delta）	失败

资料来源：候选人基本信息来自加国无忧网"联邦大选专题"中的统计数据，参见https：//info.51.ca/news/spec/1021708.html。

在安大略省大多伦多地区，代表自由党参选的伍凤仪、陈圣源、叶嘉丽、董晗鹏都以高票赢得连任。同样作为自由党参选人，效力警队 28 年的退休警长蒋振宇、商界人士缪宗晏分别在大多伦多和大温哥华地区战胜保守党的蔡报国（Bob Saroya）和黄陈小萍，首次当选为国会众议员。曾经参选多伦多市议员的华裔王启荣在此次大选中先被自由党提名，后以独立身份参选，也在自己的选区中胜出，成为国会新科众议员。此外，代表保守党的混血华裔庄文浩、代表新民主党的中国香港华人关慧贞都在各自选区获得连任。在大温哥华地区，自由党华裔参选人黄翠玲与新民主党党领驵勉诚（Jagmeet Singh）在同一选区交锋，虽然失败，但仍对驵勉诚构成一定威胁。代表绿党和以独立身份参选的其他华裔候选人皆告失利。[1]

在此次大选中，最引人注目的是首次参选的华裔退休警长蒋振宇。蒋振宇 8 月 15 日才开始他的竞选活动，随即得到联邦政府小型企业、出口促进和国际贸易部部长伍凤仪等众多政界好友和选区民众的大力支持。8 月 17 日，在他开始竞选活动的第三天，加拿大总理小特鲁多亲自来到万锦－于人村选区为他助选。最终，他凭借在警界服务 28 年的经验、对社区安全关切的理解、对枪支管控和毒品禁止的强硬立场、对种族歧视的坚决反对，以及一向亲民、富有责任感的公众形象，赢得选民的支持，一举击败保守党候选人现任议员蔡报国，当选为万锦－于人村选区国会众议员。

---

① 《9 名华人在加大选中胜选创新纪录　不少人首度跻身国会》，侨报网，http：//www.uschinapress.com/static/content/SZ/2021－09－21/889951392406843392.html，2021 年 9 月 21 日。

此次大选中，非常受华人社区关注的来自中国香港的华裔候选人赵锦荣和黄陈小萍都败选，他们失败的原因复杂，有受所属政党保守党对华强硬政策的负面影响，也有自身对华态度变化产生的负面效应，还有候选人对选区服务投入不够，没有及时回应社区的诉求，导致动员选民的力度不足等消极因素，都值得未来参选的华人反思与借鉴。

值得注意的是，在此次大选中，很多华文媒体都误把其他亚裔参选人当作华人计入华裔候选人当中，其中一位是在密西沙加－艾林妙斯选区（Mississauga-Erin Mills）参选的越南裔 James Nguyen，另一位是在曼尼托巴省温尼伯中选区（Winnipeg Centre）参选的菲律宾裔吴保尔（Paul Ong），经核实他们都不是华人。

有实力的华人精英们除了自己参选之外，还积极为其他华裔候选人辅选。现任联邦政府小型企业、出口促进和国际贸易部部长的伍凤仪，也是此次联邦大选的安大略省万锦－康山选区自由党候选人。她于9月8日千里迢迢从安大略省多伦多市飞到 BC 省列治文市，为两位联邦自由党候选人缪宗晏（列治文中选区）及黄翠玲（本拿比南选区）会见中文传媒，并为他们拉票助威。同时，她也借此机会宣扬联邦自由党的德政及未来展望等。[①]

此次华人精英参政具有以下几个特点：第一，华裔候选人主要分布在大多伦多和大温哥华地区，与华人人口分布呈正相关；第二，被各大政党提名参选的总人数不如往届多，但当选人数更多，成功率更高；第三，来自中国香港的华裔参选人最多，其次是土生华人，再次是中国大陆新移民，来自中国台湾的华人最少；第四，长期扎根社区、服务社区的经验非常重要，是成功当选或连任的基础；第五，敢于担当，敢于维护华人社区利益，旗帜鲜明反对种族歧视的斗争精神是当选必备条件；第六，违背选区多数华人选民意愿，反对祖籍国的候选人注定被华人选民抛弃；第七，华裔候选人的参选成功率受所属政党对华政策的影响较大；第八，有余力的华裔候选人积极参加辅选、选民教育和选举动员活动，在大选中发挥重要助推作用。

从1971年至2022年，总共有30位华人精英人士通过选举担任加拿大各省省议员，其中有很多人多次当选，华人总共当选各省议员将近60次（参见表3－8）。其中，1971年土生华裔何荣禧在阿尔伯塔省当选省议员，是加拿大首位华人省议员。1979年，土生华裔胡建华在该省当选省议员并取得连任，是加拿大第二位华人省议员。1993年，土生华裔马健威又在该省当选省议员，连任达14年之久。2008年，该省同时出现两位华人省议员，他们分别是中国香港移民

---

① 《伍凤仪安省飞到列市畅谈联邦自由党佳绩》，加国无忧，https：//info. 51. ca/news/canada/2021－09/1028195. html，2021年9月9日。

鲍胡莹仪和中国大陆新移民肖辉，其中鲍胡莹仪是该省首位亚裔女省议员和首位华人女省议员。1996年，在华人人口较集中的BC省有两位华人女性率先当选省议员，她们是关慧贞和张杏芳，关慧贞四连任至2015年。直到2001年该省才有华人男性当选省议员，他们是李灿明和黄耀华。2005年叶志明当选，使该省华人省议员增加到5人。2009年，关慧贞、张杏芳、李灿明和叶志明在该省再次取得连任。[①] 在华人人口最多的安大略省，从1987年至2017年只有5位华人精英当选省议员，他们是黄景培、黄志华、陈国治、黄素梅和董晗鹏，其中黄素梅是该省首位华人女省议员，董晗鹏是该省当选的第一位中国大陆新移民。

　　2017年5月9日，BC省举行省选，共有24名华人精英参选省议员，其中有7人获得连任或新当选，双双突破BC省大选的历史纪录。当选的7位议员中，有2人连任成功，他们是自由党的叶志明和屈洁冰；5位新当选的是新民主党的康安礼、陈苇蓁、周炯华、马博文，以及自由党的李耀华。新民主党的华人省议员比自由党多一人。在当选的3位自由党华裔省议员中，叶志明从政资历最深，此次成功实现第三度连任，开启第四个省议员任期。当选的7位华人精英中有中国台湾移民3人、中国香港移民2人、新加坡华人和土生华裔各1人，取得了相当大进步。

表3-8　1971—2022年通过选举担任省议员的华人精英情况

当选时间/任期	姓名	职位及选区	党派
1971—1975	何荣禧（George Ho Lem）	阿尔伯塔省省议员（卡尔加里麦考尔选区）	自由党
1979—1986	胡建华（Henry Woo）	阿尔伯塔省省议员（埃德蒙顿舍伍德公园选区）	进步保守党
1987—1990	黄景培（Bob Wong）	安大略省省议员（约克堡选区）	自由党
1993—2007	马健威（Gary Mar）	阿尔伯塔省省议员（卡尔加里麦基选区）	保守党
1996、2001、2005、2009、2013—2015	关慧贞（Jenny Kwan）（女）	BC省省议员（温哥华－快乐山选区）	新民主党

---

① ［加］黄运荣：《卑诗省选：4位华裔省议员候选人全部成功连任》，加拿大《环球华报》，2009年5月13日。

（续上表）

当选时间/任期	姓名	职位及选区	党派
1996、2001、2005、2009	张杏芳（Ida Chong）（女）	BC省省议员（橡树湾－高登首选区）	自由党
2003—2006	黄志华（Tony Wong）	安大略省省议员（万锦选区）	自由党
2007、2011、2014	陈国治（Michael Chan）	安大略省省议员（万锦选区）	自由党
2001、2005、2009、2013	李灿明（Richard Lee）	BC省省议员（本拿比北选区）	自由党
2001、2005	黄耀华（Patrick Wong）	BC省省议员（温哥华－坚盛顿选区）	自由党
2005、2009、2013、2017—2020	叶志明（John Yap）	BC省省议员（列治文－史蒂夫斯顿选区）	自由党
2008	鲍胡莹仪（Teresa Woo-Paw）（女）	阿尔伯塔省省议员（卡尔加里麦基选区）	保守党
2008	肖辉（David Xiao）	阿尔伯塔省省议员（埃德蒙顿麦克朗选区）	保守党
2011、2014	黄素梅（Soo Wong）（女）	安大略省省议员（士嘉堡－爱静阁选区）	自由党
2013、2017、2020—	屈洁冰（Teresa Wat）（女）	BC省省议员（列治文北中选区）	自由党
2013	李德明（Doug Bing）	BC省省议员（枫树岭－匹特草原选区）	自由党
2014	董晗鹏（Han Dong）	安大略省省议员（圣三一－士巴丹拿选区）	自由党
2015	邓凯尧（Thomas Dang）	阿尔伯塔省省议员（埃德蒙顿西南选区）	新民主党
2015	姚谭力（Tany Yao）	阿尔伯塔省省议员（麦克默里堡－木水牛选区）	野玫瑰党

（续上表）

当选时间/任期	姓名	职位及选区	党派
2017、2020—	康安礼（Anne Kang）（女）	BC省省议员（本拿比－鹿湖选区）	新民主党
2017、2020—	陈苇蓁（Katrina Chen）（女）	BC省省议员（本拿比－洛歇选区）	新民主党
2017、2020—	周炯华（George Chow）	BC省省议员（温哥华－菲莎围选区）	新民主党
2017、2020—	马博文（Bowinn Ma）（女）	BC省省议员（北温哥华－兰斯代尔选区）	新民主党
2017、2020—	李耀华（Michael Lee）	BC省省议员（温哥华－兰加拉选区）	自由党
2020—	姚君宪（Henry Yao）	BC省省议员（列治文南中选区）	新民主党
2018、2022—	彭锦威（Billy Pang）	安大略省省议员（万锦－于人村选区）	保守党
2018、2022—	韦邱佩芳（Daisy Wai）	安大略省省议员（列治文山选区）	保守党
2018、2022—	柯文彬（Vincent Ke）	安大略省省议员（当谷北选区）	保守党
2022—	黄慧文（Kristyn Wong-Tam）	安大略省省议员（多伦多中选区）	新民主党
2022—	徐正陶（Ted Hsu）	安大略省省议员（金斯顿及群岛选区）	自由党

资料来源："Electoral Firsts in Canada"，http：//en. wikipedia. org/wiki/Electoral_ firsts_in_ Canada#；"Henry Woo"，http：//en. wikipedia. org/wiki/Henry_Woo；"David Xiao"，http：// en. wikipedia. org/wiki/David_Xiao；"John Yap"，http：//en. wikipedia. org/wiki/John_ Yap；"Soo Wong"，http：//en. wikipedia. org/wiki/Soo_Wong；以及笔者根据加拿大《环球华报》、中国新闻网、中国侨网和加拿大联邦政府网站上的资料进行综合统计得出。

表 3 - 9　2017 年加拿大 BC 省省选华裔候选人的背景与选举结果

姓名	党派	选区	移民来源地	结果
王白进（James Wang）	新民主党	温哥华 - 兰加拉（Vancouver-Langara）选区	中国大陆新移民	失败
康安礼（Anne Kang）（女）	新民主党	本拿比 - 鹿湖（Burnaby-Deer Lake）选区	中国台湾移民	成功
陈苇荽（Katrina Chen）（女）	新民主党	本拿比 - 洛歇（Burnaby-Lougheed）选区	中国台湾移民	成功
区泽光（Chak Kwong Au）	新民主党	列治文南中（Richmond South Centre）选区	中国香港移民	失败
周炯华（George Chow）	新民主党	温哥华 - 菲莎围（Vancouver-Fraserview）选区	中国香港移民	成功
马博文（Bowinn Ma）（女）	新民主党	北温哥华 - 兰斯代尔（North Vancouver-Londale）选区	中国台湾移民	成功
邱丽莲（Lyren Chiu）（女）	新民主党	列治文北中（Richmond North Centre）选区	中国台湾移民	失败
屈洁冰（Teresa Wat）（女）	自由党	列治文北中（Richmond North Centre）选区	中国香港移民	成功
李灿明（Richard Lee）	自由党	本拿比北（Burnaby North）选区	中国香港移民	失败
叶志明（John Yap）	自由党	列治文 - 史蒂夫斯顿（Richmond-Steveston）选区	新加坡移民	成功
李德明（Doug Bing）	自由党	枫树岭 - 匹特草原（Maple Ridge-Pitt Meadows）选区	土生第 3 代华裔	失败
李耀华（Michael Lee）	自由党	温哥华 - 兰加拉（Vancouver-Langara）选区	土生第 2 代华裔	成功
陈锦珠（Kim Chan Logan）（女）	自由党	温哥华 - 坚盛顿（Vancouver-Kensington）选区	土生第 2 代华裔	失败
王小宝（Karen Wang）（女）	自由党	本拿比 - 鹿湖（Burnaby-Deer Lake）选区	中国大陆新移民	失败

（续上表）

姓名	党派	选区	移民来源地	结果
林欣呈（Conny Lin）（女）	自由党	温哥华 – 快乐山（Vancouver-Mount Pleasant）选区	中国台湾移民	失败
阮桥庄（Trang Nguyen）（女）	自由党	温哥华 – 京士威（Vancouver-Kingsway）选区	移民 1.5 代华裔	失败
黄海天（David Wong）	绿党	温哥华 – 喜士定（Vancouver-Hastings）选区	土生第 5 代华裔	失败
吴曙方（Valentine Wu）	绿党	本拿比 – 埃德蒙兹（Burnaby-Edmonds）选区	中国大陆新移民	失败
谭百昭（Peter Tam）	绿党	枫树岭 – 米逊（Maple Ridge-Mission）选区	中国香港移民	失败
陈卫平（Lawrence Chen）	BC 省新共和党	列治文 – 昆斯伯勒（Richmond-Queensborough）选区	中国大陆新移民	失败
杨锦冬（Jindong Yang-Riley）（女）	温哥华岛党	橡树湾 – 戈登角（Oak Bay-Gordon Head）选区	中国大陆新移民	失败
潘栋（Dong Pan）	独立候选人	列治文北中（Richmond North Centre）选区	中国大陆新移民	失败
王尼古拉斯（Nicholas Wong）	独立候选人	三角洲南（Delta South）选区	土生华裔	失败
许嘉利（Gary Hee）	独立候选人	素里南（Surrey South）选区	土生华裔	失败

资料来源：笔者根据加拿大《环球华报》、中国新闻网、中国侨网和 BC 省政府网站上的资料进行综合统计得出。

从表 3 – 9 的统计数据与以往历次省选相比可以发现，此次华人精英参选具有以下几个主要特点：第一，参选的华人精英人数达 24 人，突破历史纪录。而在 2013 年的省选中，只有 23 位华裔候选人；在 2009 年的省选中，只有 9 位华裔参选。第二，华人精英参选的地区分布得更广，显示华人参政正朝着深度和广度发展。上届 23 位华裔在 13 个选区参选，其中 11 人集中在华人聚居地列治文市的 3 个选区。而 2017 年的 24 人则分布在全省的 20 个选区，范围之广，前所未有。第三，华人精英绝大多数通过加入主流政党参选。此次 24 位参选的华人精英中，有 19 位是通过加入自由党、新民主党和绿党这三大政党参与选举的，其他5位以其他小党或独立候选人身份参选。第四，来自中国大陆的华人新移民积极参选，来自中国台湾的华人移民竞选成功率最高。来自中国大陆的华人新移民有6人参选，他们分别是王白进、王小宝、潘栋、杨锦冬、吴曙方和陈卫平，史无前例，虽败犹荣。来自中国台湾的华人移民有5人参选，其中3人成功当选，不仅成功率最高，而且都是女性。

2020年10月24日，BC省举行省选，当时正值新冠疫情严重时期，华人精英参选的积极性有所下降，总共只有14位华人精英参选，比2017年的24人参选显著减少，但仍然有7人当选，与2017年当选的人数相同，胜选比例高达50%（参见表3-8）。当选的7名华人精英当中，顺利获得连任的有6人：康安礼、陈苇蓁、周炯华、马博文、李耀华、屈洁冰，来自中国台湾的新移民姚君宪代表新民主党在列治文南中选区新当选。该届BC省议会的7名华人议员中有4位来自中国台湾，2位来自中国香港，1位出生于中国大陆。

在2022年6月2日举行的安大略省级选举中，华人精英积极参政，共有21名华裔候选人参选，最终有5人胜出，其中代表保守党的3位华人原省议员都成功获得连任，另外2人是新当选（参见表3-8）。在万锦-于人村选区，代表保守党的彭锦威成功连任；在列治文山选区，代表保守党的韦邱佩芳成功连任；在当谷北选区，代表保守党的柯文彬成功连任；在多伦多中选区，代表新民主党的黄慧文新当选；在金斯顿及群岛选区，代表自由党的徐正陶新当选。他们当中柯文彬来自中国福建，韦邱佩芳、彭锦威和黄慧文来自中国香港，徐正陶出生于美国俄克拉何马州的巴特维尔，在金斯顿长大。[①]

据笔者初步统计，自1957年至2022年，有82位华人精英人士当选为加拿大地方市镇议员，有11人当选市长。其中，在西岸的BC省有43人当选市议员，7人当选市长。在东部的安大略省有27人当选市镇议员，2人当选市长。在中部的阿尔伯塔省、曼尼托巴省和萨斯喀彻温省总共有12人当选市议员，2人当选市长。（参见表3-10）

表3-10　1957—2022年通过选举担任市议员和市长等公职的华人精英情况

当选时间/任期	姓名	职务
1957—1959	潘协华（Harry Poon）	阿尔伯塔省斯戴特（Stettler）市议员
1959—1965	何荣禧（George Ho Lem）	阿尔伯塔省卡尔加里（Calgary）市议员

---

① "Ted Hsu"，https：//zims-en. kiwix. campusafrica. gos. orange. com/wikipedia_en_all_nopic/A/Ted_Hsu.

（续上表）

当选时间/任期	姓名	职务
1971	关卑芙（Belford Quan）	阿尔伯塔省高河（High River）市议员
1972—1977	黄健崇（Ken Wong）	曼尼托巴省温尼伯（Winnipeg）市议员
1987—1992	源汝中（Joseph Yuan）	曼尼托巴省温尼伯市议员
1991—1993 1994—1997	麦鼎鸿（Inky Mark）	曼尼托巴省海豚（Dauphin）市议员 曼尼托巴省海豚市长
1982—1984 1984—1985	马怡羡 （Wayne Y. S. Mah）（女）	萨斯喀彻温省埃斯顿（Eston）市议员 萨斯喀彻温省埃斯顿市长
1965—1973 1974—1977	林福来（Ed Lum）	BC省萨尼克（Sannich）市议员 BC省萨尼克市长
1960—1966 1966—1971	吴荣添（Peter Wing）	BC省坎卢普斯（Kamloops）市议员 BC省坎卢普斯市长
1969—1978、 1988—2002	张瑞银（Dorothy Kostrzewa）	BC省奇利瓦克（Chilliwhack）市议员
1973—1989	李本华（Ben Lee）	BC省克罗纳（Kelowna）市议员
1982—1986	余宏荣（Bill Yee）	BC省温哥华（Vancouver）市议员
1984—1986	李溢（Richard Lee）	BC省麦利特（Merrit）市议员
1985—1987 1988—1993	周锦球（Harry Chow）	BC省高活（Colwood）市议员 BC省高活市长
1988—1990	黄月娥（Sandra Wilking） （女）	BC省温哥华市议员（该省第一、全国第二位华人女市议员）
1988—1993 2005、2008	马福林（Jack Mar）	BC省中萨尼克（Central Sannich）市议员 BC省中萨尼克市长
1990—1996 1999—2008	刘志强（Alan Lowe）	BC省维多利亚（Victoria）市议员 BC省维多利亚市长
1990—2005	梁毅洲（Joe N. Leong）	BC省坎卢普斯市议员
1990—1993	陈志动（Tung Chan）	BC省温哥华市议员
1993—1996	叶吴美琪（Maggie Ip） （女）	BC省温哥华市议员
1993—1995	张杏芳（Ida Chong）（女）	BC省萨尼克市议员
1993—1995	关慧贞（Jenny Kwan） （女）	BC省温哥华市议员

（续上表）

当选时间/任期	姓名	职务
1996	袁洪基（Danny Yuen）	萨斯喀彻温省汉堡特（Humbodt）市议员
1996	马立伟（Larry Mah）	萨斯喀彻温省埃斯顿市议员
1996	余大卫（David Ycc）	魁北克省欧卡德尔堡（Fort Ou Caddell）市议员
1996、1999、2002、2005、2008、2011	邓伟雄（Derek Dang）	BC省列治文（Richmond）市议员
1997—2002	李松（Donald Lee）	BC省温哥华市议员
1997—1998	吴根（Ken Eng）	BC省北萨尼克（North Sannich）市议员
1997—2002	林上丹（Sam Lin）	BC省高登（Gorgon）市议员
1997—2002	李思远（Daniel Lee）	BC省温哥华市议员
1999—2008	魏志红（Jackie Ngai）（女）	BC省萨尼克市议员
2000—2002	招树荣（Daniel Chiu）	BC省高贵林（Coquitlam）市议员
2000—2002	赵莲蒂（Lyndia Hundleby）（女）	BC省埃斯奎摩（Esquimalt）市议员
2000—2002	黄绮莲（Lindsay Wong）（女）	BC省列治文市议员
2002、2005、2008、2011	雷健华（Raymond Louie）	BC省温哥华市议员
2002、2005、2008、2011	周翠琪（Charlayne Thornton-Joe）（女）	BC省维多利亚市议员
2005—2008	陈奕心（Cynthia Chen）（女）	BC省列治文市议员
2005—2008	黎拔佳（B. C. Lee）	BC省温哥华市议员
2005、2008—2011	周炯华（George Chow）	BC省温哥华市议员
2007、2010、2013、2016、2019、2022—	马超俊（John Mar）	阿尔伯塔省卡尔加里市议员
2008、2011	郑文宇（Kerry Jang）	BC省温哥华市议员
2008、2011、2014	康安礼（Anne Kang）（女）	BC省本拿比市议员

（续上表）

当选时间/任期	姓名	职务
2008、2011	张境（Richard Chang）	BC省本拿比市议员
2011	邓剑波（Tony Tang）	BC省温哥华市议员
2011、2014、2022	区泽光（Chak Kwong Au）	BC省列治文市议员
1969—1988	刘光英（Ying Hope）	安大略省多伦多（Toronto）市议员
1978—1982 1982—1984	谭振蕃（John Hums）	安大略省麦加瑞（McGarry）市议员 安大略省麦加瑞市长
1980—1982	张金仪（Gordon Chong）	安大略省多伦多市议员
1982—1991 1997—1998	王景元（Peter Wong）	安大略省萨伯利（Sudbury）市长 安大略省萨伯利区主席
1985—1994	李黄瑞爱（Merry Kwong Lee）（女）	安大略省查翰（Chatham）市议员
1985—	赵善江（Alex Chiu）	安大略省万锦（Markham Town）市第8选区市议员（连续8次担任）
1991—2005	邹至蕙（Olivia Chow）（女）	安大略省大多伦多圣三一－士巴丹拿（Trinity Spadina）选区市议员
1997—2003 2006—2009	黄志华（Tony Wong）	安大略省万锦市议员 安大略省万锦市约克区域议员
2000、2003、2006、2010、2014	黄旻南（Denzil Minnan Wong）	安大略省多伦多市第34选区市议员 安大略省多伦多市副市长（2014年被委任）
2003、2006、2010、2014	杨士淳（Sandra Yeung）（女）	安大略省旺市第4选区市议员
2006、2010、2014	李振光（Chin Lee）	安大略省多伦多市第41选区市议员
2006、2010、2014、2018、2022—	陈志辉（Godwin Chan）	安大略省列治文山市第6选区市议员 安大略省列治文山市约克区域议员（2018— ） 安大略省列治文山市副市长（2022年）
2006、2010、2014	胡伟林（Willie Woo）	安大略省克拉灵顿（Clarington）市议员
2006	伍德（Ted Eng）	安大略省奥斯布治（Uxbridge）市议员

（续上表）

当选时间/任期	姓名	职务
2010、2014	黄慧文（Kristyn Wong-Tam）	安大略省多伦多市第27选区市议员
2010、2014、2018、2022—	李国贤（Joe Li）	安大略省万锦市约克区域议员
2010、2014、2018、2022—	何胡景（Alan Ho）	安大略省万锦市第2选区市议员 安大略省万锦市约克区域议员
2010、2014 2018、2022—	廖立晖（Castro Liu）	安大略省列治文山市第3选区市议员
2014、2018、2022—	杨绮清（Amanda Yeung）（女）	安大略省万锦市第6选区市议员
2014	雷健华（Raymond Louie）	BC省温哥华市不分区市议员
2014	郑文宇（Kerry Jang）	BC省温哥华市不分区市议员
2014	邓伟雄（Derek Dang）	BC省列治文市不分区市议员
2014、2018、2022	卢仙泳（Alexa Loo）（女）	BC省列治文市不分区市议员
2014、2022	王白进（James Wang）	BC省本拿比市不分区市议员
2018—2022	胡媛媛（Tina Hu）（女）	BC省北温哥华市不分区市议员
2018—2022	黄志诚（Marcus Wong）	BC省西温哥华市不分区市议员
2013、2017、2021—	朱文祥（Sean Chu）	阿尔伯塔省卡尔加里市第4选区市议员
2021—	黄泰锐（Terry Wong）	阿尔伯塔省卡尔加里市第7选区市议员
2022—	卢韦宁（Wilson Lo）	安大略省渥太华市第24选区市议员
2022—	陈国治（Michael Chan）	安大略省万锦市约克区域议员、万锦市副市长
2022—	刘肇麟（Ritch Lau）	安大略省万锦市第2选区市议员
2022—	李思韵（Isa Lee）（女）	安大略省万锦市第8选区市议员
2022—	邵浩然（Michael Shiu）	安大略省列治文山市第6选区市议员
2022—	崔冰辉（Simon Cui）	安大略省列治文山市第4选区市议员
2022—	陈伶莉（Lily Cheng）（女）	安大略省多伦多市第18选区市议员
2022—	谢爱军（Scott Xie）	安大略省奥克维尔市第7选区市议员
2022—	沈观健（Ken Sim）	BC省温哥华市长（首位华裔市长）

（续上表）

当选时间/任期	姓名	职务
2022—	余西蒙（Simon Yu）	BC 省乔治王子城市长（首位华裔市长）
2022—	周楠（Lenny Zhou）	BC 省温哥华市议员（首位中国大陆新移民市议员）
2022—	谷园（Alison Gu）（女）	BC 省本拿比市议员

　　资料来源：2002 年以前的数据参见［加］黎全恩：《1957—2002 年华裔参政入选者之分析》，《华埠通讯》2002 年第 6 卷第 9 期，第 21－22 页。2002 年以来大温哥华地区的数据参见《大温地区市选华裔当选人大检阅》，加拿大《环球华报》，2008 年 11 月 16 日；［加］萧元恺：《大温市选：华裔参政又迈一步》，加拿大《环球华报》，2011 年 11 月 23 日。2002 年以来大多伦多地区的数据参见［加］黄学昆：《多伦多大选：华人参政终开花结果　大陆移民参选路漫长》，加拿大《环球华报》，2006 年 11 月 16 日；《今届大丰收　8 个新面孔　15 华人当选　政坛影响力壮大》，加拿大《星岛日报》，2010 年 10 月 26 日。以及笔者根据中国新闻网、中国侨网和加拿大各市政府网站上的资料进行综合统计得出。

　　1957 年，潘协华在阿尔伯塔省斯戴特市当选市议员，是加拿大第一位华人市议员。1959 年何荣禧又在该省卡尔加里市当选市议员，是该市首位华人市议员。2007 年土生华裔马超俊在卡尔加里市当选市议员，后多次取得连任，是该市现在唯一亚裔市议员。

　　1960 年吴荣添在 BC 省坎卢普斯市当选市议员，是该省首位华人市议员；1966 年他又当选该市市长，是该省首位华人市长，也是加拿大首位华人市长。1982 年余宏荣当选温哥华市首位华人市议员。1990 年刘志强当选维多利亚市首位华人市议员，1999 年当选该市首位华人市长，也是该市首位亚裔市长。1988 年，黄月娥当选温哥华市议员，是 BC 省首位、全加第二位华人女市议员。2005 年，陈奕心当选为该省列治文市华人女市议员。

　　1972 年，黄健崇当选为曼尼托巴省温尼伯市议员，是该省首位华人市议员。1994 年，麦鼎鸿当选为海豚市长，是曼尼托巴省首位华人市长。

　　1969 年，刘光英当选安大略省多伦多市议员，是该省首位华人市议员。1982 年谭振蕃当选麦加瑞市长，是该省首位华人市长。

　　1982 年，马怡羡在萨斯喀彻温省埃斯顿市当选市议员，成为加拿大首位华人女市议员，1984 年在该市当选加拿大首位华人女市长。

　　从表 3－10 也可以发现，华人市议员和市长主要分布在华人人口比较集中、思想相对开放的东西两岸省份，在华人人口较少、思想相对保守的中部省份较难当选。从表 3－10 还可以发现，在市议员和市长的选举中，西部华人精英当选的人数比东部华人精英多，虽然近年来东部华人的参政水平进步很快，但与西部相比还有一定差距。

2021年10月18日，阿尔伯塔省举行市级选举。在该省人口最多的城市卡尔加里，有4位华人精英参选市议员，他们分别是第2选区候选人邓丽嫦（Kim Tyers）、第3选区候选人林钧（Jun Lin）、第4选区候选人朱文祥、第7选区候选人黄泰锐。选举结果显示，来自中国台湾的华人移民朱文祥成功连任市议员，黄泰锐为新当选市议员。

2021年11月7日，来自中国大陆的李西西（Xixi Li）女士在位于魁北克省蒙特利尔南岸的宝乐莎市（Brossard）第8选区参选市议员，但没有成功。

在2022年安大略省渥太华市级选举中，土生华裔参选人卢韦宁在第24选区成功当选市议员，是该市历史上第一位华人市议员。

在2022年10月24日举行的安大略省市级选举中，仅在大多伦多地区，就有48位华裔候选人参选，26位华人当选，再次出现华人参政的热潮，其中最令人关注的是华人居民密度最高的约克区的情况：在万锦市，华裔候选人拿下了4个区域议员席位中的3席（含副市长）、8个市议员席位中的3席以及全部4席教育委员。在列治文山市，华裔候选人拿下了2个区域议员席位中的1席（含副市长）、6个市议员席位中的3席以及全部2席教育委员。在多伦多市，华裔候选人赢得了1个市议员席位和3个教育委员席位。奥克维尔市则历史性诞生首位华人议员。[①]

在此次安大略省市级选举中，当选市议员和市长的华人精英主要有：新科万锦市约克区域议员、万锦市副市长、被华裔民众亲切地称为"老厅长"的陈国治；新科列治文山市约克区域议员、列治文山市副市长陈志辉；连任万锦市约克区域议员李国贤；新科万锦市约克区域议员何胡景；新科万锦市第2选区议员刘肇麟；连任万锦市第6选区市议员的杨绮清；万锦市第8选区市议员李思韵；连任列治文山市第3选区市议员的廖立晖；新科列治文山市第6选区市议员邵浩然；新科列治文山市第4选区市议员崔冰辉；新科多伦多市第18选区市议员陈伶莉；新科奥克维尔市第7选区市议员谢爱军。特别值得强调的是，这次市镇选举中有两位来自中国大陆的新移民当选——谢爱军和崔冰辉。其中，奥克维尔市第7选区的市议员谢爱军是出生在武汉的山东人，是该地建城165年来的首位华人议员，华人占该市总人口的10%；列治文山市第4选区的市议员崔冰辉来自陕西西安，21年前移民到加拿大，两年前成功当选列治文山市教育委员，在此次

---

① 《2022安省市选当选市长、市议员、教委与公众和媒体见面会》，加拿大华文融媒体新闻网，https：//ccmedia.news/archives/32234，2022年10月28日。

市选中他仅以 200 票微弱优势取胜。他们二人共同创造安大略省历史，同时成为该市首位来自中国大陆的市议员。万锦市第 2 选区市议员刘肇麟是此次市选最年轻的当选者，2022 年他才 36 岁，从媒体记者华丽转身到政界，被舆论称为此次市选中"年轻的黑马"。另外，值得鼓励的是，20 世纪 70 年代来自中国香港的陆炳雄参选多伦多市长，在 31 位候选人中的最后得票排名第六，仍需继续努力。①

在 2022 年 10 月 15 日举行的加拿大 BC 省市级选举中，华人参政取得历史性突破。在此次选举中，BC 省有两位华人成功当选为市长，他们分别是温哥华市长沈观健和乔治王子城市长余西蒙，他们都是来自中国香港的移民。其中，沈观健的当选具有极为重要的象征意义和现实意义，他不但是温哥华建市 136 年来的首位华裔市长，而且在竞选中就承认自己的华裔身份，敢于代表华人社区的利益。在此次选举中，他以 85 732 票高票当选，得票率为 51%，大幅领先白人对手肯尼迪·斯图尔特（Kennedy Stewart）36 000 票，得票率也比他高 30%。另外，特别值得强调的是，他领导的 ABC 党团（A Better City）中的另一位来自中国大陆的新移民候选人周楠也以高票当选市议员，是温哥华首位中国大陆新移民市议员。在本拿比市，土生华人女孩谷园和中国大陆新移民王白进也以最高票当选。在列治文市，来自中国香港的区泽光以最高票连任市议员，有一半华人血统（父亲为华裔，母亲为法裔）的卢仙泳也再次连任市议员。可以说，此次 BC 省华人冲破种族歧视障碍和不参与政治的传统，在市级选举中取得投票率和当选率的双重突破，成为加拿大华人参政史上的新里程碑。②

此次温哥华市选沈观健大胜的主要原因如下：第一，现任市长肯尼迪能力不足，导致民怨沸腾，反对他连任的声浪非常之高。他在四年任期中毫无作为，导致温哥华出现如犯罪率急剧上升、苛捐杂税增多、毒品泛滥、房价租金齐上涨、唐人街屡遭涂鸦、经济萧条等问题；竞选期间他还大打"反华牌"与"台湾牌"，试图分化华裔选民的选票。第二，优秀华裔候选人的长期坚持，搭配合适的党团，冲破各种歧视，得到选民的广泛认同和支持。沈观健所在的 ABC 党团政纲明确，重振温哥华的计划如增加警员和精神科护士，提升社区安全；在唐人街开办市政办公室，实地解决问题；加速土地审批，加快房屋供应量，解决可负担住房等得到选民认可。第三，华人民众的积极助选和华人选民的集团投票支

①《陈国治、陈志辉分别荣任副市长》，加拿大网络电视台，https：//www.365nettv.com/special - topic/municipal-elections/64155—2022 - 10 - 25 - 13 - 14 - 25，2022 年 10 月 25 日。

②《BC 省市选：温哥华变天，沈观健成为加拿大首位华裔市长，乔治王子城华裔当选市》，加拿大乐活网，https：//lahoo.ca/2022/10/15/463368，2022 年 10 月 15 日；《沈观健团队为何会大赢?》，《高度周刊》，https：//riseweekly.com/2022 - 10 - ken-sim/，2022 年 10 月 18 日。

持，为他的胜选奠定坚实基础。在华人社区精英、华人社团和华文媒体的大力呼吁、宣传和动员下，许多华人民众主动加入他的竞选团队，义务帮助他挨家挨户敲门拜票，筹集政治捐款，为他的胜选立下汗马功劳。美加地方选举的投票率非常低，通常只有20%～30%，此次温哥华市选的投票率只有36%，而温哥华的华人人口占27%，华人选民积极参加投票，在此次选举中发挥重要作用。①

虽然学区教育委员是加拿大选举政治中的最低层次，但对有志参政的华人精英来说，参选学区教育委员不仅是关心子女教育的表现，而且是关注社区公共事务的开始，是未来竞选更高层次政府公职的基础。但20世纪90年代以前，华人精英对该职位的重要性认识不够，参选的人数很少（参见表3-11）。1963年，刘光英当选多伦多市教育局教育委员，是加拿大首位华人学区教育委员。1985年邹至蕙当选多伦多市教育局教育委员，是加拿大第二位华人学区教育委员。90年代以来，东西两岸的加拿大华人精英从重视子女教育开始认识到学区教育委员这一职位的重要性，参选人数迅速增加。据笔者初步统计，在大多伦多和大温哥华等地区担任学区教育委员的华人精英总共有50多人，绝大部分是近10年当选的。在2022年安大略省市级选举中，大多伦多地区有多位华裔当选为学区教育委员，包括裴卫东以7 018票当选、James Li以9 216票当选、Jenny Chen以5 194票当选、Michael Chen以4 566票当选、Crystal Yu以5 369票当选、Cindy Liang以11 253票当选，② 其中在华人聚居的万锦市和列治文山市，公立学校教育委员全部是华裔（参见表3-11）。这是一个好现象，不仅体现了华人重视子女教育的传统，也体现了华人开始关注社区公共事务，为将来进一步参选市议员、市长、省议员和国会议员奠定坚实基础。可以预见，选举型的参政方式不仅是现在，也是未来华人精英参政的主要方式之一。

表3-11　1963—2022年通过选举担任学区教育委员等职务的华人精英情况

当选时间/任期	姓名	职务
1963—1969	刘光英（Ying Hope）	多伦多市教育局教育委员
1985—1991	邹至蕙（Olivia Chow）（女）	多伦多市教育局教育委员
1988	谭润棣（Goossen Tam）	多伦多市教育局教育委员
1988	林志超（Peter Lam）	多伦多市教育局教育委员

① 《沈观健团队为何会大赢?》，《高度周刊》，https：//riseweekly.com/2022-10-ken-sim/，2022年10月18日。

② 《陈国治、陈志辉分别荣任副市长》，加拿大网络电视台，https：//www.365nettv.com/special-topic/municipal-elections/64155—2022-10-25-13-14-25，2022年10月25日。

（续上表）

当选时间/任期	姓名	职务
1991	黄耀威	多伦多市教育局教育委员
1993—1999	魏志红（Jackie Ngai）（女）	维多利亚市教育局教育委员
1995—1999	鲍胡莹仪（Teresa Woo-Paw）（女）	卡尔加里市教育局教育委员
1999、2002、2005、2008、2011、2014	黄伟伦（Allan Wong）	温哥华市教育局教育委员
1999、2002、2005、2008	区泽光（Chak Kwong Au）	列治文市教育局教育委员
2003	伍诺（Noah Ng）	士嘉堡市教育局教育委员
2003、2010、2014	陈焕玲（Carol Chan）（女）	列治文山市教育局教育委员
2005	李松（Donald Lee）	温哥华市教育局教育委员
2005	黄秀玉（女）	温哥华市教育局教育委员
2005、2008、2011	曾赖嘉丽（Grace Tsang）（女）	列治文市教育局教育委员
2005—2008	李溢（Richard Lee）	本拿比市教育局教育委员
2006、2010、2014	陈圣源（Shaun Chen）	多伦多市教育局教育委员
2006、2010—	黄素梅（Soo Wong）（女）	多伦多市教育局教育委员
2008、2011—	王白进（James Wang）	本拿比市教育局教育委员
2008、2011、2014	黄锦达（Gary Wong）	本拿比市教育局教育委员
2010—	杨余月英（Ada Yeung-Yu）（女）	万锦－约克区教育局教育委员
2010、2014	谭国成（Allan Tam）	万锦－约克区教育局教育委员、万锦市教育局教育委员
2011—	胡慧仪（Sophia Woo）（女）	温哥华市教育局教育委员
2011—	赵锦荣（Kenny Chiu）	列治文市教育局教育委员
2011、2014	翁善恒（Eric Yung）	列治文市教育局教育委员
2011、2014—	贾美玲（Meiling Chia）（女）	本拿比市教育局教育委员
2013	叶力维（Nathan Ip）	埃德蒙顿市教育局教育委员
2014、2022	黄婉贞（Manna Wong）（女）	多伦多市教育局教育委员
2014	彭锦威（Billy Pang）	万锦市教育局教育委员

（续上表）

当选时间/任期	姓名	职务
2014	岑佩雯（Erin Shum）（女）	温哥华市公园局委员
2014	何锦荣（Jonathan Ho）	列治文市教育局教育委员
2014—2018、2022—	黄秀玲（Alice S. Wong）（女）	列治文市教育局教育委员
2014	陈苇蓁（Katrina Chen）（女）	本拿比市教育局教育委员
2018、2022—	杨兆博（David Yang）	列治文市教育局教育委员
2022—	Felicia Zhu（女）	西温哥华市教育局教育委员
2022—	裴卫东（Weidong Pei）	多伦多市惠柳第区教育委员
2022—	James Li	多伦多市当谷北区教育委员
2022—	Jenny Chen（女）	万锦市第1、8区教育委员
2022—	Michael Chen（女）	万锦市第5、7区教育委员
2022—	Ed Law	万锦市第3、4区教育委员
2022—	林劲浩（Ron Lynn）	万锦市第2、6区教育委员（连任）
2022—	Crystal Yu（女）	列治文山市第1、2、4区教育委员
2022—	Cindy Liang（女）	列治文山市第3、5、6区教育委员
2022—	Linda Qin（女）	温莎市第1、2、9区教育委员

资料来源："Ying Hope", http://en. wikipedia. org/wiki/Ying_Hope; "Chak Kwong Au", http://voterite. ca/wp/? page_id = 80; "Chinese Canadian Incumbent", 加拿大华人参政团体"公民动力"网站, http://civicengagementcanada. com/minnanwong. html;《大温地区市选华裔当选人大检阅》, 加拿大《环球华报》, 2008年11月16日; ［加］萧元恺:《大温市选: 华裔参政又迈一步》, 加拿大《环球华报》, 2011年11月23日; ［加］黄学昆:《多伦多大选: 华人参政终开花结果　大陆移民参选路漫长》, 加拿大《环球华报》, 2006年11月16日;《今届大丰收　8个新面孔　15华人当选　政坛影响力壮大》, 加拿大《星岛日报》, 2010年10月26日。

所谓"委任型"是指通过与加拿大联邦政府总理或其他联邦或地方官员的密切关系而被其在权限内委任某一政府职位的参政类型。每次加拿大联邦国会大选之后，获胜党派的党魁担任总理并组阁时，都会任命在其选举中立下汗马功劳的国会议员同时担任政府的部长或其他重要职位，这在加拿大政坛上已形成惯例，省选之后也是如此。根据表3－12的统计可以发现，通过委任方式担任加拿大联邦政府公职的华人精英人数尚不是很多，与通过选举方式担任联邦层级公职的华人精英人数呈正相关。其中最引人注目的有：1993年，国会众议员陈卓愉被委任为加拿大外交及国际贸易部亚太事务部部长，并于1997年获得连任，是第一位华裔联邦内阁部长；1998年，利德蕙被委任为代表大多伦多地区的加拿大首位华裔联邦参议员；1999年，伍冰枝被委任为加拿大第26届总督，是历史上首位华裔总督；2004年，国会众议员陈卓愉又被委任为加拿大多元文化国务部部长；2005年，混血华裔（父亲是华人，母亲是印第安人）关丽丽被委任为联邦参议员，成为第一位在加拿大出生的华人参议员，也是第一位印第安裔女性参议员；2006年，国会众议员庄文浩先后被委任为哈珀内阁枢密院主席和加拿大首位华裔正部长——联邦政府事务兼体育部部长；2008年，国会众议员黄陈小萍被委任为多元文化国会秘书，2011年连任后被委任为老年事务国务部部长；2011年，新当选国会众议员的梁中心被委任为多元文化国会秘书，接替黄陈小萍。自2004年后，每届联邦内阁至少有一位华裔部长，基本成为惯例，这是加拿大华人社会政治地位提升的重要标志，但在2015年联邦大选后，虽然有6位华人国会议员，但没有一个华裔被委任为部长职位，直到2018年7月小特鲁多总理宣布内阁改组，委任中国香港移民伍凤仪为小型企业和出口促进部部长，是继黄陈小萍之后的第二位华裔女部长，也是小特鲁多政府的首位华裔部长。2013年，华人商业精英胡子修被哈珀政府委任为联邦参议员，是继利德蕙和关丽丽之后的第三位加拿大华裔参议员。2016年11月，来自马来西亚的华人精英胡元豹被小特鲁多总理委任为联邦无党派参议员，是加拿大历史上第四位华裔参议员；2017年9月，他又当选为无党派参议员团领袖。另外，值得一提的是2016年退休的华裔第三代黄星翘，他是加拿大第一位华裔省级检控官、第一位华裔联邦检控官、第一位华裔省级法庭法官和第一位华裔联邦委任法官。[①] 这些都表明当代加拿大华人政治地位的显著提升。

表3-12　1957—2021年通过委任方式担任联邦政府公职的华人精英情况

委任时间/任期	姓名	职务
1957	郑天华（Douglas Jung）	加拿大驻联合国代表团首席法律顾问
1968—1970 1972	黄景培（Bob Wong）	联邦政府卫生部部长特别助理 联邦首位多元文化国务部部长特别顾问
1969—1973 1981—2016	黄星翘（Randall Wong）	首位华裔联邦检控官 首位华裔联邦委任法官
1993—2000 2004—2008	陈卓愉（Raymond Chan）	外交及国际贸易部亚太事务部部长 多元文化国务部部长

---

① 《首位联邦华裔法官忠告：自强不息才不受歧视》，加拿大《星岛日报》，2017年6月11日。

（续上表）

委任时间/任期	姓名	职务
1998	利德蕙（Vivienne Poy）（女）	代表大多伦多地区的联邦参议员
1999—2005	伍冰枝（Adrienne Clarkson）（女）	加拿大第26任总督
2000—2004	梁陈明任（Sophia Leung）（女）	加拿大税务部部长秘书
2005	关丽丽（Lillian Eva Quan Dyck）	被总理保罗·马丁委任为代表萨斯喀彻温省的联邦参议员
2006	庄文浩（Michael Chong）	哈珀内阁枢密院主席、联邦政府事务兼体育部部长
2008、2011—2015	黄陈小萍（Alice Wong）（女）	多元文化国会秘书、老年事务国务部部长
2011—2015	梁中心（Chungsen Leung）	多元文化国会秘书
2012—2015	黄昭宇（Roy Wong）	联邦温哥华地区全职公民入籍法官
2013—	胡子修（Victor Oh）	被总理哈珀委任为联邦参议员
2014—2015 2015—2017	陈家诺（Arnold Chan）	联邦自由党影子内阁成员 联邦国会众议院副议长
2016—	胡元豹（Yuen Pau Woo）	2016年被委任为联邦无党派参议员；2017年当选为无党派参议员团领袖
2018—	伍凤仪（Mary Ng）（女）	2018年被委任为小型企业和出口促进部部长，是第二位华人女部长；2019年被委任为小型企业、出口促进和国际贸易部部长；2021年被委任为国际贸易、小型企业、出口促进和经济发展部部长
2021—	吴瑶瑶（Avvy Yao-Yao Go）（女）	被司法部部长委任为加拿大首位华裔联邦法官

资料来源："Electoral Firsts in Canada"，http：//en. wikipedia. org/wiki/Electoral_ firsts_in_ Canada；"List of Current Parliamentary Secretaries of Canada"，http：//en. wikipedia. org/wiki/ List_of_current_Parliamentary_Secretaries_of_Canada#；"Yuen Pau Woo"，https：//en. wikipedia. org/wiki/Yuen_Pau_Woo；"About Mary Ng"，https：//maryng. libparl. ca/about/。

根据表 3-13 的统计可以发现，20 世纪 90 年代以来通过委任方式担任省市级政府公职的华人精英人数在不断增加，总数将近 30 人。通过成功当选省议员然后被委任为省政府各厅厅长的华人有黄景培、关慧贞、陈国治、张杏芳、黄耀华、马健威、叶志明、屈洁冰、周炯华和陈苇蓁等，他们都是实权派的华人精英。通过其他途径被委任也十分不容易，其中最让加拿大华人引以为豪的有：1988 年，中国香港移民林思齐被总理马尔罗尼任命为 BC 省第 25 任省督；2005 年，出生于卡尔加里的土生华裔林佐民被委任为阿尔伯塔省省督；2007 年，中国上海移民朱小荪因为出色的专业技术和领导能力被委任为温哥华市警察局局长，是温哥华以及加拿大历史上首位华人警察局长；2009 年，来自中国香港的移民李绍麟被总理哈珀委任为曼尼托巴省省督，是加拿大华人历史上第三位省督；2013 年，关月娜被委任为安大略省多伦多市教育局总监，还有多名华裔被委任为移民法官和入籍法官。这些既体现了华人精英的个人能力，又体现了当代加拿大华人整体经济实力和社会政治地位的显著提升。2017 年 7 月 18 日，BC 省新民主党少数政府正式成立，党魁贺瑾正式就任省长。在他委任的 22 名内阁成员中有两位华裔，他们是来自温哥华菲莎围选区的省议员周炯华和本拿比 - 洛歇选区的省议员陈苇蓁，分别担任省贸易事务厅厅长和省儿童福利厅厅长。此外，来自本拿比 - 鹿湖选区的省议员康安礼被委任为省务秘书，来自北温哥华 - 兰斯代尔选区的省议员马博文被委任为运输联网省务秘书。[①] 2017 年 9 月 20 日，现年 51 岁的加拿大华裔警司周伟仪被委任为温哥华市警察局副局长，是继警察局前局长朱小荪之后的华裔警察局副局长。2017 年 10 月 15 日，BC 省自由党举行党魁选举的第一次公开辩论，此次党魁选举总共有 6 位候选人，华裔省议员李耀华是其中之一。[②]

表 3-13　1967—2018 年通过委任方式担任省市级政府公职的华人精英情况

委任时间/任期	姓名	职务
1967—1969 1973—1981	黄星翘（Randall Wong）	首位华裔省级检控官 首位华裔省级法官
1983—1987	伍冰枝（Adrienne Clarkson）（女）	安大略省驻法国代表

---

① 《贺瑾携四华裔就任 BC 省长　山火、油管和教育拨款个个是烫手山芋》，加拿大《环球华报》，http：//gcpnews/2017/07/19/贺瑾携四华裔就任 BC 省长 山火、油管和教育拨款个个是烫手山芋/，2016 年 7 月 19 日。

② 《省自由党党领之争：漫长拉力赛的开始》，加拿大《环球华报》，http：//gpnews.com/2017/10/12/省自由党党领之争：漫长拉力赛的开始/，2016 年 10 月 20 日。

（续上表）

委任时间/任期	姓名	职务
1987—1989 1989—1990	黄景培（Bob Wong）	安大略省能源厅厅长 安大略省公民厅厅长
1988—1995	林思齐（David See-chai Lam）	BC省省督
1993—2007 2007—2011 2011—	马健威（Gary Mar）	阿尔伯塔省文化厅厅长、体育厅厅长、老年事务厅厅长、教育厅厅长、环境厅厅长、卫生厅厅长 阿尔伯塔省驻美国首都华盛顿代表 阿尔伯塔省驻亚洲代表
1996—2018	张杏芳（Ida Chong）（女）	BC省妇女及耆英服务省务厅厅长，高等教育厅厅长，社区服务厅厅长，健康生活及体育厅厅长，技术、贸易与经济发展厅厅长，亚太事务厅厅长，小企业、技术和经济发展厅厅长，科技高教厅厅长，区域经济技术发展厅厅长
1998—1999 1999—2000 2000—2001	关慧贞（Jenny Kwan）（女）	BC省市政厅厅长 BC省妇女平等厅厅长 BC省社区发展、合作与义工厅厅长
2003—2006	黄志华（Tony Wong）	安大略省经济发展贸易厅厅长助理（2003）、科研厅厅长议会助理（2005）、财政厅议会助理（2006）
2004—2005	黄耀华（Patrick Wong）	BC省移民及多元文化服务省务厅厅长
2005—	林佐民（Norman Kwong）	阿尔伯塔省省督
2006—2018	陈国治（Michael Chan）	安大略省税务厅厅长（2007）；公民与移民厅厅长（2007—2010）；旅游与文化厅厅长（2010—2014），兼任泛美运动会厅厅长（2012—2015）；公民、移民与国际贸易厅厅长（2014—2016）；国际贸易厅厅长（2016—2018）
2007—	朱小苏（Jim Chu）	BC省温哥华市警察局局长

（续上表）

委任时间/任期	姓名	职务
2008—	鲍胡莹仪（Teresa Woo-Paw）（女）	内阁公共卫生和安全政策委员会成员、私法委员会委员、公共财政委员会委员、公共安全与服务常委会成员
2008—	肖辉（David Xiao）	阿尔伯塔省就业与移民厅厅长议会助理
2009—2013 2013—2015 2015—2017	李灿明（Richard Lee）	BC 省议会亚太行动秘书 BC 省亚太策略议会秘书 BC 省议会副议长，是历史上首位担任此职的华人
2009—	李绍麟（Philip S. Lee）	曼尼托巴省省督
2009—2011 2012—2013	叶志明（John Yap）	BC 省气候行动省务厅厅长 BC 省多元文化省务厅厅长
2012—	黄昭宇（Roy Wong）	联邦温哥华地区全职公民入籍法官
2013—2017	屈洁冰（Teresa Wat）（女）	BC 省国际贸易及亚太策略与多元文化厅厅长
2013	关月娜（Donna Quan）（女）	安大略省多伦多市教育局总监
2014	黄嘉胜（Albert Wong）	联邦大多伦多地区兼职移民法官
2014	萧美珍（Nancy Siew）（女）	联邦大多伦多地区兼职移民法官
2014	黄素梅（Soo Wong）（女）	安大略省小区及社会服务厅助理
2014	董晗鹏（Han Dong）	安大略省训练、院校及大学兼科研与创新厅助理
2014	陈家诺（Arnold Chan）	联邦自由党影子内阁成员
2017—	周炯华（George Chow）	BC 省贸易事务厅厅长
2017—	陈苇蓁（Katrina Chen）（女）	BC 省儿童福利厅厅长
2017—	康安礼（Anne Kang）（女）	BC 省省务秘书
2017—	马博文（Bowinn Ma）（女）	BC 省运输联网省务秘书
2017—	周伟仪（Howard Chow）	BC 省温哥华市警察局副局长

资料来源："Electoral Firsts in Canada"，http：//en. wikipedia. org/wiki/Electoral_ firsts_in_ Canada#；"David Xiao"，http：//en. wikipedia. org/wiki/David_Xiao；"John Yap"，http：//en. wikipedia. org/wiki/John _ Yap；"Patrick Wong"，http：//en. wikipedia. org/wiki/Patrick_ Wong；"Jim Chu"，http：//en. wikipedia. org/wiki/Jim_Chu；以及笔者根据加拿大《环球华报》、中国新闻网、中国侨网和加拿大各省政府网站上的资料进行综合统计得出。

从层级来看，哈珀时期委任的华人部长级官员人数最多。现在，通过委任方式担任加拿大三级政府公职的华人精英在继续增加。随着华人人口的持续增长、在加拿大社会政治经济地位的不断提升、与各大政党高层领导关系的愈加紧密，这种政治参与方式将与选举型方式一样继续处于上升趋势，对扩大华人在加拿大社会的政治影响、改变华人在加拿大公众心目中的政治形象同样具有重要作用。这种参政模式有利于规避和弥补华人精英在国会选举和省议会选举上因难以争取选民认同而造成的劣势。

二、全国型和地方型

根据担任政府公职的层级是联邦级还是省以下各级，可以将当选和被委任的华人精英划分为全国型和地方型这两种类型。所谓"全国型"是指在联邦一级担任议员或其他政府公职的华人精英；"地方型"是指在省、区、市或镇一级担任议员或其他政府公职的华人精英。加拿大全国型的政府职位有总理和副总理、联邦政府的内阁成员及其他公职人员，代表各州利益的联邦国会参、众议员，最高法院和联邦法院法官等。20世纪90年代以来，当选全国型政府公职的华人精英人数总体呈上升趋势（参见表3-4），而且增幅较大。例如，90年代以前，只有个别华人精英偶尔竞选成功，担任联邦国会众议员；90年代中期以来到21世纪初，华人联邦国会众议员的人数基本上保持在3人；而近10年来担任联邦国会众议员的华人精英已上升到5~7人。被委任为联邦总督、省督、参议员和内阁部长的华人也在不断出现和增多。但如果与华人人口在全国所占的比例相比，仍有相当大差距。例如2006年加拿大华裔人口占全国总人口的4.3%，国会众议员总共有308人，按比例华裔在国会众议院中的应占名额至少为13人，但2006年国会选举中只有5位华裔当选国会众议员，不到应占名额的一半。2015年加拿大国会众议院的席位增加到338席，而2016年华人人口占加拿大总人口的5.3%，理论上华裔国会众议员至少应该有18位，但2015年联邦大选后只有6位当选，后来经过两次补选，华裔国会众议员人数才恢复到7人，但与理论上的18人相差11人，未来华人精英参政还有非常大的上升空间。

所谓"地方型"既包括选举型也包括委任型的华人精英。地方型的政府职位主要有省长、各厅的厅长、省议员、市长、市议员、学区教育委员、水务局董事和社区大学董事等众多职位。在地方层级参选和当选各级议员或政府公职的华人精英人数更多。据笔者统计，自1957年以来，当选省议员、市议员、市长和学区教育委员的华人精英已超过150位。例如，在1994年大多伦多地区各市议会选举中，有33位华裔候选人参选，结果10人胜出，成功率约30%。有3人、

4 人、2 人及 1 人分别担任多伦多市、士嘉堡市、北约克市及万锦市市议员或学区教育委员。在 1996 年 BC 省议员选举中，有 13 位华裔参选，2 人当选省议员。在 1996 年温哥华市地方选举中，有 24 位华裔参选，结果 8 人当选市议员和学区教育委员。① 在 2005 年温哥华市地方选举中，有 30 多位华裔候选人参选，最后有 3 人当选市议员，3 人当选学区教育委员。② 在 2006 年安大略省地方选举中，大多伦多地区有 44 位华裔候选人参选，最后有 10 位华裔胜出，其中 8 人当选市议员，2 人当选学区教育委员。③ 在 2010 年大多伦多地区市级选举中，有 41 位华人精英人士参选，结果有 15 人成功当选，包括 10 位市议员和 5 位学区教育委员。④ 在 2011 年 BC 省地方市级选举中，总共有 43 位华裔候选人参选，有 16 人当选，包括 8 位市议员和 8 位学区教育委员；其中大温哥华地区有 38 人参选，15 人竞选成功，成功率接近 40%。⑤ 2014 年 BC 省市选总共有 49 位华裔候选人参选市长、市议员和学区教育委员等公职，突破历史纪录。在大温哥华地区，有 5 位华人精英参选市长，其中王璐参选温哥华市长，李溢和韦立峰竞选列治文市长，张杏芳参选维多利亚市长，马福林参选温哥华岛中萨尼奇市长。2014 年大多伦多地区的 5 个华人人口最集中的城市，包括多伦多、万锦、列治文山、密西沙加、旺市，总共有 57 位华人竞选市长、市议员、公校教育局委员和天主教教育局委员的职位，创造该地区华人参选人数最多的历史。在多伦多市和万锦市各有 24 位华人参选，其中多伦多市有 5 人参选市长，10 人竞选市议员，9 人竞选教育委员；万锦市有 5 人参选区域议员，14 人参选市议员，5 人参选学区教育委员。参选人数之多前所未有，已经创造了该市历史纪录。⑥ 这些说明华人精英在地方选举中的实力显著增强。

总体来看，近年来华人精英在加拿大联邦、省和市镇三级政府中的影响力都在不断增强，当然从当选的数量上来看，实力最强的仍然在市镇层级的选举政治，这在一定程度上反映了加拿大华人人口在市镇层级集中居住的分布特点。在加拿大，华人无论是担任地方型政府职位还是全国型的联邦政府职位都具有非常

① 黄昆章、吴金平：《加拿大华侨华人史》，广州：广东高等教育出版社，2001 年，第 281 页。

② ［加］吕振亚、黄运荣：《华裔在加拿大卑诗省市级选举中取得历史性佳绩》，中国新闻网，http：//www.chinanews.com.cn/news/2005/2005－11－20/8/654116.shtml。

③ ［加］黄学昆：《多伦多大选：华人参政终开花结果 大陆移民参选路漫长》，加拿大《环球华报》，2006 年 11 月 16 日。

④ 《今届大丰收 8 个新面孔 15 华人当选 政坛影响力壮大》，加拿大《星岛日报》，2010 年 10 月 26 日。

⑤ ［加］周夏：《为大温华裔参政佳绩击掌》，加拿大《环球华报》，2011 年 11 月 23 日。

⑥ 《57 位华裔角逐大多伦多地区选举 人数创新高》，中国新闻网，http：//www.chinanews.com/hr/2014/09－16/6595501.shtml，2014 年 9 月 28 日。

重要的现实意义，因为都能在各个不同的层级直接代表华人社区利益，并为华人社区提供公共服务，提升华人形象。

三、象征型和实在型

根据当选或被委任的华人精英是否代表华人或华人社区的利益，可将其分为象征型和实在型两类。所谓"象征型"是指那些以非华人选票为基础的华人议员或通过委任途径担任政府公职的华人精英，虽然他们是华裔，但并不代表华人或华人社区的利益。从表面上看，他们的当选或被委任对华人或华人社区没有太大的实际意义，但至少有利于改善华人的公共政治形象，提高华人在加拿大的社会政治地位，激励更多华人精英参政议政。例如，1999年华裔女性伍冰枝被委任为加拿大第26任总督，从某种意义上说，她不属于任何群体，她代表的是整个加拿大民族，她被成功委任不但有利于提升华人的公共政治形象，拉高华人的社会政治地位，而且对广大华裔新生代未来参政是一个激励。BC省省督林思齐、阿尔伯塔省省督林佐民、曼尼托巴省省督李绍麟、联邦参议员利德蕙和胡子修也属于象征型。虽然从理论上看，他们不可能代表华人群体的实在利益，但在现实的加拿大政治实践中，他们确实能在很多方面为华人社区谋利益，至少也反映了华人在加拿大社会经济政治地位的整体提升。

所谓"实在型"的华人议员或政府公职人员以华人选票为基础，他们大多数分布在华人居住比较集中的选区，当选或被委任后更能代表和维护华人或华人社区的利益，当然这与他们代表整个社区和所有族裔并不矛盾。例如，先后4次当选联邦国会众议员的陈卓愉，他所在的列治文选区华人选民占52%。他是名副其实的实在型华裔民选官员。他不仅发起"华人团结参政运动"，鼓励华人参政，还积极参与解决华人人头税问题，维护华人合法权益。黄陈小萍、杨萧慧仪、邹至蕙、关慧贞、李灿明、叶志明等华裔民选议员大多数都属于实在型。再如，2008年当选阿尔伯塔省议员的鲍胡莹仪，她所在的选区华人选民占30%，且大多是高技术华人移民，素质高，容易动员。她自当选以来在省议会的各项提案和决议中尽量体现华人和其他少数族裔的利益，是典型的实在型华人省议员。在华人人口较集中的各市当选议员或市长的华人精英都属于实在型。近年来，象征型也在向实在型转变。例如，麦鼎鸿不是依赖华人选票当选国会议员的，但也非常积极地从立法层面推动华人人头税问题的最终解决。笔者以为不论是象征型还是实在型的华裔公职人员，只要他们能把华裔带入选举政治的进程，都具有积极意义。

四、主流政党型和华人政党型

加拿大的政党制度是多党制，主要政党有自由党、保守党、新民主党、魁北克集团和绿党等，但实际运作过程中是三党竞争，两党执政。华人参与加拿大政治既可以加入主流政党，也可自己组建政党。但据表3-4的统计，1957—2021年，华人被选为联邦国会众议员者有近60人次，都是通过加入主流政党参选成功。其中保守党有22人次，他们是郑天华、麦鼎鸿、庄文浩、黄陈小萍、杨萧慧仪、梁中心、赵锦荣；自由党有23人次，他们是李侨栋、陈卓愉、梁陈明任、徐正陶、陈家诺、陈圣源、谭耕、伍凤仪、叶嘉丽、董晗鹏、蒋振宇、缪宗晏；新民主党有8人次，他们是邹至蕙、刘舒云、梅佑璜和关慧贞；魁北克集团只有黄美丽当选过3次。从这些数据也可发现，2011年联邦选举之前华人国会议员以保守党和自由党为主，之后以保守党和新民主党为主；2015年联邦选举之后，自由党在国会占多数席位，保守党和新民主党次之，成为反对党，华人国会议员的党派分布也是如此，自由党有4席，占绝对多数，而新民主党只有1席，保守党只有2席，这些都与加拿大主要政党版图变化基本一致，都属于主流政党型华人精英。各省的议员选举结果也是如此，当选华人精英要么是自由党，要么是保守党、新民主党，都是主流政党的成员。例如，从1971年至2022年，当选的30位华人省议员全部都是通过加入主流政党如保守党（7席）、自由党（14席）、新民主党（8席）和野玫瑰党（1席）取胜的（参见表3-8）。

近年来，有华人精英开始组建华人政党。例如，2007年6月8日，由加拿大华人筹组并主导的政党"民族联盟党"正式宣告成立。该党创办人兼党首陈卫平表示，希望透过该政党的政治力量来维护加拿大华人权益，提高华人海外声望和政治地位。[①] 该党目标直指2008年的市选及省选。由于民族联盟党成立时党员人数仅有20多人，影响不大，至今尚无党员当选为议员或各级政府公职人员。陈卫平等候选人屡败屡战，其参政精神令人敬佩。关于加拿大华人是应该自己组建政党还是加入主流政党参政尚存争议，但笔者以为民主社会参政方式多元化是必然趋势，华人组建政党参政亦可尝试。

五、华人选票型和非华人选票型

根据当选华人精英的选票来源可以把他们分为华人选票型和非华人选票型，

---

① ［加］刘娜：《华人自组政党参政　民族联盟党今在温哥华成立》，加拿大《环球华报》，2007年6月8日。

即以华人选票为基础和以非华人选票为基础。所谓"华人选票型"是指华裔候选人以华人选票为基础取得某一政府职位竞选胜利的参政类型。大多数现任华裔议员属于华人选票型，这与他们所在的选区有密切关系。通常在华人人口集中的选区，华裔候选人成功当选的概率较高，在华人人口较少的选区，华裔候选人当选的概率较低。例如，在大温哥华地区的列治文市，华裔人口占 52%，陈卓愉和黄陈小萍先后在该选区当选联邦国会众议员，华人选票是他们胜选的基础。[1] 在 2006 年联邦大选中，新民主党华裔候选人邹至蕙所在的多伦多市第 19 选区华人选票占 20%，华人选票不仅是她胜选的基础，而且是她成败的关键。[2] 在 2008 年阿尔伯塔省省选中，保守党华裔候选人鲍胡莹仪所在的卡尔加里－麦基选区华人选票占 30%，在投票率本来就不高的省选中，华人选票决定她必然当选。[3] 她的前任华裔马健威在该选区担任了 14 年省议员，也是华人选票型的代表。在 2010 年安大略省各市镇选举中，李振光所在的多伦多第 41 选区华裔人口占 57.3%，虽然遭到另一位华裔候选人的挑战，但他仍顺利连任。[4] 在大多伦多、大温哥华、卡尔加里、埃德蒙顿、蒙特利尔和维多利亚等华人人口比较集中的选区，华人选票是华裔候选人胜选的基础，他们当选后更能代表华人的利益。

所谓"非华人选票型"是指当选华人精英不是以华人选票为基础，而是主要以非华人选票为基础当选某一政府职位的参政类型。早期当选三级议会议员的华人精英大多属于非华人选票型，如国会议员郑天华、李侨栋和麦鼎鸿，省议员何荣禧、胡建华和黄景培，市议员潘协华、关卑芙、黄健崇、林福来、吴荣添、张瑞银、李本华和刘光英等都不是靠华人选票，而是靠他们长期努力融入白人主流社会而取得成功的。但以华人选票为基础的华裔候选人如果能争取到非华人选票的支持，会进一步增加他们当选的概率。例如，在 2005 年 BC 省的地方选举中，华裔候选人白敦令、管雪莹二人在列治文市华人圈子中都有一定知名度，取得不少选票支持，但由于他们在争取非华裔选票方面表现不佳，结果都败选。而该市华裔候选人陈奕心由于长期从事地产业，在白人社区非常活跃，因此经历多次选举失败后，终于成功当选，成为列治文市首位华裔女市议员。[5] 再以鲍胡莹仪为例，由于她服务社区长达 30 多年，曾在卡尔加里中国城创办多个华人社区

---

① "Richmond（British Columbia Federal Electoral District）"，http：//en. wikipedia. org/wiki/Richmond_（British_Columbia_federal_electoral_district）.

② 《加拿大大选华裔候选人盼华裔将支持兑现成选票》，中国侨网，https://www. chinaqw. com/news/2006/0106/68/12077. shtml，2006 年 1 月 6 日。

③ 笔者于 2011 年 11 月 26 日对阿尔伯塔省首位亚裔女省议员鲍胡莹仪女士的访谈资料。

④ 《第 41 选区华裔过半　钱中一挑战李振光》，加拿大《星岛日报》，2010 年 10 月 21 日。

⑤ 《温哥华华裔参政有突破　仍须冲出唐人街》，中国网，http：//www. china. com. cn/chinese/TCC/1037291. htm，2005 年 11 月 21 日。

服务组织并任会长或共同会长，不仅与华人社会建立密切联系，还与其他少数族裔社区建立了良好关系。虽然她在选举登记前四周才决定参选，但顺利当选。她的参选不仅得到华人选民的大力支持，还得到当地印度裔、菲律宾裔和非裔等少数族裔的热情支持。① 这说明华裔候选人如果未来要在参政上进一步取得突破，不能忽视非华人选票。

这种非华人选票型的参政方式固然体现了华人精英在加拿大社会中的良好形象与才干，从理论上看，这也是华人参与加拿大主流政治的一种重要方式。因为华人参与选举政治，如果纯粹依赖华人或亚裔等少数族裔的选票，毕竟力量有限，想成功当选有相当大的难度，最好能得到各族裔的普遍支持以增加获胜的机会。但有许多加拿大华人和研究加拿大华人的学者质疑此种参政类型。他们认为，以此参政方式成功当选的华裔公职人员在任职后并不能代表加拿大华人和亚裔的利益，对当地的华人社区没有什么实在的好处。笔者不以为然，这是未来加拿大华人参与选举政治的一个重要策略，因为民主社会总是少数服从多数，代表少数人利益的候选人意味着获胜的机会更少，只有尽可能代表大多数人的利益，不但代表华人和亚裔，而且代表其他少数族裔和白人利益的候选人才有更大的胜算。即使华人精英以非华人选票为基础竞选成功，但当选后仍应代表全体选民的利益，包括华人的利益，而且因为族裔的关系，普通华人居民更容易接近他们并反映他们的诉求。另外，非华人选票型的华人精英的增加更能体现华人精英融入当地社会的程度。未来在市镇层级的选举中华人选票型的华人精英会继续增多，在省和联邦层级的选举中非华人选票型的华人精英将成主流。

从当代加拿大华人精英参政的五种模型和对当选与被委任的华人精英人数的统计分析可以发现，华人精英参政有以下特点：第一，选举型的华人参政精英最多，委任型的也在增加，但与华人人口占加拿大总人口的比例相比还有较大差距。第二，地方型的华人精英在快速增多，全国型的华人精英也在逐渐增加，但华人精英参政仍以地方型为主。第三，实在型的华人精英愈来愈多，象征型的也在不断增加，象征型的华人精英也在逐步向实在型转变。第四，华人精英通过参党组党参与政治的意识增强，并在各级选举中扮演重要角色，但在当选华人精英中，主流政党型为多，华人政党型尚无。第五，华人选票型的华人精英越来越多，非华人选票型的华人精英也在不断增加，二者殊途同归。

---

① 笔者于 2011 年 11 月 26 日对阿尔伯塔省首位亚裔女省议员鲍胡莹仪女士的访谈资料。

第三节　当代加拿大华人精英
政治参与存在的问题与障碍

自1947年到2022年，当代加拿大华人精英政治参与无论是在人数和规模、方式和水平，还是在内容和实质上，都确实取得了重大进展和辉煌成就。现在，在加拿大三级政府和议会中都有华人的身影，他们在加拿大的内政外交、经济贸易和社会文化建设中发挥着重要作用。但当代加拿大华人精英政治参与并不完善，尚存在以下四个方面的问题和障碍。

一、缺少优秀的华裔参政人才

华人参政的首要条件是有参政人才。没有优秀的参政人才，就提不出合格的和优秀的候选人，要想在激烈的选票争夺战中成功当选或选后被委任为某个政府职位几乎是不可能的。缺少优秀参政人才具体表现在以下两个方面：一方面是华裔参政人才数量不足，地区分布不均衡。以2015年联邦大选为例可以发现，参选的25名华人精英主要分布在BC省和安大略省，其他省份很少。在人口大省阿尔伯塔总共有62个国会议员席位，却没有一位华裔候选人参选或当选，在其他大草原省份和大西洋岛屿省份的华人也是零参选。另一方面是华裔参政人才的质量不佳，即缺少优秀的华裔候选人。加拿大华侨史问题专家贾葆蘅女士根据自己在加拿大生活多年的亲身观察和感受总结，综观加拿大各级选举，积极参选的华人精英确实很多，但相当多的人都是不合格的，或者说不是最佳的华裔候选人，许多优秀华人精英没有出来参选。[①] 笔者以为，造成这种情况主要有以下几个原因：第一，在加拿大各级选举中成为候选人的要求或门槛非常低，只要有参选的意愿，基本条件不难达到。例如，竞选国会议员只要有当地100位选民的支持签名和交纳1 000加元的保证金即可。相当多华人精英出于各种私人因素的考虑投入竞选，这些素质不高的华人精英的参选已经引起其他族裔，尤其是白人的反感，对加拿大华人的形象很不好。第二，加拿大的政党制度和选举制度经常会造成这种情况的出现。在加拿大的联邦大选和省选中，政党特别是党魁的权力非常大，有权决定该党在各个选区的候选人提名，在挑选华裔候选人时，有时不是完全从能力出发，而是有其他方面的考虑，导致优秀的华裔候选人无法获得政党提

---

① 笔者于2018年7月至9月对加拿大华侨史著名学者贾葆蘅女士的访谈资料。

名。所以未来华人社区如何能推荐最佳的华裔候选人参选，如何吸引优秀的华人精英出来代表华人社区参选，是非常值得重视的问题。

在 2017 年 BC 省省选中，华人精英参选的人数达到 24 人，不可谓不多，但成功率不高，胜选的不到参选人数的三分之一，大多数是在华人聚居的选区参选，在非华人为主的选区不仅参选的华人精英人数少，而且成功率极低。另外，此次当选的华人省议员人数与华人在该省所占的人口比例仍然不协调，尚有较大的差距。2016 年加拿大人口统计数据显示，BC 省华裔人口约为 56.2 万人，占该省总人口的 12%。按人口比例，在省议会中，华人省议员应该有 10 ~ 11 人。但现实人数与理论上的数据还相差 3 ~ 4 席，仍需要该省华人精英继续努力，积极参选，提高成功率。此外，也有华人学者尖锐地指出，在这次省选中，有相当一部分华裔候选人并不是华人参政的最佳人选。如果更多资质不高的华人参选，会使其他族裔对华人的参政方式和参政水平产生不同看法。在加拿大，最杰出的华人精英主要分布在科技界和教育界，尤其是来自中国大陆的新移民，但他们工作稳定，收入高，一般不愿意出来参选。这是华人精英参政人才长期缺乏的一个重要原因。[①]

二、华裔候选人没有做好参政准备

有些华裔候选人在参选前没有做好参政准备，常常是"选举时出现，选举后不见"，被笑称为"忽然参政一族"。

在加拿大三级议会的民选官员选举中，参选的华人精英越来越多，但当选的比例却不高，不到参选人数的三分之一。一个重要的原因是一些华人精英平时不积极参与社区活动，缺乏知名度和人脉基础。民众希望通过选举选出能够代表民意，为自己所在群体办实事的人，所以要参选的华人精英必须让选民知道自己是代表他们的，愿意维护他们的利益，这需要从平时的活动中去增强选民的认同。否则，即使同是华人，选民也不会投票支持华裔候选人。更何况作为候选人要争取的还不只是华人的选票，其他族裔的选票同样重要。参政者要了解加拿大选举政治的游戏规则，要有长远的战略部署，不能只在选举时才突然站出来发表自己的竞选政纲。陈卓愉在 2000 年的联邦大选中惨遭失败，后来他发起"华人团结参政运动"，在鼓励华人积极参政的同时，也为自己积累了重要的竞选资源，结果在 2004 年大选中再次当选国会众议员。再以 2015 年联邦大选为例，可以发现

---

① 万晓宏：《2017 年加拿大 BC 省议会选举与华人参政》，唐小松主编：《加拿大发展报告（2018）》，北京：社会科学文献出版社，2018 年。

在此次选举中尽管在 BC 省和安大略省有多达 25 名华人精英参选，但最终只有 6 人顺利当选，而 2011 年联邦大选中全加拿大有 23 名华人精英参选，却只有 7 人顺利当选，与印度裔在此次大选中的表现相比仍有较大差距。这些说明很多华裔候选人平时没有做好参政参选的准备工作。有心在未来参选的华人精英应当认真思考如何才能做到未雨绸缪。

三、选区、政纲和动机等不利于参选

华人精英参选人数多，但大多数被所属政党安排在对手占优势的选区参选，象征意义大于实际，导致当选率低；有些华裔候选人的政纲严重失误，不符合选区实际需要，表达能力和选举策略均有所欠缺；有些华裔候选人为了提高自身知名度和当选机会，不择手段地抹黑华裔竞争对手，给选举造成负面影响，损害了华人社区的整体形象。

从政党的提名策略来分析，在 2013 年 BC 省省选中，大多数华裔候选人都被所属政党安排在对手的优势选区参选，导致胜率不高。例如，此次选举中代表新民主党的姚永安和自由党的屈洁冰，都是在各自政党的优势选区，又是自己有深厚基础的选区参选，因而成功当选，反观谷世安、周炯华和黄运荣等人，尽管在华人社区知名度相当高，但在政党内部或政治圈并不活跃，被派到该政党弱势的选区参选，参选得很辛苦，胜算又低。此外，华裔人口占 BC 省总人口约 10%，但此次只有 5 名华人精英当选，不到省议员总数的 6%，与华人人口比例相比还有相当大差距。因此，未来华人精英应协调好政党与选区之间的关系，尽量在自己有深厚基础的选区，代表强势政党参选，这样才能增加成功的机会。

在 2014 年多伦多市长选举中，约翰·托利（John Tory）以超过 40% 的选票取得胜利，兰德·福特（Rand Ford）的弟弟道格拉斯·福特（Doug Ford）以 30% 的选票获得第二名，而华裔候选人邹至蕙的得票率仅为 23%。尤其是邹至蕙在宣布参选之初的支持率高达 40%，随后却一路下跌，最后只得到 23% 的选票，让华人社区非常遗憾，也让华人感叹，华人要成为加拿大第一大城市的第一位华人市长还有很长的一段路要走。

综合分析，笔者认为邹至蕙此次竞选多伦多市长惜败的主要原因如下：第一，受她所属党派新民主党的整体竞选战略连累。新民主党传统上是一个激进的左翼政党，但这次为了在安大略省省选中赢得更多的省议员席位，采取相当保守的政策立场。从选举结果观察，新民主党的战略基本是正确的，该党确实在此次选举中多赢了两个席位，实现了竞选目标，但保守政治主张导致邹至蕙在多伦多市长选举中败选。第二，邹至蕙的竞选政纲没有切中要害、抓住选民的心理，还

坚持自己不受选民欢迎的政治主张。如选民十分热衷建设地铁，而邹至蕙坚决反对修建地铁，主张多开通公交，这是她的竞选团队的一个重大失误，没有及时更正。第三，没有得到主流报纸的支持也是邹至蕙失败的重要原因。在此次选举中约翰·托利得到《多伦多星报》的支持，道格拉斯·福特得到一家多伦多主流报纸的背书，而邹至蕙没有得到主流报纸的支持，只有华文报纸对她的竞选表示支持。

四、种族歧视仍然是障碍

历史上，华人曾饱受种族歧视的残害，被白人社会认为不可同化，在政治上他们更是长期处于无选举权的地位。虽然加拿大现在实施多元文化政策，承认华人在法律和政策上具有同等地位，但这并不代表事实上的平等。种族主义的暗涌时刻会表面化。例如，2005 年联邦大选前夕，自由党安大略省执行副主席克兰德尔在他的博客中，将华裔新民主党多伦多联邦众议员候选人邹至蕙的相片和一只松狮狗并排，题为"源出一系"（Separated at Birth），这是新的种族歧视事件，是"华人与狗"的历史重演。[1] 2005 年国库部长艾尔国也发表言论说华人国会众议员麦鼎鸿"遗传基因不高"，涉嫌种族歧视。[2] 在 2011 年阿尔伯塔省省选中，华裔候选人马健威在初选中大幅度领先其他两位白人候选人，有望成为加拿大第一位华人省长，但他在初选中的高得票率引起白人主流社会的担心和忧虑。当时该省最大城市卡尔加里刚选出了一位拉美裔的新市长纳希得·南施（Naheed Nenshi），白人主流社会担心如果再选出一位少数族裔的华人省长，会增强少数族裔在决选中的团结度，结果在决选中马健威以微弱票数被淘汰，令华人社区非常遗憾和后悔。在此次省选中，确实没有出现明目张胆的种族歧视，但已逐步演变为隐藏性的甚至是合法化的形式。省选失败后，马健威被新省长委任为阿尔伯塔省驻中国香港和亚洲代表，负责对中国大陆、香港、台湾和澳门的经贸事务，虽然委以重任，但从此远离加拿大政坛。2014 年邹至蕙竞选多伦多市长，她的支持率从最初的 36% 逐步下跌到 21%，从第一位下降到第三位，最后仅以 23% 的得票率败选。她自己坦承政纲不集中和英语口音是失败的主要原因。但仔细分析她的表述并回顾整个选举过程可以发现，歧视和偏见也是她竞选失利的一个重要原因。华人因为肤色和口音，即使再优秀，也很难得到主流社会的支持和认

①《加拿大政坛曝出"辱华"丑闻　华人社区强烈不满》，中国新闻网，http://www.chinanews.com.cn/news/2005/2005-12-29/8/671732.shtml，2005 年 12 月 29 日。

②《指言论不恰当是种族主义者　全加华会要求艾尔国道歉辞职》，加拿大《星岛日报》，2005 年 5 月 11 日。

同。这是华裔候选人在华人聚居的单一选区获胜的可能性大，而在全市或全国性的选举中当选率低的重要原因。这些忽明忽暗的种族歧视与偏见极大伤害了华人的感情，是他们积极参政议政的一大障碍。

虽然现在加拿大是个崇尚多元文化、提倡种族平等和包容、社会相对和谐的发达资本主义国家，但社会上对华人的歧视和偏见依然大量存在，阻碍了华人对加拿大选举政治的进一步参与。2017 年省选期间，在列治文市出现了大量的反华传单，并蔓延到温哥华等地。该传单的署名组织为"加拿大移民观察"（IWC—Immigration Watch Canada），是一个温哥华本地的反移民组织。该传单的标题是"移民已变成对加拿大的掠夺"，配图是一家三口面对一间黄氏大宅（The Huangs），其中一人手指着房子说："而且我听说他们不纳税。"传单的正文内容是：数万名富有的新来华人移民居住在大宅中，使用着我们的学校、医疗护理、基础设施及我们的社会安全网络，将他们的孩子送进我们的大学，且成为使房价飞涨的主因之一。他们的孩子在中国应该很难入读大学，却在我们的大学毕业，在求职时因是少数族裔而获优待。尽管事实上，他们的父母在维持大学的入息税中付出很少。[①] 这是一个明显带有仇恨色彩的种族歧视事件，与加拿大的多元价值观背道而驰。虽然在华人社区的强烈抗议之下，列治文皇家骑警和温哥华警察局对该事件进行了严肃查处，但该歧视事件对当地华人的整体形象已经造成伤害，对参选华人精英的支持率和最终得票率造成了一定程度的消极影响。

小　结

当代加拿大华人参与选举政治的方式是多元的，主要有参加选举投票、竞选各级议员与政府公职、争取政治委任、提供政治捐款和助选等。这些参与方式都是影响加拿大政府决策、维护华人权益和提升华人形象的正确路径，没有优劣之分。华人普通民众可以通过积极参加选举投票、提供政治捐款和为候选人助选等方式参与选举政治。华人精英应积极参加竞选、辅选或通过争取政治委任等方式参与选举过程，发挥政治影响力。

当代加拿大华人精英参与选举政治的方式可以概括为选举型和委任型、全国型和地方型、象征型和实在型、主流政党型和华人政党型、华人选票型和非华人选票型这五种理论模型。其中，选举型和委任型反映的是华人精英通过选举和委

---

① 《列治文还没完，温哥华又现反华传单，这是要闹哪样？》，加拿大《环球华报》，2016 年 12 月 2 日。

任等不同方式参与政治；全国型和地方型反映的是华人精英参政的范围、层级与影响力；象征型和实在型反映的是华人精英是否能够更多地代表华人社区的利益；主流政党型和华人政党型反映的是华人精英参政时选择加入主流政党还是自己组建政党；华人选票型和非华人选票型反映的是华人选票在华人精英当选过程中的作用。加拿大华人参与选举政治的上述五种方式和华人精英政治参与的五种理论模型并非绝对分离，而是在实践中相互交融、优势互补、相得益彰，对维护加拿大华人的合法权利、改善华人在加拿大社会的公共政治形象以及提升他们的社会政治地位十分有益。同时，对加拿大华裔新生代积极参政也是一个激励。即使有些参政理论模型不能给华人社会带来眼前的实在利益也没有关系，随着华人政治参与程度的加深、政治实力的增强，他们在加拿大主流政治中的地位将会稳步提升，同时，他们会逐渐为维护和增进加拿大华人和其他少数族裔的权益做一些实实在在的事情，对加拿大华人社区融入主流社会的进程产生积极影响。

无论聚焦目前，还是放眼长远，当代加拿大华人参与选举政治的五种常见方式和华人精英政治参与的五种理论模型对当代加拿大华人参政总是利大于弊，都值得肯定。对这些政治参与的方式和理论模型都应该积极支持和鼓励，因为它们符合加拿大华人政治参与的本质，也符合加拿大选举政治的本质。

本章最后结合实践分析当前加拿大华人精英政治参与过程中存在的问题，如缺少优秀的华裔参政人才、华人精英选前未做好充分准备、参选的政纲和动机不妥、种族歧视和偏见的长期存在等。希望这些学术探讨能有助于加深学界对当代加拿大华人参与选举政治的方式、华人精英政治参与的模式和存在的主要障碍的全面认知。

第四章

当代加拿大华人参政团体的政治参与

华人社团、华文媒体和华文教育是海外华人社会的三大支柱。海外华人社团是指生活在中国本土之外的华侨、华人、华裔，为达到一定目标、按一定原则自行组织起来的、非以营利为主要目的的合法团体，包括以华人为主体的社团或分支组织。[1] 海外华人社团的历史久远，几乎与华人移民海外同步。作为海外华人社会最重要的支柱，华人社团对海外华人社会的维系和发展作用巨大。早期华人社团主要承担联络情谊、协调关系和举办公益的职能。当代海外华人社团已发生深刻变化，具有动态化、专业化和多元化等特点。华人社团的分类标准多元，如按成员关系可分为血缘、地缘、业缘、文缘和神缘等团体；按组织规模可分为地区性、全国性和世界性团体；按成员特点可分为青年、老年、妇女、工人、商人、留学生和专业人士等团体；按社团功能可分为政治、经济、文教、联谊和服务等团体。本章主要探讨当代加拿大华人参政团体的政治参与。

在探讨当代加拿大华人参政团体的政治参与之前，首先要厘清"族裔参政团体"与"政党"之间的区别与联系。族裔参政团体是政治性社团、利益集团或压力集团的一种，是一个族裔为了维护自身利益组织起来参政议政、影响政府决策的政治性团体。而政党是代表一个阶级、阶层或集团并维护其利益的特殊政治性团体，以参政议政为手段，最终目标是夺取政权并长期执政。但二者之间又存在密切关系。在加拿大的政治体制下，政党的各项政策和主张，都希望得到各族裔参政团体的支持，而族裔参政团体同样也希望自身的利益诉求能得到有关政党，尤其是执政党的关注和支持。族裔参政团体不是政党，因此其不能直接参与执政，但族裔参政团体可以在组织本族裔民众参政议政方面发挥特殊作用。族裔参政团体的主要目标是参政议政，而非夺取政权。

本章首先论述当代加拿大华人参政团体的沿革、类型和参政方式，然后以全加华人协进会（平权会）近40年来取得的参政成就，尤其是领导人头税平反运动，争取加拿大联邦政府道歉和赔偿作为个案，具体阐释华人参政团体如何综合运用选举政治和非选举政治方式，重点是运用非选举政治的各种方式参与加拿大政治，维护和增进华人社区的合法权益，最后总结华人参政团体在新时代存在的问题与障碍。

---

① 李明欢：《当代海外华人社团研究》，厦门：厦门大学出版社，1995年，第4页。

第一节　当代加拿大华人参政团体的沿革、类型和参政方式

关于海外华人社团的统计数据，至今学界仍无确切的数字。据中国台湾侨务管理部门统计，截至1998年底，全球海外华侨、华人社团总数为9 328个，其中，美洲地区的侨团数超过1/4，共有2 344个。[①] 但据笔者的经验与推测，现在可能远远不止这个数字。当代加拿大华人社团的数量目前也没有准确的统计数据，据笔者估算，应在1 000个左右，其中，有很多综合性的泛政治化华人社团，纯粹的华人参政团体的数量还不是特别多，但较有影响力的常设性华人参政团体还是有一些。

一、当代加拿大华人参政团体的沿革

加拿大华人参政团体的沿革可追溯到19世纪末成立的各地中华会馆和中华公所。他们当时是唐人街的领导者，代表华人与加拿大各级政府之间进行交涉，维护华人社区的基本利益。20世纪初，加拿大华人参政团体的数量还很少，因为当时正处在管制华人移民入境和禁止华人移民入境时期，土生华人的数量少、实力弱，而广大华人移民长期遭受当地的种族歧视和《排华法案》的双重压制，被拒绝加入加拿大国籍，没有资格参与加拿大的选举政治活动。"二战"爆发后及"二战"期间，加拿大华人社会空前团结，华人社团在其中发挥了积极的领导和动员作用。在华人社团的呼吁和组织之下，华人社区捐款捐物，支援中国的抗日战争。为了展示华人也是加拿大社会的成员之一，华人社团不但领导华人支援祖籍国的抗日战争事业，而且鼓励广大华人青年报名参军参战，号召广大华人加入志愿者队伍为加拿大军队承担后勤支援工作，为保卫加拿大的国家安全做贡献。华人社团还大力呼吁广大华人民众购买加拿大国家胜利公债，支援被卷入第二次世界大战的加拿大。战后在华人退伍老兵协会等参政团体的领导下，华人开始向加拿大政府要求平等的公民权利和选举权利，但由于制度化的歧视和排斥，当时华人社团能力有限，没有把华人社区带入当地的选举政治进程。他们必须先领导华人要求废除歧视和排斥华人的《排华法案》。

战后加拿大华人精英参政始于20世纪50年代，但华人参政团体的发展与繁

---

① 陈鸿瑜主编：《"中华民国"之侨务政策》，"中华民国"海外华人研究学会，2000年，第16页。

荣应该是在 20 世纪 80 年代以降。从 1979 年反 W5 运动临时委员会正式宣布成立，到 1980 年全加华人协进会及其 29 个分会先后成立，再到争取人头税平反和《排华法案》道歉期间在全加各地成立的人头税受害人及家属联盟总会与各地的分支机构成立，华人参政团体如雨后春笋般不断涌现，其中大多数在当时是临时性参政团体，但后来很多发展成为常设性参政团体。20 世纪 90 年代以来，加拿大华人社区又先后成立了一些常设性华人参政团体，主要从事选民教育、为普通华人民众争取合法权益的工作。这些新型参政团体的成员不仅有服务社区的意愿，而且具有较高的参政水平，对加拿大政治非常了解，并有较强的组织、动员与策划能力。他们把华人社区的政治资源进行重新整合与运作，使华裔候选人在各级选举中胜出的机会有所增加，也使当地的各级民选官员和其他族裔候选人不敢再轻视华人社区的政治力量，开始对来自华人社区的权益诉求表达前所未有的关切。这样的参政团体在不断增多，其中较有影响的有安大略省华人参政会、全加华人联会、加拿大平权会全国妇女委员会、华人参政助选委员会等。2006 年，加拿大华裔参政同盟在多伦多正式成立，专门教育和动员华人积极参政，提供从选前教育和动员、选中帮忙筹款和助选到选后监督等一条龙服务。

现在，鼓励和支持华人参政已经不只是华人参政团体的专职工作。当代加拿大华人社团有泛政治化的发展趋势，即鼓励和支持华人参政已经成为大多数华人新老社团日常工作的一个重要组成部分。例如，各地的中华会馆都成立了办公室，专门负责动员当地华人民众参加选举登记和投票，为华裔候选人筹款拉票做宣传。每到选举期间，有影响力的华人社团都会举办选民教育培训班，帮助选民进行选举登记，与候选人直接接触，为候选人举办见面会和筹款会，为候选人助选拉票，甚至向候选人提出支持条件，要求他们当选后代表华人社区的利益，委任有能力的华裔担任一定级别的政府职位，等等。本节聚焦加拿大华人参政团体（包括开始把参政作为其日常工作一部分的其他综合性华人新老团体）的政治参与。

二、当代加拿大华人参政团体的类型

根据运作时间的长短，可以把当代加拿大华人参政团体划分为临时性参政团体和常设性参政团体；根据有无政党认同，可以划分为党派参政团体和超党派参政团体；根据会员的组成不同，可以划分为华人精英型参政团体和华人草根型参政团体。这些分类有助于从不同视角探讨当代加拿大华人参政团体的性质与作用。例如临时性参政团体与常设性参政团体二者不仅在运作的时间长短上有差异，而且在参政的目标、成员、组织、策划和动员能力上有较大不同。

（一）临时性参政团体

临时性参政团体通常是由社区知名人士、党员或社团，为支持特定候选人竞选某一政府职位，在选举投票之前成立的参政团体，目的是帮助候选人在社区中进行助选活动，主要以捐款、餐会募款、为选民提供候选人基本资料等方式，寻求华人社区和选民在选票和钞票上的支持；也可以是为了解决或声援涉及华人社区的重大突发性事件而组织起来，与相关方面进行交涉，维护和增进华人社区整体利益的临时性参政组织。它们都有一个共同特点：在选举结束后或事件解决后便停止运作或不久自动解散。

临时性参政团体又可以分为党派参政团体和超党派参政团体。由政党领导成立的临时性参政团体属于临时性党派参政团体，而与政党没有关系的临时性参政团体属于临时性超党派参政团体。例如，2002年由陈卓愉领导发起的"华人团结参政运动"，动员华人民众加入联邦自由党积极参与政治，在他当选自由党国会议员后就慢慢停止动作，这是个典型的临时性党派参政团体。而20世纪90年代为了更有效地解决人头税赔偿问题，在平权会的领导下，在全加不同地区组织成立的人头税受害人及家属联盟分部，在解决人头税赔偿问题之后，逐渐终止了活动，这些都属于临时性超党派参政团体。但由于人头税问题较长时间没有得到彻底解决，这些团体继续存在仍然是必要的。这两种临时性参政团体既可以组织参与选举政治中的助选活动，也可以组织参与非选举性的抗争或维权政治活动。例如，有时候，华人社区的民众或参政团体超越党派界限组成支持某一候选人的临时性超党派参政团体，帮其进行助选活动。这种现象在华人社区较为普遍，尤其是当候选人是华裔时。近年来，每逢有选举活动，华人社区便纷纷组成各种临时性超党派参政团体，支持他们信任和支持的候选人。可见，临时性党派参政团体和临时性超党派参政团体在选举政治和非选举政治中都能发挥重大影响。这些参政团体现在越来越受到各级主流政治人物的重视，无形中提升了华人在加拿大政治过程中的地位和作用。

（二）常设性参政团体

其实，在加拿大华人政治参与过程中发挥更重要作用的是常设性参政团体的活动，是他们的长期不懈努力使加拿大华人的权益得到维护与增进。所谓"常设性参政团体"是指由华人社区精英或政党成员组织成立的一种具有长期存在性质的参政团体，它们为支持特定或适当候选人竞选某一政府职位而进行各种助选活动，或长期从事选民教育和选举动员，维护和促进华人社区权益的民权活动等。与临时性参政团体一样，常设性参政团体也可以分为常设性党派参政团体和常设性超党派参政团体两种。

常设性党派参政团体是由积极参与政党活动的华人领导成立的政党次级组织，主要从事基层党务工作。在选举期间，为所属政党候选人在华埠或华人社区中推动党员注册，向选民推荐候选人以及动员选民前往投票站投票；在平时，主要从事维持与党员之间的联系工作，并进行华人青年参政人才培训和吸收更多新党员等事务。20世纪80年代以来，越来越多的华人加入加拿大的五大主要政党，不少华人常设性党派参政团体也纷纷成立，如BC省华人自由党协会、BC省华人保守党协会、安大略省华人自由党协会、安大略省华人保守党协会、安大略省华人新民主党协会等，它们在联邦和省的两级选举中发挥着重要作用。

表4-1　当代加拿大华人常设性党派参政团体统计表

名称	地点	成立时间和宗旨
加拿大华人保守党协会（Chinese Canadian Conservative Association，CCCA）	多伦多	1983年1月27日正式成立，是联邦保守党的外围组织。使命是发扬及推广保守党的理念与政策；鼓励加拿大国民参与各级政府的政治动作；协助保守党参选人竞选公职
安大略省华人自由党协会	多伦多	1984年正式成立，会员最多时达1 300人。成立后，积极支持华人竞选省议员，并取得成功。1988年主席为谭千就
安大略省新民主党华人咨询委员会	多伦多	1986年正式成立，初创时有会员250人，至1988年达500人。宗旨是鼓励华人积极参政，关注华人社区问题。1988年有执行委员15人，主席是沈明霞
加拿大华人自由党协会（Chinese Canadian Liberal Association，CCLA）	多伦多	2007年7月18日正式成立，是非营利性社团组织，其宗旨是在全加范围内向广大华裔介绍加拿大的政治体系和政治制度；加深和各级自由党的联系；宣传联邦自由党和省自由党的政治理念和纲领；发展华裔自由党党员；培养和支持各级华裔自由党候选人，并积极参与各种社区及政治等方面的事务。理念是鼓励华裔特别是年青一代华裔积极参政，这样才能真正让华人的声音被听取，为华人社区谋取利益

（续上表）

名称	地点	成立时间和宗旨
加拿大新民主党华人委员会	多伦多	该委员会有60名核心会员，都是加拿大新民主党成员。该会成立的目的是集中华裔党员，以便在华社推广该党的理念和工作。该会2007年的工作方针是继续向联邦政府争取人头税赔偿，对象包括苦主的后代
安大略省华人保守党协会/加拿大华人保守党党部	多伦多	2001年11月8日成立，主席为李国贤，为求团结，推动全加华人参政，2002年改名为加拿大华人保守党党部，愿景是吸纳更多华人青年参政，同时抛开党派成见，在未来10年内，在联邦及省两级政府选举中，有5名华人当选，提升华人政治地位及权益
民族联盟党（Nation Alliance Party）	温哥华	2007年由陈小平领导成立，是加拿大第一个以华人为主导的政党，目前已发展党员50多名。该党的主要宗旨是"各民族团结平等"，鼓励加拿大少数族裔人士参政
加拿大华人保守党选区联合总会（Federation of Chinese Canadian Conservatives，FCCC）	多伦多	2018年11月9日成立，主席为周建成，使命是广泛发展和团结广大会员，在加拿大政治生活中发挥积极正面的影响力，扎根加拿大，全心全意为加拿大国家和人民服务。职能包括：积极参政议政；协助加拿大保守党发展新党员；传播保守党的理念、政策；协助保守党教育、培训参选人、党员和发展义工；协助保守党广泛听取选区民意，更好地为选民服务

资料来源：《华侨华人百科全书·社团政党卷》，北京：中国华侨出版社，1999年；并据加拿大《明报》、加拿大《星岛日报》、加拿大《环球华报》、中国侨网、中新网、新华网等统计整理得出。

常设性超党派参政团体是由积极参与政治活动的华人或社团成立的基层参政团体，旨在维护华人权益、鼓励华人参政及扩大华人在加拿大的政治影响力。在选举期间，这些团体经常代表华人社区，与各政党的候选人接触，选择适当候选人予以支持，其主要工作包括开展选民教育、举办候选人政见发表会、向选民推荐候选人、举行募款餐会及动员选民投票。在平时，以有计划地长期培养华裔参政人才、提高华裔参政意识为主要目标，其工作包括推广选民教育、鼓励华裔竞选公职或争取政治委任、举办参政训练营或青少年政治实习计划等；遇到有关华人社区利益的重大突发性事件，这些团体会挺身而出，与主流社会接触解决，以维护和增进华人社区的整体利益。

早在1990年以前就有华人常设性超党派参政团体参与地方选举活动，但由于加拿大华人来源地不同、在加居住时间长短不同、语言不同、社会经济地位差异、政党认同不一样等，导致这些华人社团包括参政团体在加拿大很难结成超党派联盟，从而未能带动整个华人社区参与政治选举，发挥集团投票的影响力。例如，1991年成立的全加华人联会由280多个华人新老社团组成，2008年成立的加拿大华人社团联席会由100多个主要来自中国大陆的华人团体组成，他们的宗旨都有共同推进华人参政的条款，但要成立跨地区、跨世代的华人团体联盟共同参与加拿大政治还是有一定难度。

表4-2　当代加拿大华人常设性超党派参政团体统计表

名称	地点	成立时间和宗旨
中华会馆（Chinese Consolidated Benevolent Association）	维多利亚	1884年6月，黄遵宪派遣黄锡铨到维多利亚发动所有华侨华人共同建立一个统一的社团，取名"中华会馆"。中华会馆是第一个统一的社区性的正式社团，自建立至今，它在团结华侨华人、反对种族歧视、谋取和维护经济政治权益、弘扬中华文化等方面做出了巨大的贡献
全加华人协进会（Chinese Canadian National Council，CCNC）	多伦多	1980年成立，也叫"平权会"，宗旨是致力于推动华人社区的团结，积极融入加拿大主流社会，并参与三级政府各项与华人有关的决策
安大略省华人参政会	多伦多	2004年成立，时任主席为王炳中，副主席为陆炳雄，政治顾问为林达敏。该会主张加拿大华人必须建立相当于全国人口10%的政治力量，在三级政府中控制10%的席位，建立以文人为骨干的参政组织，用10年时间提高加拿大华人的投票率
士嘉堡华人联会（Federation of Chinese Canadian in Scarborough，FCCS）	士嘉堡	1985年3月9日正式成立，宗旨是争取及推广士嘉堡所有居民的平等和人权；鼓励士嘉堡华人参与该市的社交、文化、经济和政治活动，以求融入加拿大社会；协助士嘉堡华人保存并分享其文化传统；增进士嘉堡居民和团体在种族关系上的和谐、了解和互助；促进士嘉堡华人团体及居民的合作与沟通

（续上表）

名称	地点	成立时间和宗旨
全加华人联会（The National Congress of Chinese Canadians）	温哥华	1991 年 5 月 18—19 日，来自 280 多个华人社团的 300 多名代表在多伦多召开全加华人社团代表大会，大会以承前启后、融入主流社会为主题，就移民面对的问题、建设多元化的加拿大、宪法改革与华人的权益、华人社团面对的挑战等进行专题分组讨论，平反历史上的《排华法案》和人头税是其中的一个重要议题。大会决定成立加拿大全国性的华人社团组织，定名为全加华人联会，并于 1992 年 5 月在温哥华举行的全加拿大华人代表大会上正式宣告成立。这是全加拿大华人社团的联合机构，由横跨加拿大东西两岸的各地华人社团组成，主要目的是平反人头税和《排华法案》，在加拿大全国范围内设有 6 个分区，共有 280 多个团体会员。该会的宗旨是：促进华裔的团结和合作；集合华人的资源和力量，维护华人在加拿大社会应有的权益；倡导华人在文化、教育、社会、经济和政治方面的活动；加强其他族裔社区对华裔文化及传统的了解和认识；为加拿大的团结、繁荣以及多元文化社会做贡献；为帮助华人融入主流社会，推动华人参选参政
加拿大平权会全国妇女委员会	多伦多	1992 年 3 月 22 日创立。宗旨是团结全加华人妇女，促进相互沟通与合作，保障妇女的政治、经济和社会权益。成立之初因在组织、人力、物力上多借平权会之力，故在名称上也先与平权会保持一体
华人参政助选委员会	多伦多	1995 年成立，目的是号召华人积极参加选民登记和投票
加拿大华裔参政同盟（Chinese Canadian Civic Alliance，CCCA）	多伦多	2006 年成立，是一个超党派、不分地域、不涉成员来源地故土政治、求大同、存小异的联合战线，目的是鼓励、教育华裔参加投票、助选、参选、出任公职等加拿大政治活动，履行选举与被选举的一切责任与权利，向候选人提出政策和咨询，选后切实监督、考核民选官员的言行

（续上表）

名称	地点	成立时间和宗旨
加拿大华裔百人会（The Canada Committee 100 Society, CCS100）	温哥华	2018 年成立，创始会长是丁果。宗旨是立足华裔社区，为提升华裔的综合能力而献计；联合其他族裔，为促进加拿大平等、健康和可持续发展而献策。使命是提升加拿大华裔族群的能见度与整体形象；激发华裔族群积极行使民主权利和建设性地参政议政；促进中加两国之间在政治、经济和文化等重要领域的积极互动和健康发展；携手加拿大各族裔，共同为加拿大的平等、健康、可持续全面发展献计献策
加拿大华裔投票促进会（Chinese Canadians Goto Vote Association, CCGVA）	温哥华	成立于 2021 年，是在 BC 省注册的非营利、非政党的独立组织机构。大选期间，华裔投票促进会通过中文在网站、电台等多渠道介绍各党派的竞选纲领、候选人资料及其对华裔投票促进会提出的一些华社诉求的回应，便于选民全面了解相关的客观资讯，同时也为政界了解华社搭建桥梁。目标是提升华裔投票率；提升华裔投票水平；提升华裔关注社会事务程度；帮助政界了解华社诉求
西安大略华人选举委员会	大多伦多地区	成立于 2019 年；委员会主席：郭葆章，常务副主席：方启刚，副主席：Lydia He、David Tao、庄桂华、Albert Zhang、余坚、严文、马利克（巴基斯坦裔），秘书长：Mike Xu；委员会下设密西沙加（Mississauga）、奥克维尔（Oakville）、宾顿（Brampton）三个分会，主要职责是：提高华人投票率和参政议政意识，与他族裔民众一道，繁荣加拿大的多元文化建设
加拿大华人参政议政促进投票联盟（Chinese Canadian Society for Political Engagement, CCSPE）	温哥华	简称华人投票联盟，2017 年 4 月 26 日注册成立，发起人为孔庆存，理事长为王启波，宗旨是促进华人参政议政和提升投票率，具体目标是使加拿大三级政府中华人的占有比例和华人的人口比例相匹配，投票率要达到加拿大各级选举中的平均水平，在政治建设上做出华人的贡献，从而维护和保障华人的利益

（续上表）

名称	地点	成立时间和宗旨
磐石会	大温哥华地区	成立于2019年1月15日，原名为素里－白石参政会，是BC省正式注册的非营利性无党派华人参政团体，宗旨是普及加拿大民主政治知识，促进华人关心参与政治民生，推动华人融入，共同守护多元文化。"磐石论坛"是该组织创办的知名文化品牌

资料来源：《华侨华人百科全书·社团政党卷》，北京：中国华侨出版社，1999年；并据加拿大《明报》、加拿大《星岛日报》、加拿大《环球华报》、中国侨网、中新网、新华网等统计整理得出。

现在，专门从事某一类活动的华人社团并不多，同一社团可以同时承载多种功能。例如，维护和增进华人合法权益，反对种族歧视和偏见，鼓励并支持华人参政议政正在成为越来越多新老华人社团的重要功能，不只是参政团体的独有功能。即使原来主要是从事政治活动的参政团体，也会同时开展一些文化教育和社会服务活动。笔者认为，当代加拿大华人社团与美国华人社团一样，有泛政治化的发展趋势。所谓"泛政治化"是指华人社团当初组建时的主要目的并不是参政议政，宗旨里也没有与参政相关的条款，而是有许多其他重要的理念和原则。但近年来，这些社团开始认识到参政的重要性，每当有选举临近或有与华人社区利益相关的事件发生，它们都会积极参与其中，呼吁或动员民众参与，以维护华人社区的合法权益。例如，2015年10月，加拿大将举行联邦大选。6月5日，加拿大中国工商联合会举办"为华人参政保驾护航"新闻发布会，呼吁大温哥华地区的华裔公民积极参选、辅选和投票，善尽公民参与民主政治的权利，改变过去华裔投票率较低的情况。[1] 加拿大中国工商联合会是个工商团体，主要宗旨是推动中加双边经贸交流，鼓励华人企业家融入主流社区，促进侨团和谐，但现在也积极从事选民教育和选举动员活动，是典型的泛政治化表现。现在，这样的加拿大华人社团正在越来越多（参见表4-3）。

---

① 《加拿大联邦大选临近　华人社团呼吁华裔积极投票》，中国新闻网，http://www.chinanews.com/hr/2015/06-08/7329133.shtml，2015年6月8日。

表 4-3　当代加拿大泛政治化华人团体统计表

名称	地点	成立时间和宗旨
南岸华人服务中心	蒙特利尔	1995 年正式成立，作为社区服务机构，旨在透过多项服务与计划，为社区华人谋福利，以发展社区资源为渠道，促进华人融入魁北克省社会，并得以充分发展。主要目标有协助融合及适应，促进文化交流，争取平等和提高生活质量，包括反对歧视、为华人争取平等对待和平等权益
加拿大华人社团联席会（Canadian Alliance of Chinese Association，CACA）	列治文	2008 年成立，是在 BC 省注册的华人社团联合组织，目前主要由以中国大陆移民为主体的 100 多个社团组成，其主要宗旨是促进华人社团间的团结合作，帮助华人更好地融入加拿大；团结和凝聚华人力量，应对突发事件；代表华人社区及会员社团，向政府及相关部门反映华人社区及会员社团的诉求，维护华人和会员社团的合法权益
多伦多华人社团联合会（The Confederation of Toronto Chinese Canadian Organizations，CTCCO）	多伦多	1985 年 11 月 30 日成立，由 24 个华人社团及 20 多位知名人士联合组成。简称"华联总会"。有会员 6 000 余人。宗旨是促进华人社团间的团结与合作，争取华人在加拿大社会中的平等地位和正当权益，与加拿大各民族携手合作，为加拿大社会发展和促进中加两国人民的友谊做出贡献。该会建立了中华文化中心，使年青一代接受中华传统文化教育，促进加拿大多元文化的发展。首届理事 30 人，常务理事 19 人，主席为张良球。至目前为止，华联总会除有个人会员外，团体会员已增至 42 个，其中包括来自中国大陆、中国香港和东南亚的新旧华人团体
加拿大中国工商联合会（Canada China Chamber of Industry and Commerce Association，CCCICA）	温哥华	2006 年正式成立，简称"加中工商联"。主要宗旨是推动中加双边经贸交流，鼓励华人企业家融入主流社区，促进侨团和谐

（续上表）

名称	地点	成立时间和宗旨
多伦多华人社区服务协会（The Cross-Cultural Community Services Association）	多伦多	1973年正式成立，简称"多华会"，有4个分部，2015年应中国国务院侨办邀请，成立加拿大首间华助中心。宗旨是通过提供多类型社会服务促进各社会繁荣进步。使命是协助新移民早日适应加拿大文化，并鼓励国民参与社区建设
加拿大中华总商会（Chinese Entrepreneurs Society of Canada）	温哥华	1995年正式成立，是一个非营利、非政治的商业组织，其宗旨是透过全球的商业网络，促进华商的企业发展，透过商业发展，鼓励华商融入加拿大商业社会，推动与促进加拿大、中国以及世界的经贸、科技、文化教育的发展与交流。该会是由当时的温哥华8个主要商会联合创办，包括温哥华华埠商会、列治文亚太商会、日升商会、加拿大华人商业发展会、温哥华香港侨商会、平原独立杂货联合会、台湾商会、中加商会

资料来源：《华侨华人百科全书·社团政党卷》，北京：中国华侨出版社，1999年；并据加拿大《明报》、加拿大《星岛日报》、加拿大《环球华报》、中新网、中国侨网等；加拿大华人社团联席会，http：//www. ca - ca. ca/zh/；多华会，http：//tccsa. on. ca/zh/index/统计整理得出。

表4-4　当代加拿大华人临时性超党派参政团体统计表

名称	地点	成立时间和宗旨
反W5临时委员会（Anti-W5 Interim Committee）	多伦多	1979年成立，主要宗旨是反对种族歧视。针对CTV电视公司制作并播放对加拿大华人有严重种族歧视的电视节目，要求CTV道歉并改正错误
BC省华裔人头税受害人、家属及后裔联盟（British Columbia Coalition of Chinese Head Taxpayers and Families）	多伦多	20世纪90年代初成立，主要宗旨是敦促联邦政府就人头税法令道歉并赔偿

（续上表）

名称	地点	成立时间和宗旨
安大略省华裔人头税受害人及家属联盟（Ontario Coalition of Chinese Head Taxpayers and Families）	多伦多	2005 年 9 月 18 日成立，由一群人头税受害者及受害者家属组成的独立组织，主要宗旨是敦促联邦政府就人头税令赔偿及平反《排华法案》。该团体在宣言中表示，将与其他团体组织一同合作，向联邦政府直接交涉；反对任何团体未得该组织之同意，便声称为人头税平反做出和解
华人团结参政运动	温哥华	2002 年成立，在陈卓愉的领导下，通过一系列活动向华人宣传民主政治，激发华人的参政热情，鼓励华人按照自己的政治理念参加不同政党，熟悉加拿大政治体制的运作

资料来源：《华侨华人百科全书·社团政党卷》，北京：中国华侨出版社，1999 年；并据加拿大《明报》、加拿大《星岛日报》、加拿大《环球华报》、中国侨网、中新网、新华网等统计整理得出。

三、当代加拿大华人社团的参政方式

战后初期在加华人人口较少，具有公民权的人数更少，加上主流社会对华人的歧视，华人社区与外界几乎处于隔离状态。大多数华人忙于为生存而奋斗，对加拿大政治事务相对冷漠，即使参与政治活动也主要是从事争取民权的活动。除了一些土生华裔外，参与选举政治的加拿大华人很少。由于各地参与投票的华人少，华人社区的权益一直被当地官员或议员忽视。1967 年新移民法通过以来，加拿大华人人口迅速增长，有公民权的华人人数也显著增加。加上各地华人参政团体的相继成立和运作，华人社区的政治力量日益壮大，促使各级官员和议员不得不关切华人社区的诉求。

当代加拿大华人参政团体一直在努力整合华人社区的各种政治资源，维护和促进华人社区的合法权益。据笔者观察，他们参与政治也可以分为两大类型：选举政治和非选举政治。其中，参与选举政治的方式通常有以下几种：筹募竞选经费、举办政见发表会、为选民提供投票服务、从事选民教育等。华人参政团体希望通过这些参政方式把华人社区带入加拿大选举政治的过程，以维护和增进他们的合法权益。除了参与选举政治之外，华人参政团体更多地参与非选举政治活动，主要方式有个人接触、游说、游行、示威、请愿、抗议、抵制、向法院提出诉讼、向政府提案、组建参政团体或参政联盟等。

普通华人民众参政具有个人随意性，力量分散，而华人社团参政具有更强的目的性，更有组织力和凝聚力，更能向各级政府反映华人呼声，维护和增进华人权益。加拿大华人社团现在有 1 000 个以上，以地域性、行业性、文化性和土生华人社团为主。其中，专门从事参政活动的团体有多伦多华人自由党、华人团结参政运动、加拿大华人参政会、多伦多洪门民治党、全加华人协进会（平权会）、加拿大华人自由党协会、加拿大华人保守党协会等。参政团体在华人参政过程中发挥着领导作用，但参政也是其他华人社团工作的一个重要组成部分。近年来，华人社团积极参政，对促进华人融入主流社会、了解加拿大政治生活、维护和增进华人权益发挥重要作用。据笔者长期观察发现，加拿大华人社团的参政方式主要有以下七种非选举政治参与方式和三种选举政治参与方式。

（一）非选举政治层面

当代加拿大华人社团参与非选举政治的方式主要有通过接触和游说影响政府公共决策，通过成立参政团体或组建参政联盟参与政治，通过问卷和咨询行动征求公众对某一公共政策的意见，通过写信等方式发起请愿活动参与政治，通过举办大型会议、公众论坛或集会参与政治，通过投诉和法律诉讼参与政治，运用游行、示威、抗议等方式参与政治等。以下以平权会为例。

第一，通过接触和游说影响政府公共决策。

1984 年 9 月，保守党在联邦大选中胜出，马尔罗尼出任总理，筹组多数政府。平权会在他 4 年的任期内，曾与 4 位先后上任的联邦政府多元文化国务部部长接触并进行游说，寻求解决人头税问题的办法。1989 年 2 月，平权会全国总会会长 Gary Yee 前往首都渥太华，与副总理马先赞科斯基（Mazankowski）以及多元文化国务部高级官员见面，继续讨论人头税问题的解决办法。他还会晤了联邦自由党和新民主党国会议员，与他们进行接触和游说。[①] 这种通过与政客直接接触和游说要求解决人头税平反问题的方式非常直接有效。

第二，通过成立参政团体或组建参政联盟参与政治。

1988 年 12 月，平权会在多伦多成立"大多伦多市平反委员会"，以协调行动和扩大社区咨询。1989 年 4 月，平权会在蒙特尔成立"蒙特利尔平反委员会"。1990 年 7 月，平权会筹组成立"温哥华平反委员会"。1990 年 3 月，平权会代表先后会晤意大利裔、乌克兰裔及日裔加拿大人联会，商讨并成立"全国平

---

① 《平权会争取平反人头税事件簿》，《平反人头税历程特刊》，多伦多：全加华人协进会，2012 年，第 F79 页。

反联盟"。① 这种通过成立族裔平反委员会或跨族裔平反联盟要求平反人头税问题的方式非常正常，符合西方民主政治的运作规律。

第三，通过问卷和咨询行动征求公众对某一公共政策的意见。

1990 年 11 月，平权会就平反人头税展开全国咨询行动。1991 年 1 月，平权会发出超过 2 000 份问卷，向人头税纸登记人征询对平反方案的意见。1991 年 6 月，平权会收到接近 1 000 份问卷，调查结果与 1984 年的问卷结果相同。超过 95% 的问卷回应者支持金钱赔偿，只有 1% 的回应者认为获得联邦政府的道歉就已经足够。1993 年 9 月，平权会又向 6 个主流政党及所有华裔候选人发出大选问卷，征询他们对平反人头税的立场。② 这种方式能够给参政团体的决策和行动带来极大的正当性和合理性。

第四，通过写信等方式发起请愿活动参与政治。

1984 年 8 月至 9 月，联邦大选前夕，平权会致信三大政党，要求他们就人头税和《排华法案》的立场表态。保守党表示会支持一项由三大政党全体支持的国会决议案，确认当年对华人的不公正及歧视，并称在保守党领导下的政府将会与加拿大华人社区代表讨论适当补救行动及具体的金钱赔偿。1991 年 10 月，平权会向联邦政府多元文化国务部部长韦拿呈交详细的平反建议方案。1992 年 2 月，全国平反联盟致信总理马尔罗尼，敦请他本人介入处理多个族裔的平反问题。1992 年 9 月，平权会致信马尔罗尼及韦拿，敦请马尔罗尼接见人头税苦主，聆听他们的经历和故事。1992 年 10 月至 12 月，平权会获得的信函显示，马尔罗尼已经就多元文化国务部部长的报告做出指示，要求呈上关于道歉和金钱赔偿的一系列选择方案。1993 年 1 月，平权会获悉韦拿已经准备好向马尔罗尼呈交一份修订的总结报告。3 月，马尔罗尼先后在一次电视访问及一个公开场合表示，将在离任前解决人头税平反问题。5 月 18 日，韦拿与平权会代表在多伦多见面，韦拿提出政府的一套平反人头税提议，包括颁授勋章、证书、牌匾，发布道歉宣言及在国家档案馆设立展览。6 月，马尔罗尼退任总理，平反之事最终没有得到解决。同月，平权会致信新总理坎贝尔（Campbell），要求见面商讨平反事宜。10 月，自由党在大选中胜出，克雷蒂安（Chretien）出任新总理。平权会致信克雷蒂安及其他内阁部长，继续争取人头税平反。1994 年 1 月，平权会致信总理克雷蒂安，要求会晤商讨平反事宜。6 月，平权会代表与联邦政府多元文化国务部部长范斯东（Finestone）举行非正式会晤。1994 年 10 月，平权会致信范斯东，

---

① 《平权会争取平反人头税事件簿》，《平反人头税历程特刊》，多伦多：全加华人协进会，2012 年，第 F79 页。

② 《平权会争取平反人头税事件簿》，《平反人头税历程特刊》，多伦多：全加华人协进会，2012 年，第 F80 页。

提交一份更新的平反建议方案。①

第五，通过举办大型会议、公众论坛或集会参与政治。

1984 年 5 月，平权会在多伦多举行人头税和《排华法案》公众论坛，并将一份超过 2 300 位人头税缴款纸登记人的名单呈交给政府。1988 年 9 月，马尔罗尼宣布在同年 11 月举行大选，平权会在全国再次发动平反人头税运动。10 月，平权会多伦多分会在多伦多市政厅举行人头税论坛，超过 500 名人头税苦主参加，三大政党也派代表列席。平权会当时还分别收到自由党党魁特纳（Turner）及新民主党党魁布特宾（Broadbent）的信函，声称如果当选，政府将在国会提出有关人头税的决议案及解决具体赔偿问题。11 月，平权会分会先后在加东和加西 4 个城市举行要求平反人头税活动。同月，马尔罗尼连任总理。12 月，联邦政府多元文化国务部部长韦拿与平权会代表会晤，承诺在大选后会把处理人头税问题的个案直接上报总理及提交内阁。1990 年 4 月，平权会与多伦多公校教育局合办《排华法案》与人头税会议，有 200 多名高中学生参加。1992 年 1 月，由人头税苦主本人、配偶和后人组成的 BC 省平反联盟召开第一次公众大会，超过 1 000 人参加。4 月，BC 省平反联盟再次举行公众大会，超过 1 000 名人头税索偿者和支持者参加。同月，大多伦多市平反委员会也召开公众大会，超过 300 名人头税索偿者出席，委员会宣布将在渥太华的国会山庄举行平反集会。5 月，平权会在渥太华国会山庄举行平反集会，超过 300 人参加。集会的第二天，联邦政府多元文化国务部部长韦拿在渥太华会晤平权会代表，表示他已经把平反人头税报告呈交总理马尔罗尼及内阁。7 月，BC 省平反联盟在温哥华举行公众集会，超过 500 人参加。1993 年 4 月，BC 省平反联盟再次在温哥华举行集会，超过 300 人参加。5 月 26 日，在多伦多、温哥华和蒙特利尔分别举行的平反委员会会议及社区会议上，人头税苦主和家属一致拒绝政府的平反提议，认为其没有满足他们的合理要求。10 月，平权会召开记者会，公布各政党平反人头税的立场。自由党承诺，如果在大选中胜出，将设立种族关系基金会，在公平、平等的原则下及财力许可的范围内，考虑平反问题。1998 年 10 月，平权会举行社区会议，征询对联邦政府采取法律行动的意见，同时更新人头税苦主及其配偶、后人的资料库。② 这种通过举办大型会议、公众论坛和集会要求平反人头税问题的方式所产生的影响巨大。

第六，通过投诉和法律诉讼参与政治。

---

① 《平权会争取平反人头税事件簿》，《平反人头税历程特刊》，多伦多：全加华人协进会，2012 年，第 F79 – F80 页。

② 《平权会争取平反人头税事件簿》，《平反人头税历程特刊》，多伦多：全加华人协进会，2012 年，第 F79 – F80 页。

1993 年 10 月，平权会与意大利裔、乌克兰裔及日裔加拿大人联合召开记者会，重申各自平反诉求，并表示如果联邦政府在短期内仍然不解决人头税平反问题，将会向联合国人权委员会投诉。1995 年 3 月，平权会正式致信联合国，投诉并指责加拿大政府拒绝平反人头税法案。2003 年 9 月，多伦多法律援助中心代表与联合国负责种族歧视问题的特派专员会晤，反映人头税问题。①

1997 年 11 月，平权会获得资助，用于研究向联邦政府采取法律诉讼行动的可行性。1998 年 10 月，平权会举行社区会议，征询对联邦政府采取法律诉讼行动的意见，同时更新人头税苦主及其配偶、后人的资料库。平权会建议向联邦政府采取法律诉讼行动的做法最后获得绝大部分华人社区人士的支持。1999 年 10 月，平权会获得“法庭挑战计划”（Court Challenges Program）提供的资助，用于展开对联邦政府的法律诉讼行动。2000 年 12 月，多伦多法律援助中心代表一位人头税苦主麦长焯、一位人头税苦主后人李华耀及其母亲，向安大略省高等法院发起集体法律诉讼，控告联邦政府因收取人头税不公平获益，违背当时已经存在的国际《人权法》。联邦政府对平反索偿带有歧视性的回应，也有违《加拿大人权和自由宪章》第 15 部分的“平等条文”。2001 年 7 月，安大略省高等法院接纳联邦政府的申请，在未开审的情况下驳回诉讼。但法官在判词中表示，国会应该考虑向人头税苦主或曾因《排华法案》受害的人士做出平反。2002 年 9 月，安大略省上诉法庭驳回法律援助中心提出的上诉请求。2003 年 4 月，加拿大最高法院驳回法律援助中心提出的上诉请求。② 平权会利用投诉和法律诉讼的方式要求联邦政府平反人头税的努力虽然最终失败，但在国际、国内产生了重大舆论影响，对联邦政府解决人头税问题产生了巨大压力，为后来的最终解决创造了条件。

第七，运用游行、示威、抗议等方式参与政治。

1885 年，加拿大政府向华人单独征收人头税，并且从 50 加元上升到 100 加元，最后升到 500 加元，这是赤裸裸的种族歧视行为。从 1984 年开始，在平权会的带动下，掀起了一系列要求平反人头税问题的运动，20 年间搜集了 4 000 多位人头税受害人及其家属的名单，并不断进行斗争。1986 年，加拿大政府向“二战”期间被监禁及没收财产的日裔加拿大人赔偿 3 亿加元并道歉，也对此期间被没收财产的意大利裔加拿大人表示道歉，唯独对华人人头税问题毫无表示。这极大伤害了加拿大华人的民族自尊心，引起全加华人的强烈义愤。平权会联合

---

① 《平权会争取平反人头税事件簿》，《平反人头税历程特刊》，多伦多：全加华人协进会，2012 年，第 F80 - F81 页。

② 《平权会争取平反人头税事件簿》，《平反人头税历程特刊》，多伦多：全加华人协进会，2012 年，第 F80 - F81 页。

其他华人社团加快了斗争步伐。[①] 2000 年 12 月 18 日，平权会代表人头税纳税人及其家属正式起诉联邦司法部，但败诉。2005 年 11 月 24 日，自由党马丁政府派多元文化国务部部长陈卓愉和全加华人联会签署人头税解决协议，当中包括增加拨款 250 万元资助加国华人移民史教育项目，以此取代正式的道歉和赔偿。但平权会坚持要求平反人头税。[②] 他们要求政府向受害者及其家庭道歉，并且按比例直接向个人进行赔偿。

（二）选举政治层面

当代加拿大华人社团参与选举政治的主要方式有：在选前进行选举动员，包括为华人社区提供选民投票接送服务等，以团结华人民众，运用"集团投票"的方式维护和增进华人合法权益；在平时长期从事选民教育，提高华人民众的参政议政意识；在平时和选前对准备参选的华人精英人士进行全面考查和评估，为有潜力的华裔候选人筹募竞选经费等。

第一，在选前为华裔候选人举办各种形式的政见发表会，呼吁华人选民积极参加投票，在选举日为华人社区提供选民投票接送服务，组织、动员华人选民运用"集团投票"的影响力维护和增进华人社区的合法权益。

参加选举投票是公民参与选举政治的基础，对少数族裔来说更是发挥其政治与社会影响力的重要途径之一。华人参与加拿大选举政治的第一步就是参加选举投票。虽然早在 20 世纪 60—70 年代，华人社区的少数积极参政人士如郑天华和李侨栋等，就在各种场合强调华人参加选举投票的重要性，但由于种种原因，尤其是因为英语能力不足，许多早期华人老移民和新移民无法投票，从而使华人难以发挥集团的政治力量，难以对加拿大政治过程产生较大影响。现在，大多数华人参政团体都把积极动员华人选民参加选举投票和提供投票服务视为华人团结发挥政治与社会影响力最重要的基础工作来做。

以法裔为主的魁北克省一直要求独立，当地较排斥亚裔。如果该省取得独立，华人将难以立足，因此华人社区必须坚决反对其独立。在全加华人联会等华人社团的组织和号召下，在 1995 年 10 月 30 日举行的全民公决中，华人踊跃投反对票，该省华埠天主教堂地区 100% 的华人都投了票，其中 99% 反对独立。[③] 2006 年联邦大选中，在平权会及社区人士的推动下，人头税问题成为重要议题之一，得到各政党的重视。各政党纷纷表态将解决华人人头税问题。保守党主席

---

① 黄昆章：《战后加拿大华人反对种族歧视的斗争》，《八桂侨刊》2001 年第 1 期，第 4 页。

② 《加拿大"人头税"大事纪》，中国侨网，http：//www.chinaqw.com/news/2006/0624/68/33841.shtml。

③ 黄昆章、吴金平：《加拿大华侨华人史》，广州：广东高等教育出版社，2001 年，第 282 - 283 页。

哈珀多次表示，执政后将就人头税问题向华人进行公开的正式道歉。新民主党主席莱顿也表达了类似立场。在此承诺下，华人选民表示会投票给保守党和新民主党，从而使自由党在华人选民集中的选区压力增大。结果哈珀领导的保守党在联邦大选中获胜。2006 年 6 月 22 日，新上任的总理哈珀在众议院举行庄严仪式，就严重歧视华人的人头税政策和《排华法案》向全加华人正式道歉并赔偿，兑现了他竞选时对华人的承诺。人头税问题得以平反，离不开平权会和其他华人社团的共同努力。这也说明要维护华人利益，就必须充分发挥社团的力量，把华人集中起来，利用"集团投票"向各政党施加压力，这是一种重要的参政策略。

在 2013—2014 年地方选举中，华人社团加强协调，积极进行宣传和动员，提高了华人选民的投票率和华人精英的当选率，在选举中发挥重要助推作用。2013 年 3 月 14 日，华人社区各社团代表在列治文市共同举行记者会，为列治文中选区的自由党华裔省议员候选人屈洁冰助选并站台造势，出席记者会的有华埠商会名誉会长谢伯衡、加拿大小区发展促进会会长方君学、华埠促进会会长霍启恩等数十位华裔商界代表。他们提醒广大华人选民注意自由党卓越的经济发展政绩，号召华人选民继续支持屈洁冰，称赞她曾在省政府工作多年，又是多年的媒体人，经历完整丰富，是该选区的最佳候选人。[①] 由温哥华中华会馆、加拿大华人社团联席会、加拿大华人联合总会等社团组成的"关注省选华社联络组"呼吁华人选民踊跃投票，用选票表达心声，提高华人对本地政治的影响力。针对上届 2009 年省选中全省投票率是 51%，而华裔的投票率仅为 20%，远远落后于主流社会选民，也低于南亚裔选民的情况，该团体指出，无论支持哪位候选人或政党，最重要的是出来投票，只有提高华人的投票率才能得到政府和政客的重视，让主流社会不能忽视华人社区的力量和意见。[②]

在 2015 年联邦国会大选中，华人社团齐心合力，充分发挥组织和动员能力，通过举办新闻发布会、年会和候选人论坛等为华裔候选人提供与选民互动的平台，帮助他们争取华人选民的支持。同时，华人社团也充分利用这些宣传和互动平台对广大华人选民进行选民教育，鼓励他们参政议政、关心政治、关心自身权益、积极参加选举投票、维护和增进自身权益、在大选中发挥重要的助推作用。

例如，在 10 月联邦大选举行之前，加拿大中国工商联合会于 6 月 5 日在温哥华举办"为华人参政保驾护航"新闻发布会，呼吁华裔公民积极参选、辅选和投票，履行公民参与民主政治的权利，改变过去华裔投票率较低的现状。针对

① 《温哥华华裔领袖站台 为自由党候选人屈洁冰造势》，中国新闻网，http：//www. chinanews. com/hr/2013/03 – 16/4649703. shtml，2013 年 3 月 16 日。

② 《加拿大卑诗省选投票 华人参选破纪录华社吁发声》，加拿大《明报》，http：//www. bcbay. com/archive/subject_details. php？ nid =91452&id =16122，2013 年 5 月 14 日。

主流媒体在华人社区的宣传力度有限，以及华裔参政意识淡薄等问题，加拿大新华人联合会印制并发行2万本宣传册，介绍加拿大三级政府选举，普及参政议政知识，并计划在选举日组建义工车队，接送老者或行动不便的人到票站投票。① 加拿大本地的多个社区还发起加拿大"华人参政论坛"，多位关心华人参政问题的人士举行多次集会，就华人参政问题进行深入探讨。②

针对华人投票率历来偏低的情况，8月4日，全加华人联会全国执行主席蔡宏安在接受《世界日报》采访时认为，华人选民只有出来投票才会受到重视，呼吁华裔选民应充分了解选区内各政党和候选人的政纲后投票，这样才能让各候选人真正关注和尊重华人的声音和华人关心的议题。他表示此次大选时间长，希望不要因此变成"钞票选举"，仍应以议题和政策为主，尤其是经济发展的问题最重要。③

8月11日，在加拿大华人自由党协会的组织下，参加大选的14位自由党国会议员候选人齐集多伦多的华人社区士嘉堡，以集体出现方式制造声势，争取当地华人在联邦大选中投他们一票。他们在集会上就经济、税务、社会福利等议题发表看法，表示将努力与华人小区等合作，为加拿大带来真正的变革。这是加拿大华人自由党协会发起的首次行动。该协会表示，之所以选择这些选区，是因为这些都是加拿大华人聚居的区域，希望华人积极投票。④

9月2日，平权会发布本次联邦大选全国范围华裔候选人的名单，总共有22名华人精英参选，比上一届17名华裔候选人多近30%。平权会呼吁有投票资格的华人选民积极进行选民登记，尽量熟悉选举事务，大胆向候选人提问，以便在大选日投出自己神圣的一票。平权会全国总干事黄煜文表示，选民只有在大选时发出自己的声音，行使自己的权力，才能在今后更好地监督执政者。平权会还制作了一份关于大选议题的调查问卷，提交给各政党候选人，回收分析后，向选民公布结果，作为选民投票的参考。平权会还转发加拿大选举局正在招募本届联邦大选的选举官员的消息，鼓励华裔积极应聘，不但可以获取报酬，也可借此熟悉

---

① 《加华社联邦大选日将接着耆老投票　反映华人声音》，中国侨网，http：//www.chinaqw.com/hqhr/2015/10-13/66783.shtml，2015年10月13日。

② 《加拿大华人参政逐渐"火热"　聚力抱团备战大选》，中国侨网，http：//www.chinaqw.com/hqhr/2015/06-10/52670.shtml，2015年6月10日。

③ 《加拿大华裔投票率持续偏低　被吁踊跃投票发声》，中国新闻网，http：//www.chinanews.com/hr/2015/08-04/7446292.shtml，2015年8月4日。

④ 《加联邦人选选战持续　14名候选人齐集华人社区拉票》，中国侨网，http：//www.chinaqw.com/hqhr/2015/08-12/60323.shtml，2015年8月12日。

投票程序。[1]

同日，加拿大华裔参政同盟指出，本届联邦大选的华裔候选人在知识水平和英文程度上有较大提高，对提升华人参政议政水平非常重要；华人投票不应只凭与候选人的关系来投票，而是要多了解各党派的政纲，然后向候选人问问题，以及亲临辩论现场，除了考察候选人的表现，也要听时事评论人的意见，在此基础上做出自己的判断。华人选民在选举中不应只选熟人，应该首先考虑该候选人对国家政治环境的影响，然后看对省一级政治的影响，再看对本族群的影响，最后才是对个人的影响。选前，华裔参政同盟不断邀请候选人到华人社区举行选前辩论，包括华裔候选人和其他族裔候选人，以此提升华人社区对大选的兴趣和参与程度。[2]

9月9日，加拿大华人保守党协会举行记者招待会，9月21日又举办该协会成立32周年晚宴，在这些场合上不断呼吁选民为了国家的未来，投下慎重的一票。华人保守党协会成立于1983年，由多位华社领袖合力组成，目的是宣扬保守党党纲与政策，鼓励国民参与各级政府的工作，以及协助有志者参政。[3]

9月13日，加拿大多伦多地区最大华人社团——多伦多华人团体联合总会首次举办华裔候选人参政论坛，邀请8位不同党派的联邦大选华裔候选人同台亮相，向公众介绍并阐述各政党的纲领，并围绕大选议题进行辩论。该组织希望通过此次活动，增进华人选民对各政党政纲以及各候选人的全面深入了解，并积极参与选举、助选和投票。[4]

10月3日，加拿大华裔参政同盟在多伦多万锦市的城市广场举办联邦选举论坛，论坛分为政党宣读政纲、每位候选人宣读各自的竞选政纲、现场观众提问、各政党代表抽题回答四个环节。此外，每位候选人还要回答该组织预设的两个问题：第一，作为华裔候选人，你希望选区内的华人选民如何帮忙？第二，联邦政府现行移民政策对华人社区影响如何？该同盟希望通过这次论坛，帮助华人选民深入了解各大政党的竞选政纲。华裔参政同盟是一个没有任何政党背景的组织，其宗旨是鼓励华裔参政议政、鼓励华人参选和投票，以及影响政府决策。

10月14日，在大温哥华地区的加拿大华人社团联席会和加拿大华人联合总

---

① 《加拿大联邦大选已有22名华裔出战　较上届多近三成》，中国侨网，http：//www.chinaqw.com/hqhr/2015/09 - 02/62898.shtml，2015年9月2日。

② 《加拿大华裔参政同盟呼吁：华人投票不应只选熟人》，中国侨网，http：//www.chinaqw.com/hqhr/2015/09 - 02/62899.shtml，2015年9月2日。

③ 《加拿大华人保守党协会呼吁选民慎重投票》，中国侨网，http：//www.chinaqw.com/hqhr/2015/09 - 11/63872.shtml，2015年9月11日。

④ 《多伦多华社搭台　加拿大联邦大选候选人唇枪舌剑》，中国侨网，http：//www.chinaqw.com/hqhr/2015/09 - 14/64087.shtml，2015年9月14日。

会联合举办新闻发布会，鼓励华裔公民在联邦大选中积极投票，众多社团代表出席支持。两社团还决定在投票日设立义工车队，在华人聚居的温哥华、列治文和本拿比提供选民投票接送服务，在投票日前利用社交媒体提醒会员积极投票。[①] 大多伦多地区的列治文山和万锦市华商会选前与多家社团合办三场候选人见面会，鼓励两市的华人选民出席，认识各候选人，以便投下神圣一票。[②]

华人社团是领导和支持华人参政取得进展的强大后盾和有力保证。与以往相比，2019年联邦国会大选有一个重大差异是选举的大环境对华人社区不利，主要是受中加关系恶化的负面影响。历史经验多次证明，中加关系好，加拿大华人与当地社会相安无事，可以自由发展；中加关系恶化，加拿大华人必然受到牵连，容易遭遇各种歧视和排斥。"孟晚舟事件"发生后，不仅中加政治关系急剧恶化，而且两国经贸关系受到直接影响，对加拿大华人社区也造成较大冲击。加拿大右派媒体《温哥华太阳报》发表署名文章，指称中国政府、中国驻温哥华总领馆将华侨华人和华人社团作为增加其国际影响力的工具，并影射中国政府利用华人干预加拿大内政。[③] 虽然中国驻加拿大的使领馆都对此进行了批驳，但负面影响仍然存在，对与中国使领馆联系较多的新移民社团积极参与此次联邦大选产生了一定的消极影响。

虽然此次大选加拿大华人参政的大环境不好，但华人社区并没有被吓倒，活跃在华人社区的新老华人社团不怕被"抹红"（被指责与中国政府有关系），仍然积极进行选民教育、选举动员和筹款活动。例如，他们在华人社区举办候选人辩论或选举公开论坛，吸引华人民众关注选举议题，并对选民进行参政教育和选举动员，在此次大选中继续发挥重要的助推作用。在此次大选中，与中国大陆联系较紧密的华人新移民社团的选民教育和选举动员力度确实比以前有所减弱。受影响较大的有加拿大华人社团联席会和全加华人联会（太平洋区），他们举办的选民教育和选举动员活动明显减少，没有以往那么高调、积极。但在此次大选中积极参政的华人社团仍然众多，采取的方式也十分多样。例如，在此次大选期间，温哥华中华会馆连同其他侨团举办"加拿大联邦大选论坛——候选人与华人社区见面会"，邀请各大政党候选人与华人选民直接交流；另外，中华会馆也在报纸上刊登广告，鼓励华人出来投票，还呼吁他们邀请家人及朋友前往投票，努力提升华裔的投票率。一些中国大陆新移民团体积极鼓励华人投票，还组织成立

---

① 《加拿大华社鼓励华裔公民投票 将设义工车队接送》，中国侨网，http://www.chinaqw.com/hqhr/2015/10-16/67229.shtml，2015年10月16日。

② 《加拿大两市华商会将办选民见面会 鼓励踊跃投票》，中国侨网，http://www.chinaqw.com/hqhr/2015/09 23/65185.shtml，2015年9月23日。

③ 《中国驻温哥华总领馆发言人答记者问》，加拿大《环球华报》，2019年6月19日。

"投票大联盟"拍短片宣传，目的也是提高华裔的投票率。[1]

6月27日，全加华人联会第27届年会暨全国会议在多伦多举行，会议主题是"中加友谊，源远流长，留学加国，社区关爱"。来自加拿大各地的与会代表及多伦多侨团的60多位代表出席会议。会议就新形势下的中加关系、鼓励华人积极投入联邦大选、帮助在加的留学生和为四川留守儿童筹款等议题展开热烈讨论。会议呼吁华人社团在自身进步和为社会服务的过程中，以开放的心态团结互助、包容互信，共同推动华人社区的发展和进步；同时呼吁华人选民在今年的联邦大选中积极参与，运用手中的选票表达自己的诉求；并敦促加拿大政府珍惜中加两国的传统友谊，让中加关系尽快重回正轨。[2]

早在大选前的7月，华人参政团体华越柬寮法律援助中心和多伦多平权会就开始举办联邦选举系列活动，如7月17日举办"我们都是移民——加拿大移民政策"社区会议，努力帮助选民了解加拿大关于移民、退休金、牛奶金和失业金的现行政策，目的是提升公民的参与和领导能力，培养他们组织社区会议、拜访民意代表和社区外展的能力。[3] 8月22日，萨省华人参政议政创业群联合萨省华商会特邀联邦国会议员光临华人社区，与华人社区就今年联邦大选的关键问题做充分的交流和沟通。[4]

9月17日，加拿大国家广播公司（CBC）称中国和印度企图利用他们与加拿大境内侨民社区的联系，影响即将举行的联邦大选，加拿大情报机构正在密切监视相关威胁。全加华人联会（安大略区）对此表示愤怒，并在多伦多召开新闻发布会，呼吁华裔公民积极参与联邦大选。该团体在新闻稿中称："联邦大选已经正式启动，为了鼓励华裔移民积极参与联邦大选，关心加拿大政治，行使公民义务，为华人争取权益，维护源远流长的加中友好关系，我们呼吁每个华裔公民踊跃投下你神圣的一票，为你们的权益发声。我们建议华裔公民积极投票参与选举自己心目中的候选人，考量之一是候选人及所在政党的政纲和政绩是否代表自己的诉求和利益，考量之二是候选人及所在政党如何促进维护加中友好关系。"[5]

---

① 《侨领呼吁华裔选民投票履行公民责任》，加拿大《星岛日报》，2019年10月21日。

② 《全加华人联会第二十七届年会在多伦多举行》，加国新闻网，http://canadanews.today/nccc—2019/，2019年6月29日。

③ 《2019联邦选举系列活动："我们都是移民！加拿大移民政策"社区会议》，华越柬寮法律援助中心，https://csalc.ca/zh－hant/2019联邦选举系列活动－我们都是移民－加拿大移民政策/，2019年7月5日。

④ 《"萨省华人参政议政创业群"联合"萨省华商会"特别活动》，海外新生活网，https://www.woohelps.cn/activities/2577/details/。

⑤ 《全加华联责CBC报道侮辱人格》，明报新闻网，http://mingshengbao.com/tor/article.php?aid＝666099，2019年9月18日。

9月29日，由多伦多华裔媒体工作者协会和加拿大华裔参政同盟共同组织的"2019联邦选举公开论坛"在万锦新旺角广场举行，得到众多参选人的积极响应与重视。各主要政党都有参选人赶来现场，参加论坛的参选人包括新民主党候选人郭旼修和陈艳、人民党候选人钟碧珍、保守党候选人胡商和马荣铮、绿党候选人高境岚与自由党候选人陈圣源。论坛首先介绍了此次活动的程序和初衷，强调华裔参政议政的重要性，并鼓励大家为了自己和下一代的权益积极投票。然后参选人各自宣讲本党的政纲与个人的参政理念，并分别回答主持人和嘉宾提出的代表性问题。论坛针对华裔投票率偏低这个老问题做了一些工作，希望未来能有所改变，对推动华人参政议政是一个有益的尝试。①

联邦大选自9月正式开始后，一些华人社区团体、商会和媒体分别于10月2日在多伦多唐人街附近的选区和当谷北选区、10月4日在士嘉堡－爱静阁选区、10月7日在万锦－于人村选区这四个华人人口高度集中的选区举行候选人辩论会，以增进华人选民对候选人的了解。② 10月3日，为了帮助会员了解加拿大政治和参与今年的联邦大选，"幸福家庭圈"举办选前第三次小型学习讨论会，主题是华人参政议政情况及今年大选分析，之前举办的另外两次学习会涉及加拿大各大政党分析和加拿大选举制度和政府组成。在每次学习会上都有一位专家主讲，另外邀请1~2位政治人物来分享自己的亲身参政经历和感悟，受到广大会员的热烈欢迎。③

10月4日，距离联邦大选仅剩两周时间，加拿大华人保守党协会在多伦多豪门宴会厅举办成立36周年庆祝晚宴，并为多名华裔候选人打气助威。出席晚宴的各界人士有500多人，包括联邦大选候选人马荣铮、胡商，安大略省议员邱佩芳、柯文彬、彭锦威，万锦市区域议员李国贤，华人保守党协会全国主席朱伟邦、全国副主席骆致灿、全国秘书温一山，以及各界华人保守党协会的支持者。两位联邦大选候选人在晚宴上进一步阐明各自在10月大选中所提出的政纲和理念。在晚宴上，加拿大华人保守党协会还为优秀华人企业家颁奖，并呼吁加拿大华人积极参与10月份的联邦大选，投出自己重要的一票，用实际行动全力支持华人参政议政，让更多华人精英成为国会议员。④

---

① 《2019联邦选举公开论坛，呼吁华人积极参与投票》，环球华语新闻网，http://cgctv.com/2019/10/01/2019联邦选举论坛，呼吁华人积极参与投票/，2019年9月29日。

② 《直击候选人：联邦大选华人聚居区辩论会》，加国无忧，http://info.51.ca/articles/815645，2019年9月27日。

③ 《"加拿大华人参政议政及今年大选知多少"讨论会》，幸福家庭圈，https://www.eventbrite.ca/e/73224964841#，2019年10月21日。

④ 《加国华人保守党协会庆成立36周年　鼓励华人参政议政》，看中国网，https://www.secretchina.com/news/gb/2019/10/08/909704.html，2019年10月8日。

10月13日，温哥华中华会馆在唐人街一家酒楼举办"加拿大联邦大选论坛——候选人与华人社团见面会"，各政党候选人就政纲、多元文化、滥用药品和对外关系等议题进行激烈辩论。大温哥华地区有46个侨团的代表及各界人士约150人参会。有5位候选人参加此次论坛，其中包括3名华裔和2名其他族裔。在见面会上，人民党温东选区候选人批评关慧贞在加拿大推动纪念南京大屠杀工作，并指责她展现过去的历史会破坏华裔和日裔的关系，造成社会分裂。关慧贞反击，指出推动该项工作是要让人认识历史，以史为鉴，从而不再重蹈覆辙，认为纪念历史分裂社会的看法无知肤浅。①

10月16日，由素里－白石参政会发起的"磐石论坛"在本地白石社区中心举办特别活动——南素里－白石选区五大党候选人辩论会。选区居民和来自温哥华、高贵林的近300人冒着风雨赶来参加，其中华人观众占总人数的2/3。辩论会完全由华人主导和组织，面向华语社区为主的所有族裔居民，挑选华人选民最关心的问题，现场配备中文翻译团，这在加拿大华人参政史上还是第一次。在辩论会上，联邦大选所在选区的五大候选人同时亮相，开场前由主持人抓阄排序。在宣布辩论规则后，各党派候选人聚焦气候变化、发展经济、难民及移民政策、中加关系、社区安全等方面展开辩论。五大候选人作风亲民，给华语社区留下深刻印象。五大候选人的精彩辩论也赢得了华人社区的热烈掌声。辩论会让大家对各党派候选人有了客观真实的认识和了解，纷纷表示将携全家和亲友为大选投出他们神圣的一票。②

2018年刚成立的华人参政团体加拿大华裔百人会并没有因为中加关系恶化和加拿大国内对华人的舆论环境恶化而停止对华人民众的参政教育和选举动员。例如，2019年7月20日，百人会召集咨询会，邀请40多位华裔新移民参加，讨论加拿大海外公民选举权的法律保证问题。因为在2019年1月，加拿大最高法院最终以5比2的投票决议，裁定海外加拿大公民具有投票权，10月的联邦大选开始正式实施。咨询会对此议题展开了激烈讨论，展现了华人民众的理性和积极参政议政的素养和诉求。咨询会的结果直接呈递给BC省律政厅和联邦政府。通过讨论，参会者还达成共识，衷心希望居住在加拿大的华裔公民们踊跃参加投票。③ 百人会在此次大选过程中定期举办选举论坛，分析选情，而且核心成员之

① 《中华会馆主办"加拿大联邦大选论坛——候选人与华人社团见面会"》，中华会馆网，https://vanzsnews.com/2019/10/14/中华会馆主办的"加拿大联邦大选论坛—候选人/"，2019年10月14日。

② 《磐石论坛：南素里－白石选区五大党候选人精彩辩论》，温哥华港湾网，https://www.bcbay.com/life/community/2019/10/21/661396.html，2019年10月21日。

③ 《加拿大海外公民选举权的法律保证："加拿大百人会"举行咨询会》，加拿大《环球华报》，http://gcpnews.com/2019/07/21/环球华报－加拿大海外公民选举权的法律保证/，2019年7月21日。

一、著名华人时事评论员丁果在加拿大最具质感的全媒体华文平台《高度周刊》上发表多篇关于加拿大华人参政的时事评论，对华人选民和华人精英进行选民教育，呼吁华人选民出来投票，呼吁更多优秀的华人精英出来参选。

2019年大选的华人社团参政具有以下三个明显特点：一，虽然中加关系恶化对它们参政造成负面影响，但它们不畏被"抹红"，更加积极地参与选民教育和选举动员，帮助候选人筹款和助选，在选举中发挥重要的助推作用。二，它们从事选民教育和选举动员的方式多样，如举办参政讲座、筹款宴会、候选人与社团见面会、选举论坛、候选人政见发表会和候选人辩论会等，对提升华人选民的参政意识和参政能力产生潜移默化的作用。三，他们的各种参政方式为华人精英候选人提供了与华人选民之间沟通和交流的平台，为华裔候选人的成功当选奠定了坚实的人脉基础，也扩大了华人社团自身的影响力。

第二，在平时，华人社团长期从事选民教育，以提升华人民众的参政意识，同时积极动员和鼓励他们通过各种方式和途径参与选举政治的全过程，在各级选举政治中发挥重要的推动和促进作用。

获取公民身份是加拿大华人参政的基础，实施完整的选民教育计划是华人参政的成功保障。在历年华人参与选举政治过程中，鼓励符合条件的华人成为公民一直是华人参政团体从事选举动员的活动之一，但如果活动年年仅限于此，没有一套完整的选民教育计划，不能把华人短暂的参政热情培养转化为持久的政治参与习惯，那么年复一年的选举动员和投票服务仍将是事倍功半，不能真正实现提高华人整体政治参与意识的初衷。

虽然自20世纪80年代以来，在华人参政团体的选举动员和投票服务推动之下，加拿大华人的选举投票率有明显提高，但与其他族裔相比，华人在历次选举中的投票率还是非常低。本质上看，开展选举动员和投票服务只能帮华人选民克服政治参与形式上的障碍，要克服华人选民主观上的障碍，如对加拿大民主制度及其运作过程缺乏具体的了解、对参与加拿大政治的重要性认识不够，只能通过选民教育来改变他们的政治态度。但选民教育是一项长期的工作，不仅要有明确的教育计划，而且要有充足的经费，因此常设性华人参政团体在这方面可以做大量工作。如平权会、全加华人联会、加拿大华裔参政同盟等，自成立以来，一直通过各种方式鼓励华人选民积极参加投票，取得一定成效。

随着加拿大华人人口的快速增长，有投票权的公民人数不断增多，各族裔候选人开始到华人社区从事竞选活动，如筹款、举行政见发表会或说明会，这时全加各地的传统华人社团，如各地的中华会馆和其他宗亲团体，在其中扮演重要的桥梁角色。20世纪80年代以来，各地新华侨华人团体，特别是参政团体成立，与传统华人社团一起，成为华人选民与候选人之间沟通的桥梁。2001年以来，无论是联邦、省还是市镇的候选人都要专门到各地华埠做政见宣传，争取华裔的政治捐款，这些都进一步推动了华人参政团体在华人社区的政治宣传活动。

早在1994年，安大略省自由党华人党员和其他族裔党员就组成了自由党卫星联盟会，呼吁华人参政。1995年，安大略省华人成立华人参政助选委员会，号召华人踊跃投票。2002年，陈卓愉在温哥华发起"华人团结参政运动"，通过一系列活动向华人宣传民主政治，激发华人的参政热情，鼓励华人按照自己的政治理念参加不同政党，熟悉加拿大政治体制的运作。该组织为自由党发展了5 000多名华裔党员，并为2003年党代会选举推荐了45名候选人，其中42人成为正式代表在自由党党首选举中投票，从而掀起华人参政的一阵高潮。①

2005年8月28日，加拿大华裔参政同盟在北约克图书馆举行华人参政论坛，吸纳各界不同意见，以整合华人资源，实践华人参政的宗旨。② 加拿大华裔参政同盟自2006年正式成立以来，举办了一系列选民教育活动。成立之初，正好赶上多伦多市议会选举，参政同盟以"2006年多伦多市议会华裔候选人的政治取向"为题进行了调查问卷，并把分析结果向社会公布，供广大华人选民在未来投票时参考。针对本地华人社区缺乏政治人才，以及部分有意参选人士欠缺政治技巧的问题，参政同盟在2007年夏天至2008年春天开办了以华裔为对象的公民教育及参政培训班，希望华裔在未来的三级政府选举中，有更出色的表现。培训班在士嘉堡市和多伦多市总共举办了8场讲座和论坛，主题有"选举的意义、三级政府的职权和运作"等。参政同盟还推荐部分参加公民教育和培训活动的成员到多位国会和省议员的办公室参与见习工作。③ 2010年9月25日，加拿大华裔参政同盟、华裔妇女参政同盟、华人保守党协会、华人自由党协会、华人新民主党协会、多华会和世界诗人联谊会等团体在多伦多市锦绣中华联合举办参政论坛，有23位华裔市选候选人、社区领袖和专家学者就市选的热门议题发表各自的见解，并呼吁华人选民负起责任，踊跃参加投票。④

2014年既是安大略省的省选年，又是市选年，如何提升偏低的华人投票率，一直是华人社团关注的重要议题。3月22日，长期关注华人参政与投票的民间团体"公民动力"邀请5名在不同层级议会工作的华裔参政者，在公民参政圆桌会议上交流参政经验并鼓励华人积极参政和投票。"公民动力"还在4月5日和

① 《卑省华裔 跃居自由党员成长主力》，温哥华投资俱乐部网，http://www.vaninvestor.com/cgi - bin/lb5000/topic.cgi?forum = 10&topic = 35。
② 《加拿大华人社团举办论坛盼整合意见推动华裔参政》，加拿大家园网，http://www.canadameet.com/bbs/showthread.php?t = 30366。
③ 《加拿大华裔参政同盟丁亥年新春团拜酒会纪念册》，2007年。
④ ［加］翁晓青：《23华裔候选 参加华裔参政论坛》，加拿大《世界日报》，2010年9月22日。

12 日两个周六举办公民参政工作坊，对广大华人民众进行参政教育。[①] 为了推动华人参政议政，加拿大华裔参政同盟举办了多场宣传活动。5 月 25 日，该团体在多伦多市锦绣中华举办各党省选论坛，邀请各主要政党代表出席，并向华人社区的民众阐述各自的政纲，鼓励更多华人选民在 6 月 12 日举行的省选中参与投票，发挥关键作用。[②] 10 月 14 日，该团体又在万锦市城市广场举办市选论坛活动，邀请在约克郡和万锦市参选的近 30 位华裔候选人出席，并让他们简短阐述自己的政纲，鼓励华人民众积极参政，并在 10 月 27 日举行的市选中参与投票。[③] 这些选民教育和宣传动员活动不仅提高了华人普通民众的参政意识，在这年的省选和市选中发挥重要作用，还为这些参政团体在未来华人参政行动中扮演协调者角色奠定了基础。

2017 年 BC 省省选一开始，加拿大华人社团联席会就举办了参选人见面会、筹款晚宴、呼吁华人投票大会、联合各媒体发声等各种促进华人积极投票的活动。4 月 27 日，联席会在温哥华唐人街举行由 100 多个华人社团共同参与的呼吁华人踊跃投票的大型动员集会，近千人出席了此次大会，参与者当场积极响应。4 月 29 日开始提前投票，各投票站都不断有华人进出投票。联席会执行主席王典奇奔走在各个投票站，还访问多位省议员候选人，给他们加油打气，帮助他们解决遇到的实际问题和困难。他还呼吁联席会所属的各个社团以实际行动支持候选人。在他的号召和带动下，加拿大台州同乡总会、湛江同乡联谊会、四川同乡联谊会、泉州同乡会、温哥华福清同乡会、齐鲁华人总商会、加拿大多元文化促进会、温哥华中国大专院校校友会、加拿大华人妇女联合会、北美贵州商会等纷纷行动起来，连续几天派人、派车协助需要帮助的投票人去投票站投票。加拿大华人社团联席会还联合各大媒体，强烈呼吁全体华人在省选日以更加饱满的热情参加投票，共同创造 BC 省更加美好的明天。[④] 5 月 9 日省选日，王典奇带领各华人社团奋力为多名华裔候选人进行最后的助选，把需要帮助的华人用车接到投票站参加投票，为缺少监票员的选区派遣华人义工，对华裔民众踊跃参加投票发挥了重要的助推作用。

---

① 《扭转华人投票率偏低局面 加华裔议员现身倡参政》，中国新闻网，http://www.chinanews.com/hr/2014/03－24/5984730.shtml，2014 年 3 月 24 日。

② 《加拿大安省华社省选论坛 绿党洋人代表普通话上阵》，中国新闻网，http://www.chinanews.com/hr/2014/05－27/6217116.shtml，2014 年 5 月 27 日。

③ 《加华裔参政同盟举办市政论坛 华裔候选人同台论政》，中国新闻网，http://www.chinanews.com/hr/2014/10－14/6675375.shtml，2014 年 10 月 14 日。

④ 《加拿大华人社团联席会省大选前再发力 联合各大媒体共呼吁提高投票率》，加拿大《环球华报》，http://gcpnews.com/2017/05/08加拿大华人社团联席会省大选前再发力 联合各大媒体共呼吁提高投/，2017 年 5 月 8 日。

7月1日下午，在华人社团的主导下，加拿大从东到西八座城市（哈利法克斯、蒙特利尔、渥太华、多伦多、温尼伯、里贾纳、卡尔加里和温哥华）近2 000人同时击鼓，庆祝加拿大成立150周年。[①] 10月14日，首届加拿大三级政府华人教育论坛顺利举行并取得历史性成功。论坛现场座无虚席，有近400人参与了这次活动，反响强烈。论坛程序紧凑，先是政府职能介绍，之后是互动问答。提问环节问题十分丰富，内容从学校教育到大麻管制，从三级政府公职的参选步骤到对留学生的关怀等。此次活动有助于帮助更多华人提高政治觉悟，了解加拿大三级政府的运作机制，更好地通过参政议政行使自己的权利，真正融入加拿大社会。此次论坛由南素里－白石选举委员会主办，加拿大华人参政议政促进投票联盟、白石华人联谊会和素里成人高中同学会等华人社团协办，加拿大华人社团联席会、加拿大华人联合总会、白石村俱乐部、南素里白石华人协会、加拿大河北同乡会、加拿大齐鲁华人总商会、加拿大京城文化会、菲莎华人协会、菲莎谷居民协会、华夏多元文化协会等华人社团都积极参加和支持。[②]

加拿大华裔百人会成立于2018年初，著名华人政论家和资深媒体人丁果是创始会长。百人会立足华裔社区，为提升华裔的综合能力而献计，同时联合其他族裔，为促进加拿大平等、健康和可持续发展而献策。百人会以推动华裔族群积极行使民主权利和建设性地参政议政为己任。百人会成立时间不长，但为提高华人参政议政的热情，在2018年8月至9月举办了多场秋季公共论坛，其中一场由丁果邀请BC省执政新民主党和在野自由党的两位明星级政客，也是两党未来党领和省长有力竞争者的尹大卫和李耀华同台论政，介绍政府和朝野政党的职责和功能，目的是让公众了解加拿大议会政治中的朝野攻防机制。此次论坛正好在BC省市选和选举制度改革公投时期举办，不仅有内容、有讨论、有质疑、有批评，也有期待、有未来，对公众未来积极行使民主权利和建设性地参政议政，实现加拿大华裔社区最高利益，共建和谐多元的加拿大社区具有非常重要的意义。[③] 当时BC省关于选举制度改革的公投即将全面展开，围绕到底是否赞成比例代表制的议题，各大政党和各大政党背景的社团进行宣传攻防。而大部分华人公众并不明白比例代表制和简单多数制到底谁优谁劣，对BC省少数族裔华人社群意味着什么，华人应该怎么投票。针对这一紧迫的热点议题，10月6日，百

---

①　《加拿大八城共同击鼓庆联邦成立150周年　华人积极参与》，中国侨网，http://www.chinaqw.com/hqhr/2017/07/02/150638.shtml，2017年7月2日。

②　《首届加拿大三级政府华人教育论坛开创历史　取得圆满成功》，加拿大《环球华报》，http://gcpnews.com/2017/10/016/首届加拿大三级政府华人教育论坛开创历史取得圆满成功/，2017年10月16日。

③　《加拿大百人会秋季公共论坛：尹大卫李耀华同台论政》，加拿大乐活网，http://www.lahoo.ca/thread－66629－1－1.html?_dsign＝b15468e6，2018年9月26日。

人会和华联会合作举办公众论坛，邀请丁果与温哥华前市议员、百人会顾问陈志动演讲，举行正反方辩论，以超越党派的立场来讨论比例代表制的公投议题，并开放听众提问，解答难题。① 这些公众论坛都是华人社团从事华人选民教育的日常活动，具有十分重要的意义。

在2021年联邦国会大选期间，华人社团和华文媒体一如既往密切合作，积极进行选民教育和选举动员，为心仪的华裔候选人背书支持，在大选中发挥重要作用。具体来看，加拿大各地有多个华人社团和组织以不同方式宣传和动员华人选民积极履行公民义务、行使政治权利、参与竞选和投票。

8月23日，加拿大中国专业人士协会就亚裔社区十分关心的一些涉及种族主义的重要问题向加拿大自由党、保守党和新民主党领袖致公开信，要求各党就反对种族歧视的五个具体问题作出回答和承诺。在设定的回复期内，新民主党和自由党先后做出详细回应，保守党表示因为时间太紧，虽有心回复所有询问，但可能力不从心。自由党和新民主党都表示会加强反对种族歧视的政府机构设置、增加对多元文化和反对种族主义等项目的支持以及迅速采取措施打击网上煽动仇恨等不良言论。但是，在是否会举行关于反亚裔种族主义全国峰会的问题上，两党都选择避而不答。② 加拿大中国专业人士协会表示，华人现在是第一大少数族裔，但影响力仍远远不够，需要通过政治参与来改变这种现状，而政治参与最简单的就是在选举中投票。"如果我们不理会政治，执政者就永远不会听到我们的声音，我们的社区也不会被重视。"同时，该协会向加主要政党发出公开信，要求就反对种族歧视等具体问题作出回应和承诺。

在多伦多，加拿大华人同乡会联合总会表示，选票是加拿大华人先辈用鲜血和生命换来的，不仅代表加拿大华人的尊严，也是华人平等权利和参政权利的具体体现。只有提高华人群体投票率，才能引起各党派对华人社区的重视，倾听华人社区声音，使加拿大华人整体政治地位得以提升。多伦多各华文媒体与华人社团携手，组织不同场次的跨党派参选人见面会或网络研讨会等，促进华人社区了解各党政纲、表达华人关切，并推动思考族群社会地位提升问题。加拿大华人联合总会于9月18日举办选情分析会，推动华人理性投票。③

此次联邦大选期间，有积极推动华人参政的人士在温哥华发起成立加拿大华

---

① 《百人会华联会公共教育论坛　选举制度改革公投如何投票》，加拿大乐活网，https://www.lahoo.ca/thread-66720-1-1.html，2018年10月6日。

② 《CPAC就种族歧视问题与三大政党问答》，加国无忧，https://info.51.ca/news/canada/2021-09/1029570.html，2021年9月15日。

③ 《加拿大各地华人社团呼吁华人选民积极参与大选投票》，中国新闻网，https://www.chinanews.com/hr/2021/09-18/9568824.shtml，2021年9月18日。

裔投票促进会，通过电台、网站等渠道用中文介绍各党派竞选纲领、候选人资料及其对华人社区诉求的回应等，帮助选民全面了解相关讯息，亦力图为政界了解华人社区搭建桥梁。大选期间，加拿大华裔投票促进会总共举办或参与了20多场关于选举和投票的在线讲座和分享活动。为了进一步提升加拿大华人的政治参与水平，帮助其更好地融入当地社会，加拿大华裔投票促进会联合全加20多家华人团体，于9月18日举办"就差你一票"街头促票活动。当天下午，从西部到东部，包括温哥华、本拿比、列治文、素里、高贵林、卡尔加里、多伦多等数个城市，上百名志愿者走上街头参加促票活动，提醒选民们在9月20日不要忘记投票。志愿者们身着印有"就差你一票"（Your Vote Matters）的T恤、佩戴印有同样标语的N95口罩、挥动印有同样标语的手牌，站在各城市繁华地段，向过路民众、车辆宣传投票的理念。[1] 活动还邀请唐人街所在温哥华东选区的7位候选人参与，向华裔民众宣传投票的重要意义。[2]

在温哥华，加拿大华人社团联席会为推动华人社区积极参与联邦大选，帮助华裔民众了解各政党政纲、候选人信息、选举规则、投票程序等，特别是推动华裔选民投出自己的一票，在选举期间举行"促进华人投票大行动"。该行动的具体内容包括：①召开新闻发布会向媒体和社会宣布联席会的"促进华人投票大行动"动员令，首先发动联席会内部一百多个社团积极行动起来，帮助各社团会员深切关注联邦大选，了解各党政纲，熟悉本选区候选人，热心参与选举活动，一定要投出自己的一票；其次向华人社区发出呼吁，希望所有华裔民众都能关注联邦大选，积极参与，踊跃投票。②搜集、制作、推出有关联邦大选的选举须知、各政党政纲、加拿大选举制度演变简史等，帮助华裔民众了解相关知识和操作程序。③搜集、提供华人聚居区相关候选人的基本资讯，帮助华裔选民了解所在选区的候选人。④联席会提出本届联邦大选促进投票行动口号，首先在联席会内广泛传播，同时期盼媒体向社会广泛传播，希望以此激励、推动、恳请华裔选民一定要出来投票。⑤联席会特别设立了选举咨询热线，以帮助华裔民众了解与本届大选相关的知识、规则、资讯。⑥联席会于选举当天在华人聚居区设立接送点，接送有需要的老人和需要帮助的选民去投票站投票。⑦联席会设立催票热线，内部有两级网络：一级是一百多位共同主席，二级是一百多位共同主席所在的协会。联席会的催票热线在选举日前一天和当天开通，通过内部两级沟通网络催促联席会一百多位共同主席以及一百多位共同主席所在协会的几万名成员一定要出

---

① 《全加联动"就差你一票"街头促票活动》，《高度周刊》，2021年9月16日。

② 《温市华埠主场邀7候选人催谷投票，全中联动"就差你一票"周六开锣》，明报加西网，http://www.mingpaocanada.com/van/htm/News/20210915/vas1h_r.htm，2021年9月15日。

来投票。同时，联席会的催票热线也愿意为有需要的候选人提供催票服务。⑧联席会向各媒体投放鼓励、催促华人积极投票的公益广告，广告必须以联席会的名义发出，选择上述联席会提出的鼓励华裔选民积极投票的口号为主题，不涉及任何政党及其他组织，连续20多天持续刊登或播出，呼吁华人选民出来投票，直到9月18日止。加拿大各族裔选民中，华人选民一向是投票率较低的，每届选举大家都在呼吁，但收效不大，此次加拿大华人社团联席会希望以"促进华人投票大行动"的具体活动，实实在在地推动华人选民投票，大家一起努力，矢志提高华人的投票率。①

9月11日晚，来自不同党派的大多伦多地区7名华裔联邦候选人与华人媒体和华人社区举行线上见面会。这次见面会由多伦多华裔媒体工作者协会主办，多伦多华人团体联合总会、加拿大中国专业人士协会、加拿大华人同乡会联合总会、加中地产投资总商会、加拿大中国高校校友会联合会、加拿大中国商会团体联盟、加中经贸文化交流协会、加拿大深圳社团联合总会、加拿大中餐及酒店管理协会共同协办，旨在增进华人社区对联邦候选人的了解，更好地支持华人参政。参加此次活动的7位华裔候选人分别是：自由党候选人陈圣源、蒋振宇、董晗鹏、叶嘉丽，新民主党候选人郭旼修，绿党候选人李肖君、朱然。在见面会上，7位候选人分别介绍了本人和各自的政党，并回答了随机抽取的由主办方收集的华社广泛关注的问题。华裔候选人就疫情、经济、气候变化、亚裔歧视、暴力、治安、移民和留学等问题阐述了各自及其政党的政策、理念和观点。多伦多华裔媒体工作者协会会长寇辉表示，举办见面会的目的就是希望把联邦华裔候选人更好地介绍给华人社区，令华人参政获得华社更多的支持。7位联邦候选人与华人媒体和社团代表积极互动，踊跃讨论。会议结束时，各位候选人对多伦多华裔媒体工作者协会和各协办单位举办本次见面会，为候选人提供与华媒、华社近距离接触的机会，和给予华裔候选人的大力支持和鼓励表示衷心的感谢。见面会取得圆满成功。本次多伦多华裔媒体工作者协会携手华人社区有影响力的大社团，不分党派，共同推介华裔候选人，既是切实支持华人参政议政的行动，也是华人共同建设美好社区的积极举措。②

9月16日，加拿大华裔参政同盟在士嘉堡一家餐厅举行记者会，鼓励华人在联邦大选日踊跃投票，以提升华人参政意识及地位，把华人的声音带到国会。

---

① 《加拿大华人社团联席会 促进华人投票大行动》，人在温哥华，https://info.vanpeople.com/1244581.html，2021年8月23日。

② 《大多区7名华裔联邦候选人与华媒和社区举行线上见面会》，星星生活网，http://newstar.super-life.ca/2021/09/13/大多区7名华裔联邦候选人与华媒和社区举行线上见/；《华人与华社参政在觉醒》，社区网，2021年9月13日，http://www.chinesecanadianvoice.ca/141352/，2021年9月13日。

加拿大华裔参政同盟会长朱伟悠说："华人投票很关键，会影响到候选人的当选。加拿大华人是从 1947 年才拥有投票权，希望华人积极投自己神圣宝贵的一票。"她也希望华人积极帮助候选人做义工，包括敲门、插牌子，选举当天帮助检票。华裔参政同盟前任会长陆炳雄鼓励华人积极投票。他说："不论党派，不论政见，根据自己的意愿投票。因为投票是公民的权利和义务。"[①]

多伦多华人团体联合总会呼吁华人珍惜自己的权利，积极参加投票，提高华人投票率，以提升加拿大华人的整体政治地位。9 月 18 日星期六，多伦多华人团体联合总会在两家华人超市发起"就差你一票"活动，意在敦促和提醒更多的华人届时履行公民义务，走出家门投出手中神圣的一票。同时，本次活动也是加拿大从西海岸的温哥华、西部的卡尔加里到东部的多伦多等多个城市同时进行的华裔促选活动"Your Vote Matters"的重要组成部分，多伦多华人团体联合总会是本次多城市华裔联合促选行动的共同发起社团。为了本次活动有更好的宣传效果，华联总会在翁国宁主席的指示下定制了印有"就差你一票""Your Vote Matters"和选举日期"9·20"的插牌、胶贴、T 恤、口罩等宣传品。9 月 18 日，在华联总会常务理事的组织协调和鸿泰超市老板阿辉与何宇的积极配合下，鸿泰超市的收银员们穿上了投票宣传衫，戴上了投票宣传口罩，超市门口摆放着投票宣传牌，收款台摆放着印有宣传口号的洗手液，全方位地向络绎不绝的人流提醒着 9 月 20 日的联邦大选投票日。在现场何宇接受了采访，面对镜头他坚定地表示个人和全家都会去投票，并且鼓励超市的员工去投票，尽量为员工投票提供方便。在万锦广场的福耀超市门口，同样摆放着投票宣传牌，商场里也循环播放着提醒大家 9 月 20 日投票日的广播。华联总会的常务理事们更是亲身上阵，穿上投票宣传 T 恤，戴上投票宣传口罩，在超市门口向前来买菜的顾客宣传投票，同时发放印有宣传日期与口号的口罩和洗手液，鼓励所有人去投出手中神圣的一票。福耀超市的老板于景也接受了采访，表示个人和全家都会去投票，并且支持超市员工去投票。鸿泰超市与福耀超市在这次号召华裔参与大选投票的行动中为华人雇主带了一个好头，值得称赞与仿效。[②]

此次华人社团和华文媒体参政具有以下几个特点：第一，华人社团和华文媒体开始密切配合，团结携手共同开展选民教育和选举动员，组织和动员华人选民出来投票，在大选中发挥重要促进和推动作用。第二，华人社团打破新老之分、地域之分、专业之分和党派之分，团结起来共同支持心仪的华裔候选人，宣传和

---

① 《华裔必须踊跃投票　珍惜权利争取当政者重视》，新华侨网，https://cfcnews.com/322244/华裔必须踊跃投票珍惜权利争取当政者重视，2021 年 9 月 17 日。

② 《多伦多华联总会号召华裔大选投票在行动》，多伦多华人团体联合总会网站，http://ctcco.ca/?p=9014，2021 年 9 月 28 日。

动员选民出来投票，展示华人的政治影响力，消除因新冠疫情而对华裔和亚裔产生的种族歧视和仇恨犯罪。第三，来自中国大陆的新移民华人社团的团结度和参政积极性显著提高，在大选中组织各种选民教育和选举动员活动，展现相当高的团结度和组织动员能力。第四，加拿大华人社团开始走向泛政治化，参政不只是政治性社团的宗旨和目标，而是所有华人社团在选举期间日常工作的一个重要组成部分。

第三，华人社团还可以帮助有潜力的华裔候选人筹募竞选经费，通常比个人提供的捐款更多，支持的力度更大，更能展示华人社团的政治影响力。

提供政治捐款无论是在华人社会还是在主流社会，都是一个敏感的话题。虽然华人社团不能直接捐款给某一华裔候选人，但可以凭借自身在华人社区的影响力，为华裔候选人主办筹款晚宴或晚会，筹集尽可能多的竞选经费。在华人参政团体的积极运作之下，当代加拿大华人的参政意识有较大提高，许多原来以联谊、交流、互助为主的亲缘、地缘、业缘和文缘性华人社团也改变原来不参与政治的立场，开始为候选人筹募政治捐款作为竞选经费。这些不仅增强了华裔候选人的获胜概率，也使当政官员和其他族裔候选人对华人参政团体的力量更加重视，在选举之前，甚至在平时尽力拉拢或向华人社区示好，主动要求代表华人社区的利益，以期获得华人社区的政治捐款。

第二节　当代加拿大华人参政团体的政治参与分析
——以全加华人协进会及其分会的参政活动为例

华人社团、华文教育和华文媒体一直是海外华人社会赖以维系和发展的三大支柱，其中，华人社团是最重要支柱和动力。华人社团的分类标准多元，例如，根据成员联系纽带可以分为"五缘"：血缘（宗亲会）、地缘（同乡会）、业缘（专业团体）、文缘（文教团体）和神缘（宗教团体）团体；根据组织规模可分为地区性、全国性和世界性团体；根据成员特点可分为青年、老年、妇女、工人、商人、留学生和专业人士等团体；根据功能差异可分为政治、经济、文教、联谊和服务等团体。当代加拿大华人社团的功能呈多元化发展趋势，专门从事某一类活动的华人社团并不多，同一社团可同时承载多种功能。例如，维护和增进华人合法权益，反对种族歧视和偏见，鼓励和支持华人参政议政已经成为越来越多华人社团的新职能，不只是参政团体的独有功能。即使原来主要从事政治活动的参政团体，也同时开展文化教育和社会服务活动。当代加拿大华人社团的功能也有泛政治化发展趋势。现在，以参政作为主要功能的华人社团有全加华人协进会、全加华人联会、华裔参政同盟、华人自由党协会、华人保守党协会、安大略省华人参政会、加拿大华人参政议政促进投票联盟等，虽然数量不多，但影响深远。当前国内外关于加拿大华人参政团体的专门研究尚未出现，因此本节的研究具有较为重要的学术价值和现实意义。由于篇幅所限，不可能研究所有的加拿大华人参政团体，本节仅以加拿大知名的、极具社会影响力的华人参政团体全加华人协进会及其分会的参政活动与成就为例，揭示加拿大华人社团参与非选举政治和选举政治的各种主要方式、取得的重要成就，以及在新时代面临的主要挑战。

全加华人协进会也叫"平权会"，是加拿大华人参政团体中的代表性社团之一。尤其是该团体在人头税赔偿运动中领导华人普通民众运用各种非选举政治参与方式，例如游说、个人接触、游行、示威、抗议、上诉等，为人头税受害者及其家庭争取道歉和赔偿，给全加华人留下深刻印象，也触动笔者长期以来一直计划为该组织做一个案例研究。为了做这个案例研究，笔者曾三次访问该组织的总部多伦多市唐人街，在那里对该团体的总干事黄煜文进行了多次访谈。他向笔者提供了该团体的所有参政资料，以及他亲身领导并参加的人头税道歉和赔偿运动资料。现在回过头来思考，人头税道歉和赔偿运动在本质上属于非选举政治参与，是以加拿大华人为中心的一场社会抗争运动，也是一种重要的华人社会运动模式，值得详细研究。本节以该团体的活动为例，目的是说明加拿大华人参政不只是通过参加选举和投票、竞选和被委任为各级政府公职、提供政治捐款和助选等选举政治方式，还有大量的非选举政治参与方式，而且效果和影响不比参与选举政治差，甚至超过选举政治，强调非选举政治参与的重要性和华人未来参政方式应该走选举政治和非选举政治相结合的多元化道路。

一、全加华人协进会成立的缘起

1979 年 9 月 30 日，加拿大的 CTV 电视公司在一个全国性节目 W5 中，制作了一个《校园大平卖》（Campus Giveaway）特辑，指责外国学生剥夺了加拿大本地学生进入大学的机会，尤其是在专业学校。该节目诬指的外国学生，从电视上看都是华人或有着亚洲人面孔的学生。而事实上，这些所谓"外国学生"都是华裔加拿大公民或移民。此外，该节目的统计数字也不正确，曲解事实，引起各大学强烈抗议。CTV 电视公司对加拿大华人存有严重的种族歧视，其险恶居心从这一特辑上流露无遗。许多加拿大人，尤其是华人，都感到非常愤慨。1979 年 12 月，在王裕佳医生的领导下，"反 W5 临时委员会"在多伦多宣布成立。随后，他赴全国各地游说，并在各大城市又先后成立了 15 个类似的临时委员会。各委员会都要求 CTV 道歉并改正错误，但 CTV 的反应是一味护短。此时，几名被该节目诬指为外国人的华裔学生，正式对 CTV 提出毁谤控诉。

1980 年 1 月 26 日，各地华人分别在 CTV 及其附属电视台前示威，其中在多伦多有 2 500 多人参加游行，在埃德蒙顿有 500 多人冒着零下 20 摄氏度的严寒声援，游行队伍得到社会各界的支持，但 CTV 仍然妄自尊大，不予理睬。同年 3 月，临时委员会先后在全国 16 个城市分别组织起来，受到新闻界、政治界、大学、教会团体以及安大略人权会等组织的广泛支持。面对巨大的公众舆论压力，CTV 仅播出一分钟的简短声明，称如果有任何冒犯之处，都是无意造成的。这份声明被指缺乏诚意，并且该台没有提出任何改正措施，于是各城市的临时委员会决定在 4 月 18 日至 20 日在多伦多开会，磋商对策。

就在举行会议的前几天，代表全加华人的临时委员会与 CTV 在多伦多频繁接触，等到 16 个临时委员会的代表齐集多伦多时，他们收到 CTV 的一项提议，希望大家能接受。CTV 总裁在一封公开信中承认："……搜集的大部分资料都不正确。我们明显地歪曲事实，以及 W5 起初对该特辑的护短态度都是错误的……由于加拿大华人被诬指为外国人，由于该节目使他们在这个多元文化社会里受到委屈，我们诚心诚意地表示道歉。"CTV 同时做出人事调整，加强编审及管理的效力。随后，CTV 主动提出制作一个以探讨种族歧视与就业问题为主题的节目作为补偿。[1]

在 1980 年 4 月 18 日至 20 日的各地代表大会上，参加抗议运动的 16 个临时委员会的代表们一致同意，组建一个能代表全加拿大华人的更加强大的声音，最后在 20 日宣布正式成立"全加华人平权会暨各地分会"（Chinese Canadian National Council for Equality with Local Chapters in the Respective Cities）。次年，更名为"全加华人协进会"，又称"平权会"。平权会总会设在多伦多市中心的唐人街，紧邻多伦多大学圣·乔治校区。平权会一直致力于为全体加拿大华人争取平等权益，是华人在当时唯一一个能相互呼应的全国性参政团体。

二、全加华人协进会的宗旨、目标和构成

全加华人协进会的宗旨是：第一，促进所有个人权利，尤其是加拿大华人的个人权利，鼓励他们参与加拿大社会，争取享有全面的平等机会；第二，创造良好环境，使加拿大华人的个人权利获得全面承认和保护；第三，推动加拿大华人与其他不同文化、不同种族背景人士之间的了解和合作；第四，鼓励加拿大华人继承和发扬中华文化，协助他们认识和尊重自己独特的文化历史传统，了解华人

---

① Daisy Chang, Helen Cheung & Randy Wong, *Our Chosen Land：A History of Chinese Canadians*, Toronto：Chinese Canadian National Council, 1984, pp. 62 – 65.

对加拿大社会的贡献。①

全加华人协进会的目标是：第一，代表华人在全加拿大范围内发出一致的声音，鼓励所有会员与华人社区的社团合作，与其他族裔合作，建立高效的全国通信网络；第二，致力于促进人权和公民权利，包括监督媒体，与针对华人的成见和种族主义作斗争；第三，提高华人的政治意识和参与水平，包括举办政治意识培训班，报告公众对他们有直接影响的重要议题，发起全体候选人大会，向各级政府提交意见书，积极参与和推动各级政府政策的决策过程；第四，在文化社会活动方面，举办传统节日聚会、街坊会、特殊事件发布会和其他社区活动，在全加拿大宣传华人的历史与文化遗产。②

自1980年成立至今，全加华人协进会在加拿大各大城市先后设立了30个分会和附属机构，是加拿大第一个全国性的华人平权组织，是当代加拿大华人社团中最具影响力的全国性华人参政团体之一，受到当地华人社区的尊重和支持，也越来越被加拿大各级政府所重视。根据全加华人协进会网站上公布的资料，以及对该团体总干事黄煜文的访谈了解到，现在该团体在全加各地有27个团体会员（分会），各分会的个体会员总计至少有两万多人，其中，多伦多分会有300名成员，在温哥华的分会是中侨互助会，有一万多名会员。自成立之始，全加华人协进会总会与各分会之间就有明确分工。通常总会负责联邦层面的政治参与事务，而各分会负责当地的政治参与事务，有时也相互协调和配合，甚至同时推动同一项工作或活动。③

表4-5　全加华人协进会主要团体会员（分会）信息

名称	地址与联系方式
卡城华人社区报务中心（Calgary Chinese Community Service Association）	Rm 108，197 First St.，S. W Calgary，Alberta T2P 4M4 Telephone：（403）265-8446 Fax：（403）233-0070 E-mail：lkwok@ cccsa. ca
加拿大华人平等团结同盟（Association of Chinese Canadians for Equality and Solidarity）	Vancouver，British Columbia President：Sid Chow Tan E-mail：sidchowtan@ gmail. com

① "About CCNC"，http：//www. ccnc. ca/about. php? section = content/aboutMain. php.
② "About CCNC"，http：//www. ccnc. ca/about. php? section = content/aboutMain. php.
③ 据2015年2月笔者在平权会位于多伦多市中心的唐人街总部对总干事黄煜文的访谈资料。

（续上表）

名称	地址与联系方式
中侨互助会（United Chinese Community Enrichment Services Society）	28 West Pender St. Vancouver, British Columbia V6B 1R6 President：Tung Chan Telephone：（604）408 – 7272 Fax：（604）408 – 7234 Website Address：http：//www. success. bc. ca
纽芬兰和拉布拉多华人协会（The Chinese Association of Newfoundland & Labrador）	P. O. Box 7311 St. Johns, Newfoundland A1E 3Y5 Website Address： http：//www. infonet. st – johns. nf. ca/chinese
新斯科舍省华人协会（Chinese Society of Nova Scotia）	P. O. Box 29055 Halifax, Nova Scotia B3L 4T8
平权会伦敦分会（CCNC London）	1701 Trafalgar St. London, Ontario N5W 1X2 President：Dr. Charles Wu Telephone：（519）451 – 0760 E-mail：President@ londonccnc. ca Website Address：http：//www. londonccnc. ca
平权会渥太华分会（CCNC Ottawa）	Ottawa, Ontario President：Jonas Ma Website Address：http：//ottawaccnc. tripod. com
平权会多伦多分会（CCNC Toronto）	215 Spadina Avenue, Suite 124 Toronto, Ontario M5T 2C7 President：Esther Yip and Kenneth Chan Telephone：（416）596 – 0833 Fax：（416）979 – 3936 E-mail：info@ ccnctoronto. ca Website Address：http：//www. ccnctoronto. ca

（续上表）

名称	地址与联系方式
中安大略华人文化中心（Central Ontario Chinese Cultural Centre）	556 Park Street Kitchener, Ontario N2G 1P1 President：George Lee Telephone：（519）576 – 6168 Fax：（519）576 – 6168 E-mail：romy. yee@ coccc. net Website Address：http：//www. coccc. net
金斯顿华人协会（Chinese Canadian Association of Kingston and Districts）	P. O. Box 22100 Cataraqui Postal Outlet Kingston, Ontario K7M 8S5
约克地区华人平等会（Chinese Canadians for Equity in York Region）	4350 Steeles Avenue East, Unit 97 – C2 Box 51 Markham, Ontario L3R 9V4 President：Amy Lam
爱塞克斯县华人协会（Essex County Chinese Canadian Association）	1420 Tecumseh Road East Windsor, Ontario N8W 1C1 President：Henry Lau Telephone：（519）252 – 6621 Fax：（519）252 – 6621
兰普顿华人协会（Lambton Chinese Canadian Association）	P. O. Box 301 Sarnia, Ontario N7T 7J2 President：Kai Yip
伦弗鲁县华人文化中心（Renfrew County Chinese Cultural Society）	P. O. Box 726 Pembroke, Ontario K8A 6X9 President：Dr. Eng
爱德华王子岛华人协会（Chinese Canadian Association of P. E. I. ）	36 Massey Drive Charlottetown, Prince Edward Island C1E 1R6
满地可华人商会（Amitie Chinoise de Montreal）	Montreal, Quebec President：Yat Lo

（续上表）

名称	地址与联系方式
萨斯喀彻温华人文化中心（Chinese Cultural Society of Saskatchewan）	412 – 333 25th Street East Saskatoon, Saskatchewan S7K 0I4 President：Dennis Yee
萨斯喀彻温华人文化中心（Chinese Cultural Society of Saskatchewan）	P. O. BOX 3842 Regina, Saskatchewan S4P 3R8 President：Victor Chang E-mail：victorschang@ sasktel. net
里贾纳华人协会（Regina Chinese Canadian Association）	P. O. BOX 614 Regina, Saskatchewan S4P 3A3 President：Raymond C. Chan E-mail：raymondachan71@ hotmail. com Website Address: http：//www. rcca. ca

资料来源： "CCNC Chapters"，http：//www. ccnc. ca/about. php? section = content/chapters. php.

在全加华人协进会的团体会员中，比较活跃的有多伦多分会、伦敦分会和温哥华的中侨互助会等。伦敦分会正式成立于 1981 年秋，但在未成立之前，就已经有一群热心人士组织筹备委员会响应多伦多的抗议呼吁，胜利后便由这批人继续领导，创办了伦敦分会。该会的宗旨有四个方面：第一，促进人权，支持及推广华人参与加拿大社会活动，争取享有全面性均等机会；第二，在加拿大致力谋求个人的权利，受到全面性和肯定性的保障；第三，推动加拿大华人与不同文化、不同种族背景人士之间的了解和合作；第四，鼓励加拿大华人继承和发扬中华文化，协助他们认识和尊重自己独特的文化历史传统。[①] 该会的使命是为华人社区和主流机构提供沟通的桥梁，通过教育，辅助和提倡多元文化及文化差异，为华人社区成员以及他们的下一代增添活力，倡导他们应有的权益。[②] 第一届执行委员会会长是关荣亚，副会长是郑世华，秘书为唐博贤和黄守敬，财政为陈启筹，董事会主席是劳军仪。在这些人的领导下，伦敦分会发展迅速，成绩斐然，很快成为统领伦敦市华人社会的重要机构，参与和华裔有关的各种事务。例如，在政治参与方面，每逢各级政府选举，该会就邀请并组织各位候选人举行选举讨

---

① 《本会宗旨》，http：//www. londonccnc. com/about/本会宗旨/? lang = zh – hans/。
② 《本会使命》，http：//www. londonccnc. com/about/本会使命/? lang = zh – hans/。

论和发表演讲。因移民法例规定超龄儿女不能移民到加拿大与家人团聚，该会领头要求联邦政府删除此例而最后成功，使久别的儿女能与父母及其他家属团聚。在文化活动方面，举办传统文化节、文化周、龙舟竞渡节、周年新年联欢晚宴、会员联欢晚会、中秋节活动、中国书画比赛、周年敬老联欢会等，并筹款给孤儿院和其他机构。在教育方面，极力支持本市中文学校，举办新移民英文班和成人中文班。在社会融合方面，组建社会融合组，专门办理各项与非华界有关或无关的活动和事项，成绩显著。①

平权会多伦多分会是安大略省多伦多华人组织对抗 W5 行动委员会的传承者和继承者，是平权会在大多伦多地区及临近区域的唯一代表机构。也可以说，多伦多分会是一个属于多伦多华人的机构，一直致力于促进社会平等及公义、公平参与和尊重多元文化的理想。平权会多伦多分会秉承的宗旨包括：维护人权，促进华人及其他民众在加拿大平等之权利，创造和增加均等机会之有利条件；民族沟通，促进加拿大华人与其他族裔的文化交流、合作和了解；文化促进，发展本地华人文化及精神生活，倡导华裔加拿大人对自身文化传统与社区历史的认知和尊重；发展社区，提倡义务服务精神，推进社区事务的不断发展。成立以来，多伦多分会举办了众多活动。该会深入民众，以大部分华裔加拿大人的利益和兴趣为依归，开展群体性服务工作；在会员构成和领导中尽量反映多元文化之特点；与其他华人团体保持密切联络与合作；关注平权活动，重视传媒平台，提防恶意扭曲、歧视华人的报道；反对各种种族歧视的言论及行动；举办种族关系会议及研讨会；支持社区个案投诉，普及社区维权教育；推进义工发展，吸引及培训更多社区义工；开展强化领导能力训练及各种义工活动。文娱活动方面，以文化节、专题庆祝、社区项目、资料史实及文化传承的研究与展览为重点；选民参与方面，通过举办候选人大会，将重要事项通报民众大会，激发华人政治参与的热情，鼓励他们积极参与公共决策过程，向各级政府提出建议，表达华人心声；联络政府方面，保持与各级政府部门和各类进步团体的联系与交流，向他们提出促进和保障华人权益必不可少的举措。②

中侨互助会成立于1973年，1974年注册成为非营利慈善机构，是平权会在西部的重要团体成员之一。该团体的宗旨是通过社会、卫生、教育服务、社区发展和倡导工作，改善市民福祉，促进市民融入一个公义、平等和多元文化的社会。该团体的服务使命如下：第一，促进不同文化背景的加拿大人的福祉，鼓励

---

① 《关于我们》，http：//www. londonccnc. com/about/关于我们/？ lang = zh – hans/。
② Lianna Liu：《圆一个公平的梦，架设一座沟通的桥：专访全加华人协进会（平权会）多伦多分会执行主席吕少美（Siu May Lui）》，《北美时报》，http：//www. naweeklytimes. com/hd/hd469 – 6. html。

华人本着多元文化的精神参与社区事务；第二，协助不同族裔的新移民及公民安顿和融入社会，尤其为不懂英语的人士提供公众服务的资讯，直接提供社会、卫生和教育服务，培养不同社区的互助意识；第三，通过公民教育、义工及会员发展，提高社会意识，推动融入社会；第四，向公众和有关部门反映社区的需要和问题，倡导积极的社会变迁；第五，同与本会有相同使命的个人和不同族裔团体合作，致力于共同目标；第六，向政府部门和其他渠道争取经费以履行使命。[①]该团体的主要目的是协助刚抵达加拿大的华人移民克服语言和文化障碍，融入加拿大社会，因此其服务对象最初以华裔为主，近年来逐渐延伸至其他族裔。现在该会已经成为BC省最大的社会服务和移民服务团体之一，总共设有25个办事处，包括在上海、台北和首尔的3个海外移民服务办事处，总共拥有500多名员工、3 700多名会员，年收支超过8 000万加元，为个人或团体提供社会服务超过20万次。[②] 40多年来，中侨互助会为社区提供多元化的社会服务，包括新移民机场接待服务，移民适应及公共教育服务，语言及就业培训，家庭、长者、妇女及青少年服务，社区咨询及联络等，取得显著成就。中侨互助会因为辅导移居加拿大的新移民绩效卓著，获得加拿大移民局的认同与支持。由于中侨互助会是非营利组织，而且经费主要来自加拿大三级政府，因此该团体不能直接参政，不能直接授权支持某一政党或候选人，更不能直接为某一政党或候选人提供政治捐款和助选等，但该团体仍然在法律许可的范围内，鼓励华人积极参政，主要是通过长期从事选民教育、动员选民参加选举登记和投票等方式进行，取得良好效果。

三、全加华人协进会38年来取得的参政成就

正如全加华人协进会总干事黄煜文所说，平权会与全美华人协会（OCA）的功能极其相似，都是非营利政治性社团，成立目的都是维护加拿大华人的平等权益，反对种族歧视。自从成立以来，平权会公开反对针对加拿大华人的各种种族歧视和偏见。平权会也直接参与关于加拿大华人的争端问题的解决，其中最著名的有迫使加拿大政府向从1885年到1923年支付人头税的华人道歉并赔偿、对加拿大历史上的《排华法案》表示遗憾等。2005年11月28日，平权会多伦多分会被多伦多市政府授予威廉·哈伯德种族关系奖（William P. Hubbard Award for

---

① 《宗旨和使命》，中侨互助会网站，https：//www. successbc. ca/chn/company/aboutus/mission - mandate。

② 《中侨互助会周年报告2016—2017》，中侨互助会网站，https：//www. successbc. ca/chn/company/aboutus/annual - report。

Race Relations），感谢平权会领导人头税赔偿的斗争。

如前面的章节所述，当代加拿大华人社团参政的方式主要分为两大类：参与非选举政治和参与选举政治。华人社团，尤其是华人参政团体参与非选举政治的方式主要有：利用记者会进行利益表达；通过给报纸写信、出版表达自己的政治观点；在互联网如脸书（Facebook）和推特（Twitter）上发起政治运动；约见国会议员、省议员、市议员和市长表达自己的政治诉求；使用自己的研究结果来为华人谋利益；进行民意调查，然后把结果提交给政府，影响政府决策；举行游行、示威、抗议和静坐；向法院提出诉讼；在报纸上做广告，要求进行政治改革等。华人社团，尤其是参政团体参与选举政治的方式主要有：组织举办各级候选人会议或论坛；为候选人举办接待会，与本团体的成员见面；就各种政治议题进行问卷调查，公布调查结果；加入媒体论坛，讨论选举事务；在报纸上写文章批评政府的政策或决策；帮助候选人登记选民，鼓励选民参与选举和投票等。1980—2018 年的 38 年来，平权会参与非选举政治和选举政治的成就巨大，分类分析如下：

（一）领导人头税和《排华法案》平反运动

1. 人头税的缘起

1881 年至 1885 年期间，为了修建从东海岸到西海岸横穿整个加拿大国土、被后人称为"加拿大立国之本"的太平洋铁路，当时的加拿大政府先后引进了近 1 万名华工。1885 年，在太平洋铁路完工之际，加拿大政府开始限制华工入境。为了限制华工入境，加拿大联邦政府于 7 月 20 日通过《华人入境条例》，开始对入境的每个华人征收 50 加元的人头税，关键是这项法令只针对华人，而政府仍然用经济上的帮助和获得免费土地的资格鼓励白人移民加拿大。1900 年 7 月 18 日，人头税被提升到 100 加元，1903 年 7 月 10 日再次增加到 500 加元，相当于一名中国劳工当时两年的工资收入。据统计，从 1885 年到 1923 年，总共有 8.2 万多名华人交纳人头税，总额达到 2 300 万加元，按 2006 年时的价值计算，保守估计至少为 12 亿加元。这些钱被用作建造学校、医院、道路和停车场等公共基础设施，但其中许多服务设施却不允许华人共享。1923 年废除人头税时，联邦政府又在 7 月 1 日正式通过所谓的《华人移民法案》，即臭名昭著的《排华法案》，禁止中国人入境加拿大，只有少数商人、留学生和外交官除外。据统计，在 1923 至 1947 年这段长达 24 年的《排华法案》实施期间，只有不到 50 名中国人获准进入加拿大。

2. 人头税平反运动的经过

1983 年，温哥华市一位名叫麦德伦（Dak Leon Mark）的人头税受害人向国会议员马格瑞特·米雪尔（Margaret Mitchell）求助，要求她协助其与联邦政府交涉，索回当年移民加拿大时所交付的 500 加元人头税。米雪尔议员于 1984 年 2 月首次在联邦国会提出平反人头税问题，但遭到拒绝。此后不久，数千位人头税受害人及其家属纷纷向平权会求助，希望平权会代表他们向政府要求道歉并赔偿。平权会及其分会接受了他们的委托，在之后的 22 年间受理了 4 000 多位受害人案例，并为他们所持有的人头税缴款纸做了详细的登记，作为向联邦政府要求道歉和赔偿的证据。根据平权会全国总干事黄煜文的建议，笔者在这里把平权会领导全加华人争取人头税平反运动的过程分为三个主要发展阶段。

第一个阶段是从 1984 年到 1993 年，平权会与保守党政府接触，保守党政府提议正式道歉，发行纪念金币作为象征性赔偿，以及设立教育基金等，遭到平权会拒绝。

1987 年，平权会开始将争取人头税平反和赔偿作为该组织的工作重点，并在 1988 年的全国大选中提出人头税作为选举议题。同年，平权会积极协助日裔加拿大人委员会（NAJC）就日裔在"二战"期间受到的不平等待遇成功争取到道歉及赔偿。但遗憾的是，加拿大联邦政府并没有为加拿大华人在历史上被征收人头税的不公平遭遇做出平反。虽然如此，平权会仍然为平反运动不懈努力，包括召开大量的社区集会，并积极从其他的组织和社会名人中获得支持。同时平权会增加了与媒体的交流，包括进行广泛调查、出版刊物，以及在全国范围的学校中做大量的宣讲。平权会还游说联邦政府代表并曾与历任多元文化国务部部长会面，讨论人头税的道歉与赔偿问题。

20 世纪 90 年代初，随着"BC 省人头税受害人、家属及后裔联盟"的成立，人头税平反运动的重心开始转移至 BC 省。为了表示对平权会及其为人头税平反运动所作出的不懈努力的支持，这一基层组织又接纳了 1 600 多位人头税受害人的申请。期间为了向联邦政府施压和引起广大社会公众的关注，平权会不断为人头税平反运动举办大量大型集会。在公众舆论的强大压力之下，1993 年，时任总理马尔罗尼曾尝试以分发个人金质奖章或其他表彰形式解决人头税道歉和赔偿问题，但这一提议遭到包括华裔、意大利裔及乌克兰裔等多个族裔社团公开而严正的拒绝。

第二阶段从 1994 年到 2004 年，平权会与新的自由党政府接触，但自由党政府坚决不道歉、不赔偿，只同意设立一些教育基金项目，该建议也遭到平权会的拒绝。

1993 年自由党上台执政，克雷蒂安政府公然拒绝道歉和赔偿。平权会在这段艰难时期仍然坚定不移，为人头税平反问题力争，甚至曾向联合国人权委员会提出议案，要求联合国干涉，但自由党政府以"过去的事已经过去"为借口而拒绝。

1999 年，平权会积极筹备法律行动以反对加拿大联邦政府对人头税问题的不公正态度，并于第二年 12 月付诸行动，向安大略省高等法院提出诉讼，要求联邦政府道歉并赔偿。此项法律诉讼的控诉理由是，政府当年因征收不公正的人头税而获利，并违反了国际人权法及加拿大人权宪章。虽然这次法律诉讼没有获得成功，但连驳回诉讼的安大略省高等法院法官也声明：“联邦国会应考虑为人头税受害人及华裔移民法（1923 年《排华法案》）的受害人提供补偿。”

2003 年，自由党政府总理马丁上台。马丁总理对人头税问题貌似开放的态度重新燃起很多人的希望。但岁月蹉跎，绝大多数受害人年事已高，参加为人头税平反集会的人头税苦主日渐稀少，事情的紧急程度不言而喻。在此期间，加拿大著名历史学者及作家皮尔·保顿（Pierre Berton）将加拿大铁路局赠与他的太平洋铁路上的最后一颗铁路钉赠送给了平权会。由此，平权会在全国范围举办了以“最后一颗铁路钉”（The Last Spike）为主题的平反运动系列活动。这一颗铁路钉，象征着早期华工对加拿大的贡献以及人头税的不公正。平权会希望以此唤醒加拿大民众的关注及强调人头税平反问题的刻不容缓。

第三阶段从 2005 年至今，从马丁总理领导的自由党政府不道歉、不赔偿，只同意设立教育基金项目，发展到哈珀总理领导的保守党政府同意正式道歉，给幸存的人头税苦主及其配偶 2 万加元的象征性赔偿，并设立教育基金项目，虽然这个方案并不完美，但平权会认为可以先接受，然后再继续争取。

2005 年夏天，年逾八十的华裔老人黄金焕（Gim Wong），作为一位人头税受害人的儿子兼“二战”复员军人，骑摩托车横跨加拿大东西两岸为平反人头税运动做宣传。他横穿加拿大的全国之旅从维多利亚出发，终点是蒙特利尔，途经首都渥太华。黄金焕横贯东西的旅行一时成为加拿大全国舆论关注的焦点，他的壮举不仅令人赞叹，也给人头税未来的平反做足了舆论宣传，给即将举行的大选增加了议题。

2005 年 9 月，安大略省华裔人头税受害人及家属联盟宣布成立。随着人头税平反运动的逐渐扩大，其他地区的人头税受害家庭组织也相继成立或重新焕发活力，最终形成从纽芬兰和拉布拉多省到 BC 省的横跨整个加拿大的全国性联盟。各种临时性的人头税平反组织与平权会紧密合作，为得到合理的答复而继续给联邦政府施加压力。但是，在 2005 年 11 月 24 日，当时的自由党政府为了给选举造势，与全加华人联会等 15 个侨团的代表就人头税问题的最终解决签署原则性协议。在“不道歉不赔偿”的先决条件下，自由党政府承诺拨款，用于支持华人社区的“表彰、纪念和教育项目”，以确认加拿大华人对该国历史的贡献。该协议立即遭到平权会和人头税受害人及家属联盟等华人团体的坚决反对。

虽然平权会及其他为平反而努力的组织拒绝接受这一不公正的先决条件，但自由党政府无视平权会及其他组织的反对，一意孤行，此事在整个加拿大华人社区掀起轩然大波。人头税平反运动当时已经有22年的坚实基础，近年来迅速壮大，要求平反的呼声日益高涨，而且随着2006年联邦议会选举的临近，关于华裔人头税的讨论迅速升温，于是人头税平反运动正式成为2006年联邦大选的重要议题之一。为了争取百余万华人选票，各党派纷纷表态，企图拉拢华裔选民。保守党领袖哈珀于1月4日表示，保守党上台后将重视解决人头税问题，并将就人头税向华人正式表示道歉并做出适当补偿。当天晚些时候，执政的自由党总理马丁也开始对"不道歉不赔偿"协议做出让步。他在接受电台采访时首次以个人身份就人头税向华人表示道歉，但没有说明将来的自由党政府是否会这样做。自由党和保守党先后表明在华人人头税问题上的立场，这是两党为了争取少数族裔移民选票策略的重要组成部分。1月4日，马丁还宣布取消已征收10年之久、数额近1 000加元的移民落地税。哈珀当天也宣布在其第一个任期将把移民落地税先降到100加元。加拿大华裔组织华人促进会说，华裔可决定加拿大联邦国会选举中大约20个选区的投票结果，选战最为激烈的多伦多市特里尼蒂-斯帕迪纳选区也是其中之一。[①] 1月23日，大选结果出炉，保守党获胜，自由党惨败。

2006年2月，中国农历新年前夕，加拿大新任总理哈珀在他当选后的首次新闻发布会上重提了他的竞选承诺——为华裔加拿大人遭遇的不平等待遇做出道歉及对人头税受害人做出平反。在2006年4月的就职演说中，哈珀总理也重申会道歉及平反的立场。时任多元文化国务部部长小田（Bev Oda）及国会特别助理肯尼（Jason Kenney）随即在全国展开社区咨询会议。对广大的加拿大华人社团来说，这是一个历史性的时机——加拿大联邦政府首次聆听了人头税苦主及其家属的经历和意见。在咨询会上，受害人及其家属声泪俱下，诉说了他们在经济上受尽歧视以及被迫与家人长期分离的艰苦岁月，他们的话深深地感动了所有的与会者。

2006年6月22日，超过200位华裔加拿大人聚集在联邦国会大厦，聆听了总理哈珀为人头税及《排华法案》作出的正式道歉。这确实是一个催人泪下的时刻，人头税受害人的叹息和宽慰使目睹者莫不为之动容。对于寥寥生者，这是一个历经漫长等待的致歉；对无数的逝者，则已经为时太晚。随着加拿大政府开始对人头税的幸存者及其配偶进行象征性的赔偿，我们也不能忘记人头税受害者的子女。平权会恳请政府对所有人头税及《排华法案》的"直接受害人"做出赔偿，其中也应该包括人头税受害人的年长子女们，他们也是不公正待遇和种族

---

① 《加政党争相许诺平反华人"人头税"》，《新华每日电讯》，2006年1月10日第5版。

歧视的直接受害人。[1] 但最终，得到赔偿的只是幸存的人头税苦主及其配偶，而更多的人头税苦主的年长子女们并没有得到应有的赔偿，平权会一直认为这是人头税平反运动不够完美的地方，至今该团体也没有放弃进一步的斗争。

2006 年 6 月 24 日，平权会搜集了人头税苦主和家庭，以及各地区分部的意见，其中有 90% 的人希望平权会继续为他们的后代争取赔偿。平权会全国总干事黄煜文表示，未来的争取行动还会是一场硬仗。[2]

3. 平权会在人头税平反运动中的参政方式

从上述的人头税平反运动过程来观察，可以发现，加拿大华人社团采取的参政方式主要有以下几种形式：第一，运用法律诉讼的方式参与加拿大政治。2000年 12 月，在平权会的领导下，3 位人头税受害人向安大略省高等法院提出集体诉讼，起诉加拿大联邦政府，要求联邦政府道歉并赔偿。这三位原告分别是曾经支付人头税的年届 93 岁的麦长灼、89 岁的受害人遗孀周坤英及她 50 岁的儿子李耀华。[3] 虽然没有成功，但在加拿大社会产生强烈反响。第二，通过集会、请愿、游行和示威的方式参与加拿大政治。1984 年平权会发起为人头税平反运动，但多方协商无果，2002 年 10 月 30 日，在平权会的动员下，华人社区在渥太华国会山庄前举行集会，要求加拿大政府平反人头税和《排华法案》。参加此次集会示威的近 200 名华人主要来自渥太华、多伦多和蒙特利尔三地。此次集会得到新民主党和魁北克集团的支持。之前，在平权会的组织下，华人社区发起请愿行动，约 3 000 张由全加各地公民签署、寄给加拿大政府的明信片以及其他信件，先后呈交给总理克雷蒂安办公室，这些明信片和信件均要求政府平反人头税和《排华法案》。[4] 第三，推动人头税平反运动成为 2006 年联邦大选的议题，以华人选票施压各大政党对人头税平反做出支持承诺并在胜选后兑现。如上所述，该策略取得实效，最终实现哈珀领导的保守党政府对人头税问题做出道歉和赔偿，并拨出一笔款项，成立防止种族歧视的基金会，推广反歧视的教育。这些都说明综合运用非选举政治和选举政治方式参与加拿大政治的重要性和有效性。

4. 人头税和《排华法案》平反的积极影响

人头税和《排华法案》的平反使加拿大华人历经 22 年的漫长斗争，终于获得道歉和赔偿。虽然正义到来得有些迟，赔偿的方案不太完美，但还是非常有历

---

① CCNC：《龙的传人（Decandants of the Dragon）》，平权会成立 26 周年志庆和人头税平反成功庆典，2006 年。

② 《人头税，心结难解》，《中国新闻周刊》，2006 年 7 月 17 日，第 37 页。

③ 《平反人头税及排华法：全加华人协进会将告政府》，《华声报》，http：//edu. sina. com. cn 2001/02/05，2001 年 2 月 5 日。

④ 《平反人头税排华法 华人加拿大示威》，万维读者网，http：//www. creadersnet. com/newsView-er_ english. php？ id = 479618，2002 年 10 月 30 日。

史和现实意义，此后加拿大华人社会开始进入一个新时代。在人头税平反和《排华法案》道歉的影响下，加拿大各级政府纷纷反省历史上对华人的歧视和排斥，并做出郑重道歉。第一，加拿大 BC 省二埠正式向华人社区道歉。二埠，即 New Westminster，又称新西敏市。2010 年 9 月 20 日，该市市长赖特（Wayne Wright）代表市政府，确认该市曾经歧视华裔社群，并正式向华社道歉。这是加国首个就过去歧视华人历史与华社和解的城市。同日，二埠国会议员朱理民（Peter Julian）在国会就过去二埠曾有国会议员鼓吹《排华法案》而道歉，有 80 多名华裔及其他族裔见证这个历史时刻。① 第二，BC 省政府正式向华人社区表示道歉。2014 年 5 月 15 日，BC 省议会通过历史性议案，就一百多年前该省歧视华人及反华排华的法令条例，向华人社区正式道歉。这是 2006 年 6 月哈珀政府就历史上向华人征收人头税问题在国会正式道歉后，加拿大首个省级政府就过去的排华历史进行道歉。当天上午，BC 省长简蕙芝（Christy Clark）在省议会正式提出道歉议案，道歉内容包括当时禁止华人投票、禁止华人担任公职和对华人征收人头税，以及在教育、劳工等方面的政策歧视等。简蕙芝表示，当时的 BC 省政府支持并实际征收人头税，这种种族歧视的做法在今天是不可接受和不能容忍的。今天的正式道歉就是要结束该省历史上的黑暗一页。简蕙芝代表 BC 省、省议会，对过去歧视华人的历史性错误致以最诚挚的道歉，并确保同样的事情不再发生。她表示，加拿大华人为此已经等待了一百多年，她对这个时刻的到来感到欣慰。简蕙芝同时肯定华人对 BC 省文化、历史和经济繁荣做出的巨大贡献。一直为推动该议案而奔走的 BC 省国际贸易厅厅长屈洁冰在当天的陈述中，讲述了自己调查到的华人受到歧视的历史细节，在 BC 省博物馆的地下室里，一些当年的华工未能寄出的信件满载血泪，令人动容。道歉议案已经获得 BC 省自由党、新民主党、绿党和独立省议员的赞同。在简蕙芝正式道歉后，省新民主党党领也代表该党向华人道歉。共有 100 多名社团代表和受到《排华法案》冲击的民众出席了会议，其中有 25 名温哥华的华人社团代表获邀出席。② 第三，温哥华市政府正式向华人社区表达道歉。2017 年 11 月 2 日，温哥华市议会一致通过就历史上的歧视政策与法规向华人道歉的报告。③ 2018 年 4 月 22 日下午，温哥华市市议会在位于唐人街的大温哥华中华文化中心举行特别会议，市长罗品信（Gregor Robert-

① 《加二埠市为排华道歉　华裔老兵激动撑场》，中国新闻网，http：//www.chinanews.com/hr/2010/09 – 23/2550719.shtml，2010 年 9 月 23 日。

② 《加拿大不列颠·哥伦比亚省就排华史向华人正式道歉》，中国新闻网，http：//www.chinanews.com/hr/2014/05 – 16/6176523.shtml，2014 年 5 月 16 日。

③ 《温哥华市议会通过排华道歉报告　华人：反映时代进步》，中国新闻网，http：//www.chinanews.com/hr/2017/11 – 03/8367398.shtml，2017 年 11 月 3 日。

son）代表市议会和市府就该市早期歧视华人的历史向华人社区正式道歉。①

（二）维护和增进华人劳工和新移民的合法权益

维护华人劳工和新移民的合法权益是平权会的又一重要使命。自成立以来，平权会一直在为维护华人劳工和新移民的合法权益而斗争，取得许多成果，但社会上损害华人劳工权益的现象仍然大量存在，其中最典型的有欠薪、刻意压低工资和延长劳动时间等。据博讯网 2004 年 4 月 18 日报道，包括 5 名中国新移民在内的 45 名工人，惨遭多伦多市怡陶碧谷区一家无良雇主刻意欠薪，榨取血汗。据多伦多平等就业及劳工资料中心职员拉德介绍，这家位于怡陶碧谷区的工厂 North Star Trading 招聘许多南亚裔、拉美裔及东亚裔工人，在大型仓库内分拣旧衣服并打包装箱，运往国外销售谋利。工人每天工作 8 小时，时薪仅有 7.5 加元。公司于 2003 年 4 月注册，11 月就发生欠薪问题。2004 年初已有该厂工人向安省劳工厅投诉，但没有得到及时回应。其间公司仍继续招聘更多新移民，不少人工作数星期之后未获分文才惊觉上当。据统计，该工厂拖欠 45 名工人工资总共 4 万加元。这家工厂已有恶意倒闭以逃避欠薪的前科，而且专门聘请不谙英语的新移民，因为他们大多不清楚劳工法，也不懂得怎样讨回欠薪，容易受雇主欺诈。针对这种行为，平权会多伦多分会联合东南亚社区法律中心、安省劳工联盟、西语移民服务中心、拉美人反歧视同盟等十多个劳工和移民团体在省议会大厦召开新闻发布会，谴责这种盘剥新移民血汗的行径，要求该公司立即支付拖欠工人的工资、加班费、假日工资及遣散费，并呼吁省劳工厅在对事件展开全面调查的同时，立即下达强制令，通过法院替工人追讨欠薪，对该家公司负责人进行惩罚，同时敦促劳工厅采取更积极的措施，防止类似剥削工人，特别是新移民和妇女的恶行再次出现。②

2010 年 7 月，一个关于加拿大华人劳工对《就业标准法》（Employment Standard Act）熟悉程度的调查显示，加拿大华人劳工，特别是新移民，对自身的劳工权益的认知十分贫乏。虽有部分华人对劳工权益稍有认识，但因为害怕被雇主解雇，纵然被无理剥削亦多忍气吞声，任人鱼肉。平权会多伦多分会总干事麦达宁表示，最让人震惊的是部分受访者背后的故事，有人竟然每周工作 70 小时，但平均时薪只有 4 加元，这与安大略省最低法定时薪工资相差甚远，而类似的故事比比皆是。有不少华人劳工因为不明白相关的劳工法而被雇主剥削，当

---

① 《温哥华市就早期歧视华人历史道歉　道歉中文版全文公布》，中国新闻网，http://www.chinanews.com/gj/2018/04－23/8498179.shtml，2018 年 4 月 23 日。

② 《血汗变废纸多伦多新移民惨遭雇主剥削》，博讯网，http://www.boxun.com/news/gb/intl/2004/04/200404180102.shtml，2004 年 4 月 18 日。

中，又有很多人因生活所迫，由于养家糊口及害怕失去工作等原因而没有坚决捍卫自身权益。因为很少有华人劳工举报违法的不良雇主，雇主常能躲过法律制裁，所以华人劳工的待遇标准一直得不到公平的提高。麦达宁表示，调查还发现一个现象，受访的华人中没有人能够将问卷的 10 个题目完全答对。其中 7 人甚至全部答错，而在这 7 人中，有 5 人是说普通话的华人。① 针对这一现象，平权会和其他维权团体一起，希望透过教育和宣传，向华人劳工和新移民推广劳工标准法，增进他们对自身合法权益的认知，维护他们在职场上的合法权益。

针对上述问卷调查显示华人劳工对《就业标准法》认知十分不足的现状，平权会多伦多分会 28 日晚邀请法律援助中心和工人维权中心的 2 位专家，举办一场普法知识讲座。但令人惊讶的是，整场讲座没有一位工友参加，主办方在失望之余，称工友可能觉得了解这些知识没用。此次问卷调查的主要设计者，即平权会多伦多分会 ESA 项目的组织者邓诗敏，对此冷场局面表示有一点失望，但可以预料。她说，该讲座是在问卷调查当日直接通知被访者，即所有 119 名被访者都知道，而且当时就有一些工友明确表示了解了这些知识也没用，老板还不是想怎样就怎样。她表示，在调查中感到，很多工友不是无知，而是有一种无奈感，认为就算知道这些权益又如何，他们仍旧无法争取到这些权益，因为除了走法律途径，他们想不到更好的办法去争取，而走法律途径通常是最后一步，一般都是在被解雇后才考虑正式投诉雇主。② 虽然平权会在为华人劳工和移民维护权益时遇到许多挫折，但该团体并没有放弃，仍在继续为维护他们的合法权益而努力。

例如，加拿大联邦就业部和移民部声称，公布"临时外国劳工计划"（TF-WP）修改方案是为了保护加拿大居民的就业机会，平权会总干事黄煜文表示不赞同，他指责联邦政府不应只是缩小临时外劳规模，而是应暂停该计划，以解决包括华人新移民在内的加拿大人的高失业率问题。他还表示，平权会去年就已经要求联邦政府暂停临时外劳计划。③ 2007 年 5 月 1 日，平权会与海外菲律宾工人协会、劳工团体、移民权益团体、社区组织、工会，以及部分反战人士等 300 多民众，聚集在温哥华市商业街和东 14 街交汇口的克拉克公园，举行五一劳动节

---

① 《调查显示惊人 加国众多华人劳工不懂法惨遭剥削》，中国新闻网，http://www.chinanews.com/hr/2010/07－24/2423197.shtml，2010 年 7 月 24 日。

② 《称劳工就业权益无用不敢抗争 加华人思维亟须转变》，中国新闻网，http://www.chinanews.com/hr/2010/07－30/2436206.shtml，2010 年 7 月 30 日。

③ 《重启外劳不利华人就业 低薪外劳无碍申请移民》，加拿大家园网，http://www.iaskca.com/6229.html，2010 年 6 月 23 日。

示威活动，强烈呼吁政府需重视劳工权益，保护移民的合法权益。[①]

在平权会多伦多分会执行主席吕少美的领导下，该团体承担了"华语劳工权益与工地安全推广大使和社区研究员"的调研教育项目，在多伦多华人社区引起极大关注。该项目由多伦多市政府资助，是属于多伦多的社区项目，意在于华人社区推广劳工权益和工地安全知识，同时，通过深入调查研究，了解工作场所设置安全措施、违反华语劳工权利的情况，员工工作中受欺凌和被骚扰的状况等。整个项目历时六个月，结束时公开调查报告，向整个社会通报。该项目推出之后，受到华人社区的极大关注和积极响应与参与，报名人数远远超过预期。参与者热情投入，希望通过学习了解自身的合法权益，并主动要求在华人社区做推广大使，目的是让更多的华人合法权益得到有力保障。该项目在华人社区非常受欢迎，吕少美也亲自参与授课，向活动参与者介绍和分享她在工作环境反压迫等方面的研究内容。[②]

（三）反对各种形式的种族歧视和偏见

平权会当初成立的目的就是反对种族歧视和偏见，维护和增进华人的合法权益。平权会领导反 W5 运动和人头税平反运动，都取得了最后胜利。时光已经进入 21 世纪，一直倡导各族裔平等的多元文化主义在加拿大已经根深叶茂，但种族歧视和偏见依然存在，时常会浮出水面，对各少数族裔，尤其是华人造成困扰。笔者在撰写这一节时，从网络视频上看到，在多伦多地铁一号线上，一名年轻的黑人妇女抢了一位中年妇女的手机，口中还在骂"滚回中国去"。后来证实那位中年妇女是菲律宾裔，那位年仅 19 岁的黑人女性被警方拘捕，被控抢劫和种族歧视两项罪名。[③] 所以，平权会一直坚决反对各种类型的种族歧视和偏见是非常必要和有意义的。2005 年 11 月，由平权会主办的"第二届加拿大亚裔公民反对种族主义全国会议"在多伦多市顺利召开。来自加拿大社会各界的活动家、专业人士、机构代表和艺术家等总共 120 多人出席了此次会议。他们汇聚一堂，为建立一个泛亚太裔加拿大公民反种族主义联盟共商对策，最后成功促成联盟模式及宗旨的建立，各区联系网络的成型，资源共享及统筹机制的订立，以及具体行动计划的制订等。平权会及其泛亚太裔合作伙伴将继续组织地区性的研讨会，

---

① 《加移民团体上街示威吁保障移民权益　华人不落后》，中国新闻网，http://www.chinanews.com/hr/mzhrxw/news/2007/05－03/928862.shtml，2007 年 5 月 3 日。

② Lianna Liu：《圆一个公平的梦，架设一座沟通的桥：专访全加华人协进会（平权会）多伦多分会执行主席吕少美（Siu May Lui）》，《北美时报》，http://www.naweeklytimes.com/hd/hd469－6.html。

③ 《高喊"滚回中国"加拿大黑人女子自首　被控两罪名》，中国侨网，http://www.chinaqw.com/hqhr/2018/08－03/197839.shtml，2018 年 8 月 3 日。

为大家需要优先考虑的各项议题，如移民、安全、就业、教育、媒体及种族，建立一个共同的议程。①

2010 年 7 月初，加拿大保安情报局（CSIS）局长法登（Richard Fadden）在接受 CBC 访问时声称有（华裔）公职人员里通外国，受到外国政府操控。此事在华裔社区引起巨大反响。7 月 5 日，多个华人团体一起召开记者会，团结一致指责法登的言论对华裔社群构成严重伤害，要求他收回言论，做出道歉，并且与华裔社群坐下来对话。记者会由温哥华中华会馆和全加华人联会太平洋区分部联合召开。平权会、中侨互助会、加华军事博物馆、卑诗抗日战争史实维护会等多个华人团体均派代表出席。温哥华市 3 名华裔市议员周炯华、雷健华、郑文宇，BC 省议员关慧贞等从政者都到场。平权会全国主席周明辉出席了记者会，他指出，法登的言论抹黑了整个华裔社群，平权会对此事非常关注，而法登在接受访谈前后的矛盾言论，更是对整个华裔社群带来极大伤害。如果法登在访谈中的言论属实，他应该进行调查及通知相关的部门，而不是公开乱作指控。②

2010 年 11 月 10 日，平权会召开记者会公开谴责加拿大时事杂志《麦克林》（Maclean's）一则指本地大学"太亚裔化"的报道。12 日，该组织又连同数个华人社团代表，与该杂志的代表会晤，表达他们对该报道的不满，但双方暂时没有就如何解决此次争议达成方案。平权会全国总干事黄煜文 13 日向《明报》证实，他跟多伦多分会的代表、展望青少年领袖培训计划，以及另外两个华社组织的代表，已于 12 日下午跟该杂志的代表会面，就该文章所引发的争议进行了交流。对于是否要求杂志撤回报道、就报道向华社道歉，黄煜文则没透露，只证实对方提出了方案。他说，他会就对方的回应撰写报告，同时也在收集各界意见，然后向该会董事会提出应对方案，希望对方尽快给予答复。《明报》获悉该杂志在双方会谈上提出让平权会在该杂志下一期刊出该会的关注来函。该杂志也承认他们在文章的"太亚裔化"标题首个版本中漏了"？"符号是技术上出错。黄煜文表示，对方指报道中所提到的"太亚裔化"，是表达"太艰难"的意思。他对于对方认为不同年代人士"过滤"该文章时观点不同的说法表示不接受，因为包括年轻人在内，看过文章的人都感到强烈不满。该杂志早前回应华文媒体时，已重申该文章所谈及的是"种族"（race），而非"种族歧视"（racism）。另外，13日也有华社人士在社交网站脸书上，设立反对该文章的网页"Not Too Asian"，呼吁人们声援平权会谴责《麦克林》的行动。该网页创立者声言要向该杂志追

---

① CCNC：《龙的传人（Decendants of the Dragan）》，平权会成立 26 周年志庆和人头税平反成功庆典，2006 年。

② 《情报局长抹黑华裔 印裔报章借势诬华》，加拿大《明报》，2010 年 7 月 6 日。

究到底，要求对方向华社道歉，承认文章是因为种族偏见出错。[①]

2011 年 10 月 27 日，多伦多市议会通过禁鱼翅法案，在加拿大华人社区引发争议。之后，多伦多华商会收到多封含有恐吓言辞的信件，攻击该团体在多伦多禁翅一事上采取的立场。其中 11 月 29 日收到的一封自称来自"美国/加拿大动物解放组织"（Animal Liberation of USA/Canada）的信件，尤其令人严重关注。这封信件不仅使用极端种族歧视和暴力的言辞，攻击加国华人社区整体，更威胁在大多伦多地区不同的华人聚集区下毒污染食品，对居民及餐馆或超市的顾客造成人身伤害。2011 年 12 月 5 日，平权会多伦多分会发表声明，强烈谴责自称环保团体围绕禁止鱼翅问题，向多伦多华商会发恐吓信、威胁在唐人街餐馆及超市食品中下毒的行为。对于近期有人围绕多伦多市立法禁止鱼翅一事，使用极端种族歧视和暴力的言辞针对加国华人社区一事，平权会多伦多分会表示深切关注和担心。该会声明称："加国华人社区本身在观点、信仰及意见上具有多元性，但总体而言，加国华人作为一个整体，遵守及尊重加拿大的法律和秩序，努力对本国社会做出积极贡献。"该会行政总监表示："不论（团体或个人）在禁翅议题上持何种立场和观点，都不能成为使用暴力和刑事犯罪方式，攻击加国华人社区的借口。近期多伦多市政府禁止鱼翅交易的附例生效，亦不能理解为可以合理地使用仇恨犯罪方式针对加国华人。"他还表示："平权会多伦多分会强烈谴责发给多伦多华商会的这封威胁信件，并呼吁在禁翅问题上持各种不同立场的团体，及多伦多市议会，共同谴责这种行为。"在平权会的敦促下，多伦多警方将该事件列为仇恨犯罪，并展开罪案调查。[②]

2012 年，加拿大德华国际矿业有限公司从中国引进 201 名中国矿工，他们获准以临时外劳身份前来 BC 省采矿，事件引发当地工会不满并提告。由于诉讼闹得沸沸扬扬，媒体及网络上也出现许多情绪性或充满种族主义色彩的言论，导致该公司宣布关闭矿场并扬言撤资。平权会全国总干事黄煜文认为透过法庭厘清争议是好事，但在"反中偏见"（anti-China bias）作祟下，却逐渐变成赤裸裸的种族主义。黄煜文说加拿大的"临时外劳"政策是否恰当，以及这些中国矿工是否符合申请资格是可以探讨的议题，但很不幸的是，他却必须就此事对"种族主义"做出回应，而非问题本身。事实是从引入中国矿工问题出现争议后，不少言论已偏离事件的本身，成为对中国矿工的攻击，包括指责他们来"抢饭碗"等，这种说法让人想起百多年前，同样有本地白人指责当时的华工"抢饭碗"，最后

---

①　《加华社驳斥"亚裔占大学"论　开 Facebook 促道歉》，加拿大《明报》，2010 年 11 月 15 日。

②　《华商会反禁鱼翅接恐吓信　加平权会发声明强烈谴责》，中国新闻网，http://www.chinanews.com/hr/2011/12 - 07/3513806.shtml，2011 年 12 月 7 日。

更导致"反华人"暴乱，加国政府实施针对华人的人头税种族歧视政策等。①

2013 年 10 月 16 日，美国 ABC 电视台深夜脱口秀节目《吉米·基梅尔秀》（*Jimmy Kimmel Live*）中播放"杀光中国人"的辱华言论，引起了美国华人社会的强烈抗议并要求道歉。加拿大本地罗渣士传媒（Rogers Media）旗下的 City Television（CTV）也同步转播了该节目，平权会敦促该电视台道歉，而对方仅以致信的方式回应，没有真诚表示歉意，平权会总干事黄煜文表示不满，并向加拿大视讯委员会（CRTC）投诉，要求处理事件。他认为罗渣士传媒转播这类带有建议屠杀言论的节目是极为不负责任的行为。他代表平权会于 11 月 13 日向该电视台致信并通电话，要求对方为该事件道歉，并保证未来加强节目审阅，避免类似事件再次发生。11 月 14 日，罗渣士传媒回信致歉，以下是信件的内容："黄先生：谢谢你致信来告诉我们你的关注！代表罗渣士传媒，我们对所有为 2013 年 10 月 16 日的《吉米·基梅尔秀》的《儿童圆桌会》节目感到受侵犯的观众表示道歉。我们致力于通过媒体平台反映多元文化，这个节目也一样，但我们对该节目冒犯一个社区民众的事实感到难堪。《吉米·基梅尔秀》是从美国 ABC 电视台获得的节目，罗渣士传媒没有参与制作任何节目的内容，但今后我们依然会加强节目审阅，确认类似的冒犯性内容不会再被播出。"黄煜文认为，该道歉显得不够真诚，不够具体，如日后加强审阅过程的方法说明不够确切，华裔社区民众应该知道这个改进的结果。此外，他还希望对方能将道歉声明放在官方的网站上，用公共申明的形式进行道歉，而不只是一封发给他个人的邮件。平权会也将全力支持美国当地团体的进一步行动。②

2014 年 10 月 26 日是多伦多市长选举的前一天，多伦多《太阳报》刊登了一幅描绘多伦多市长候选人邹至蕙的政治漫画。这幅由该报政治卡通漫画家唐纳顿（Andy Donato）所绘的漫画显示，邹至蕙眼睛斜视，戴着一副厚重的深度大框眼镜，身穿影射中国的服装，站在滑板上，手提脚踩着已故丈夫林顿（Jack Layton）常穿的燕尾服。该漫画意指邹至蕙是加拿大华人，又是女人，因此没有足够的能力当市长，要靠已故丈夫的影响力去竞选。这是明显的种族歧视和性别歧视，因此，平权会要求《太阳报》就该事件道歉及问责。但《太阳报》表示，该幅漫画自始至终只是想表达政治意见，没有任何推广种族或性别歧视的想法。《太阳报》为平权会对该幅漫画持不同意见感到遗憾，但坚决否认漫画中隐藏有种族歧视及排外的成分。平权会认为无法接受《太阳报》的解释，呼吁公众发

---

① 《种族偏见？从引入中国矿工到种族主义色彩的言论》，加拿大家园网，http：//www.iask.ca/news/canada/2012/1126/168484.html，2012 年 11 月 26 日。

② 《转播辱华节目 平权会对 CityTV 不依不饶》，加拿大哈法华人网，http：//chinesehalifax.com/article - 4180 - 1.html，2013 年 11 月 17 日。

抗议信给该报，表明对该报的解释和有限道歉是不可接受的，要求该报"毫无保留""不带任何条件"地公开道歉，并修改目前政策和做法，以避免类似的事件发生。为了便于行动，平权会在其脸书账号上制作了一个信函模板，支持者只需花 30 秒钟便可完成抗议信，然后电邮至该报主编 Wendy Metcalfe。[①]

（四）长期从事选民教育和选举动员，鼓励华人参与选举政治

除了通过各种途径为华人劳工和移民维护和增进合法权益之外，平权会一直在从事选民教育和选举动员，鼓励华人参与选举政治。

早在 2006 年联邦大选之前，平权会就指出，人头税问题将是加拿大华人参政的一个新转折点，华人社区应明白，如果不参加选举投票，未来只会继续被政府忽视。该会会长华文娟指出，每次加拿大选举，该会都会提出一些与华裔社区有切身关系的事项，要求各大政党和候选人表态。该会在此次大选中提出六大项议题，其中平反人头税排第一位。保守党、新民主党、魁北克集团和绿党这 4 个反对党都已经表示要平反人头税并作出道歉，只有时任总理马丁尚未表态。还有移民、国际学生、医疗、社会服务机构拨款、就业等总共 12 个问题。华人投票率向来偏低，期待人头税和其他议题能使社区更关心大选。平权会创办人王裕佳医生说，联邦政府这次非常不公平地处理人头税，是一个很大的教训。华人社区如果早就热心参与政治，自由党绝对不敢如此对待华人。华人是加拿大历史上唯一被立法歧视的族裔，政府必须道歉。如果华人社区再不积极参与选举，将继续被政客当作弱势社区，任人牵着鼻子走，毫无自主，不能够决定自己的命运。20 多年前平权会的成立是华人社区的转折点，华人不再逆来顺受。通过人头税事件华人的参政意识开始觉醒。华人社区应积极参加选举投票，每一张选票对争取平等都很重要。很多人误以为差自己一票没关系，但集腋成裘，全加有 100 多万华人，足以影响加拿大政治。华人在这次大选中除了要投票之外，更必须发言问政。投票只是被动参与，只有在辩论会上敢于质询，或主动向候选人提出问题，讲出诉求，才能让政客明白社区的需求，才能真正解决人头税问题。未来即使自由党仍能继续执政，也会有所改变，否则日后只会任人摆布。这一代华人有责任洗清百余年来人头税和《排华法案》的耻辱，不再做二等公民，这才对得起早期华工移民的艰辛。他们当初是被迫交纳人头税，而不是政府所说的自动和自愿。事关华人社区的角色和尊严，没有妥协余地。人头税受害人和家属并非要求

---

① 《邹至蕙漫画涉歧视　平权会要太阳报道歉》，温哥华天空网，http://www.vansky.com/news/jgxw/6150. html，2014 年 10 月 27 日。

巨额赔偿，金额多少不是问题，重点是正式道歉，大部分人只要象征性的赔偿。①

2010 年 12 月 4 日，由平权会全加总会、平权会多伦多分会、港加联、公民动力及城市族裔关系联盟 5 个组织合办的"市选华裔候选人经验分享圆桌会议"（Post Municipal Election 2010 Roundtable），在万锦市政厅举行，有 30 多名参选的华裔候选人，包括 6 名当选者、竞选经理及时事评论员出席。此次会议探讨 4 大主题：第一，竞选经验；第二，参与投票华裔选民分析；第三，媒体在整个选举过程中担任角色；第四，社群怎样准备和支持参选人。② 如此之多的华裔候选人参加经验分享，有助于未来华裔精英人士的参选。

2014 年 10 月 26 日，多伦多市长华裔候选人邹至蕙举行记者会，有 70 多人为她站台背书，支持者超过 50 人，包括华人社区领袖王裕佳、加拿大安省越棉寮华人协会会长陈福、多伦多东区华商会会长张哲旋、加拿大劳工议会安省区域总监吴温温、平权会多伦多分会会长黄慧文和全国总干事黄煜文、多伦多市议员赵成俊，及居于选区内亚历山德拉公园（Alexandra Park）老人公寓的 70 多岁长者陈月琴等。

2015 年，平权会把鼓励华人积极参与联邦选举，维护和增进华人权益，扩大他们在加拿大政治上的影响作为团体的主要工作。2015 年 9 月 2 日，平权会发布本次联邦大选全国范围华裔候选人的名单，当时总共有 22 名华人精英参选，比上一届 17 名华裔候选人多近 30%。平权会呼吁有投票资格的华人选民积极进行选民登记，尽量熟悉选举事务，大胆向候选人提问，以便在大选日投出自己神圣的一票。平权会全国总干事黄煜文表示，选民只有在大选时发出自己的声音，行使自己的权利，才能在今后更好地监督执政者。平权会还制作了一份关于大选议题的调查问卷，提交给各政党候选人，回收分析后，向选民公布结果，作为选民投票的参考。平权会还转发了加拿大选举局正在招募本届联邦大选的选举官员的消息，鼓励华裔积极应聘，不但可以获取报酬，也可由此熟悉投票程序。③

（五）与其他族裔团体合作影响加拿大移民政策

虽然华人参政团体与其他族裔团体联合建立新的跨族裔参政团体比较困难，但在共同议题上可以展开合作，影响加拿大政府的公共政策，维护和增进华人与

---

① 《全加华人协进会指出人头税将成华裔参政新转折点》，中国侨网，http://www.chinaqw.com/news/2005/1226/68/10663.shtml，2005 年 12 月 26 日。

② 《多伦多市选华裔候选人分享经验 有助华裔日后参选》，中国新闻网，http://www.chinanews.com/hr/2010/12－06/2701369.shtml，2010 年 12 月 6 日。

③ 《加拿大联邦大选已有 22 名华裔出战 较上届多近三成》，中国侨网，http://www.chinaqw.com/hqhr/2015/09－02/62898.shtml，2015 年 9 月 2 日。

其他少数族裔的共同合法权益。例如，与加拿大新移民及海外各地移民申请人密切相关的加拿大公民及移民法修改草案 C－50 法案 2009 年在联邦众议院进入三读阶段，很有可能在三读通过后送交参议院批准及由总督签署成为法律。相关人士痛批自由党在国会表决阶段畏缩不前，言行不一。新民主党批评保守党没有诚意真正解决移民个案积压问题。平权会联合加拿大多元文化协会、加拿大阿拉伯裔协会以及加拿大食品及商业工会等多个族裔及劳工团体，在表决之前宣布反对保守党政府提出的移民法修改草案，并强调法案在通过成为法律之前应该听取更多公众的意见。平权会全国总干事黄煜文痛批国会主要反对党自由党因忌讳触发大选而在法案辩论及表决过程中放弃原则，畏缩不前。他指出在之前的移民法修改辩论过程中，对国会议员邹至蕙提出的一项搁置移民法修改草案表决的动议进行表决，结果有 114 名保守党议员投反对票，新民主党、魁北克集团加上大约 10 名自由党议员总共 83 人投赞成票，自由党国会议员过百人，但在投票时绝大多数缺席放水，令邹至蕙的议案无法获得通过。黄煜文指自由党一方面大肆指责移民法修改草案不合理，另一方面又顾忌投反对票否决该法案会触发大选，这根本是口是心非、不讲原则的行径。他认为，如果自由党承认这一法案本身有问题，就应该态度明确地投反对票，才算是有担当。①

　　新修订的移民法已经通过并正式实施，但社区多个团体在最后一刻仍在坚持表示抗议，指新移民法弊大于利，其中对技术移民的计分法、工作经验、工作安排、语言能力等多方面的限制，将使很多可以对加拿大有贡献的人士被拒之门外。平权会联合安省移民服务联会（Ontario Council of Agencies Serving Immigrants）、移民及难民政策联盟（Coalition for a Just Immigration and Refugee Policy）及南亚裔服务联会（Council of Agencies Serving South Asians）共同召开记者会，反对正式实施的新移民法。平权会移民及难民政策委员会主席冯玉兰表示，在新法施行之前，就已预见不少问题。如果政府仍然坚持执行，本来就问题很多的法案，将严重影响加拿大汲取合适的新移民的目标，尤其是加拿大经济增长与劳工市场很大程度上依靠新移民及技术移民提供。她还指出，语言能力方面的计分法，对非英语或非法语为第一语言的人士是一个很大的打击；其他方面如适应能力、加国工作经验、亲属配偶、加国留学经验等，都是申请人容易失分的类别。整个计分制忽视了现时加拿大社会中，不少对社会有贡献的移民不一定懂法语，他们可能举目无亲，但不会阻碍他们发挥专长及经验，因此该计分制的漏洞仍然很多。如果政府仍坚持执行，只会是加拿大的损失。她也担心，现在的申请个案

---

① 《加拿大 C－50 法案进入三读阶段　一再遭相关人士抨击》，华商移民网，http://www.yimin.net.cn/jianadayimin/yimindongtai/828.html，2009 年 12 月 30 日。

已经堆积如山，而新移民法又使很多合资格申请人不能通过正常渠道来加拿大，一部分人可能会铤而走险，通过偷渡或其他非法途径来加拿大。她认为加拿大需要的是一个公平、合理的移民申请及审核制度，而不是单纯将难度提高。虽然合格分数已从80分调低到75分，但她认为仍然过高。她最后表示，新移民法已经势在必行，所以平权会将在短期内与多个团体共同商讨有关对策，征集更多团体和族裔的意见；将继续批评新移民法，监察新移民法的执行；将要求政府在一年后进行全面检讨。[①]

四、面临的挑战与未来发展前景

平权会历经40多年风雨，如今与全加华人社区的联系更加紧密。在加拿大华人社区面对社会平等、人权现状、工作环境等方面的不公平现象时，平权会总是尽全力提供所需的支持与援助。40多年前的W5事件曾在2010年历史性重演，当渲染华人和亚裔侵占了太多大学校园位置的声音时隔30年后再次响起，平权会依然一如既往站在最前线，表达华人社区的抗议和心声，努力消除种族歧视的杂音，赢得主流社会的尊重。在2020—2022年新冠疫情期间，加拿大华人社区遭到数量空前的种族歧视和仇恨犯罪的困扰，平权会及其分会又站在最前线，团结广大华人民众和其他亚裔，共同与各种形式的种族偏见、歧视和仇恨犯罪作斗争，维护华人及亚裔的合法权益。

虽然平权会自成立以来为维护华人权益做出了重大贡献，在华人社会有非常好的口碑和影响力，但该团体面向未来依然存在一些巨大的挑战。第一，加拿大华人社区正在日益多元化，各个不同的群体有不同的利益诉求，平权会要展现领导力，为每一个群体服务并让他们满意，是非常不易的。例如，针对日益增多的非法移民，要为他们争取大赦，有的华人支持，但有的华人反对，平权会该如何做？又如，父母移民的时间原来为7年，在平权会的努力下，现在调整为3年。再如，联邦投资移民资格原来每年为4 000个，但后来被取消，在平权会的争取下，现在保留为70个，虽然只具象征意义，但得来不易。第二，平权会总会人力和精力有限，也是一个重要挑战。总会现在主要关注联邦政府层面的事务，而且每一项具体事务都要花很长时间去处理，而人手有限，人的精力也是有限的，有时根本忙不过来。第三，要得到社区的支持也非常难，这是平权会面临的又一挑战。华人社区十分复杂，有新老移民之别，有合法非法之差，还有地域语言之

[①] 《新移民法今起实施　一年后全面检讨》，加拿大移民俱乐部网，http://www.ymclub.com/immi/ns7.htm。

异，甚至政治立场完全对立，等等。得到他们的一致支持实为不易。第四，在维护华人劳工阶层权益的时候，如何平衡劳方与资方的诉求非常困难。例如，平权会要求唐人街的华人雇主为华人劳工增加最低工资，减少对工人的剥削，但如果逼得太紧，华人雇主会说，如果要增加工资，就裁员或关门，会有更多工人失业；而如果不采取行动，雇主坚决不加工资，华人劳工的权益又得不到改善，确实两难。虽然面临着这么多的挑战，但这些年平权会一直在坚持自身的宗旨和目标，为维护广大华人的合法权益继续努力。

展望未来，华人移民在持续增加，华人社区面临的社会问题会更多，需要平权会提供的帮助更多，其发展前景更加广阔。尤其是在这么多华人精英和普通民众的积极参与之下，相信平权会能做更多事情，为维护和增进加拿大华人的权益做出更多贡献。也期待未来在华人社区出现更多的类似平权会这样的华人参政团体，与平权会一起维护和增进加拿大华人的合法权益，推动加拿大多元文化的传承与发展。

第三节　当代加拿大华人社团政治参与存在的问题与障碍

华人参政团体在加拿大华人参政中一直发挥着领导和推动作用。华裔候选人在筹集竞选经费、为选举宣传造势的过程中都离不开华人参政团体的支持。华人精英参选必须先得到所在选区华人社团的支持，这已经成为一个不成文的"规定"。现在华人社团已经具备提供大量钞票和选票的实力。笔者访谈曾经参选的加拿大华人精英，他们大多数表示，每次竞选的筹款工作都是从当地的华人社团开始，选票就更不用说，得到一个华人社团的背书支持，就意味着得到一大批选票的支持，因此，华人社团在华人参政过程中的影响力自然越来越大。

21世纪以来，加拿大华人社团普遍呈泛政治化发展趋势，即通过各种不同途径不同程度地参与政治，这是令人值得高兴和关注的现象。除了各地的中华会馆之外，其他传统华人社团也随着时代发展和加拿大华人社会结构的变化不断更新内部结构，在加强彼此联系和相互支持的同时，都开始直接或间接支持华人参政。如全加华人联会旗下的数百个华人社团，在承担传统功能的同时，也在拓展参政方面的领导作用。最典型的是在人头税平反运动过程中，该团体与平权会之间就如何解决人头税平反问题产生分歧和矛盾，甚至唇枪舌剑，但都积极参与，为人头税受害者及其家属代言，从某种程度上说这是好事。

在华人参政过程中，参政团体对促进华人参与当地政治贡献巨大，一直发挥着核心领导作用。自 20 世纪 90 年代以来，华人参政团体通过对华人社区钞票和选票的整合与运作，使众多华人精英在各级选举中获胜或被委任为各级政府公职，提升了华人对加拿大三级政府的影响。在华人参政团体的教育和动员下，普通华人民众的参政意识有显著提升，参与投票和助选活动的频率明显增加，在非选举政治方面的成就更加突出，如在平权会和全加华人及社团的共同努力下，终于取得人头税平反的阶段性和历史性胜利。但华人参政团体在新时代也面临诸多挑战，如华人参政团体的活力不足、发掘和培养参政人才难、团结各华人参政团体难，以及与其他亚裔合作组建新型参政团体任重道远等。

一、华人参政团体的活力不足

随着加拿大华人人口快速增长，而且素质提高，参政意识增强，华人参政团体理应抓住机遇，吸收更多的新成员，增加自身的活力。但据笔者在加拿大华人社区的调查发现，许多华人参政团体都存在青黄不接的情况，多年来仍然保持原样，没有任何改变，甚至规模还在萎缩。有些华人参政团体永久地址的大门长期紧闭，好像很久都没有人员进出。这让人非常失望。如何吸引新的华人会员，增加组织活力，推动当地华人更多地关注政治，值得华人参政团体的深入思考。在加拿大华人社会日益多元化的今天，非营利的华人参政团体确实有很多不利的发展因素。例如，华人参政团体不是政党，通常不能直接参与政党政治活动，这限制了他们的政治影响力。而且由于非党派非营利性质，受法律限制，在政治参与过程中只能举办候选人论坛，进行选民教育，推动选民登记，鼓励选民参加投票，而一般不能直接授权支持某个党派或候选人。如何与时俱进，吐故纳新，吸收更多新成员，增强华人参政团体的活力，是当务之急。

二、发掘与培养华裔参政人才困难

华人参政团体培养参政人才的方式有很多，如通过举办类似"市政府、市议会、市法庭模拟操作研习营""政府事务讲习会""华人精英参政培训学校""华人青少年参政议政训练营"等活动，接受有志参政的华人精英的加入，同时吸引华裔青少年或大学生参加，使他们在寓教于乐的课程中培养参与公共事务的兴趣与能力，并提供"参政实习奖学金"，鼓励和推荐对参政议政有兴趣，并具有发展潜力的华裔青少年前往加拿大三级政府部门或民意代表的办公室实习，以拓展他们的视野，为将来参政议政打下坚实基础。虽然华人参政团体付出许多努力，做了许多普及参政的基础工作，但在后来真正走上参政道路的华人依然很少。在实用主义至上和个人生存发展至上的加拿大，这可以理解。未来华人参政团体在挖掘培养华裔精英参政人才时，一定要首先考虑他们是否有为社区奉献的牺牲精神，还要考虑他们个人的兴趣和能力，有的放矢，定向培养，彻底解决华人精英参政人才不足的问题。

三、各华人参政团体之间较难团结

"不团结"是华人社团的通病之一，也是加拿大华人社团参政的重大障碍之一。加拿大是多党制，华人可以通过加入主流政党参与政治，也可以自己组建政党参与政治，这使华人有更多的选择，也使华人社团更难以团结参政。不同的参政团体之间理念不同和利益不同，导致对同一问题的立场相左、观点迥异是正常现象。即使同一华人参政团体内部成员也常常因为彼此观点和立场相异而分道扬镳，另立山头。最典型的案例是在人头税平反议题上，全加华人联会与平权会及其支持成立的华裔人头税受害人及家属联盟之间的立场与观点完全对立，最后互不往来。在政党认同方面，华人主要加入保守党、自由党、新民主党和绿党参与政治，虽然在法律上没有任何问题，但实际上确实分散了华人集团的政治影响力，很难影响加拿大各级政府与政治。华人社团要组成跨党派联盟更是难上加难。即使组成了跨党派联盟，也只是暂时的。这些临时性的跨党派参政团体由于原参政团体的华人领袖欲较强，以及各参政团体的"山头主义"和"来源地情结"作祟，在选举结束后很快停止运作，如昙花一现，很难实现真正的团结。

此外，华人社团内部也有新老之分、来源地之分、专业之分和阶层之分等，导致不同的华人社团代表的利益主体也不一样，从而难以合作。如各地的中华会馆、中华公所等地缘性和亲缘性老社团长期由华人商界精英人士主导，主要代表华人商业阶层的商业利益，而新社团大多是由华人社区服务精英主导，更重视华人社区的整体福利，但二者都试图代表整个华人社区。因此，两类社团在华人社区的政治代表权上有本质冲突，很难合作。但新老华人社团在政治参与上各有优势，如老社团，尤其是亲缘性社团，在通过政治捐款支持有意竞选政府公职的华人精英取得竞选胜利上处于优势地位，而新社团长期致力于深耕华人社区，提高华人参政意识，在鼓励和动员广大华人选民参加选举和投票方面有优势。如果二者合作，完全可以形成互补，共同推进在加华人的政治参与水平，提升他们在加国政坛的影响力，但如何协调并整合他们各自拥有的政治资源仍是一个难题。

目前，加拿大华人社团有1 000多个，代表了各阶层、各行业，而且都在为争取和维护华人权益而努力，但这些社团在处理一些共同问题时出现意见分歧又缺乏协调沟通。例如，2005年11月，全加华人联会在没有和平权会与人头税受害人及家属联盟达成共识的前提下与联邦政府多元文化国务部签署协议，同意政府拨款资助加拿大华人移民史教育项目，而前提条件是政府对此"不道歉不赔偿"。这引起平权会和人头税受害人及家属联盟的极大不满。平权会和人头税受害人及家属联盟坚决要求道歉并赔偿。人头税问题尚未解决，倒暴露了华人社团之间更大的争端和对立。若不是借助2006年联邦大选，恐怕人头税问题仍不能得到解决。此外，加拿大华人移民来源复杂，他们主要来自中国大陆、台湾和香港，还有的来自东南亚和拉美等国家和地区。这些来自不同国家和地区的华人组建的社团由于历史原因有着不同的政治观点。即使来自中国大陆不同地区的华人组成的社团，也会出现各立山头、意见分歧的现象。这些都影响他们在参政中发挥更大作用。

四、与其他亚裔参政团体合作任重道远

华人参政团体与其他亚裔参政团体合作的路径通常有两条：就某一具体议题展开合作和共同组建新型亚裔参政团体。在美国，20世纪80年代发生了一系列歧视和排斥亚裔的重大历史事件，在这些事件的推动下，华人参政团体与其他亚裔参政团体开始了以议题为基础的合作，因为像国与国之间的关系一样，"没有永久的朋友，也没有永久的敌人，只有永久的利益"。在加拿大也是一样，华人参政团体与其他亚裔参政团体可以在共同议题的基础上展开合作。例如，加拿大联邦政府的移民政策对广大亚裔移民的影响是相同的，尤其是在亲属移民和技术移民政策等方面，因此华人参政团体完全可以在移民政策改革方面与其他亚裔参政团体展开合作，影响加拿大联邦政府的相关决策。另外，在反对种族歧视方面华人与其他亚裔也有高度共识，华人参政团体与其他亚裔参政团体可以在这方面继续加强合作。

华人参政团体与其他亚裔参政团体合作的又一路径是共建新型亚裔参政团体。近年来，华人参政团体除了呼吁加强内部团结外，还把与其他亚裔参政团体整合起来共同参与加拿大政治作为己任。这理论上没有错，但现实中很难行得通，一方面可能因为华人的领袖欲太强，另一方面是由于亚裔来自亚洲各地近30个不同的国家和地区，除了肤色相近，历史上许多曾受到西方殖民统治之外，没有其他太多共同点。相反，不同点却非常多，如来源地不同、赴加拿大的时间先后不同、人口规模不同、语言不同、宗教信仰不同、在加拿大当地的利益不同，甚至在某些领域产生过激烈竞争和冲突，要联合组建参政团体谈何容易。例如，华人是加拿大第一大少数族裔，印度裔是第二大少数族裔，二者有共同利益也有很大分歧，二者各自组建的参政团体之间既有合作也有竞争。二者在具体政

治议题上开展合作完全有可能，但要共建新型亚裔参政团体进行合作仍然任重道远。

小　结

华人参政团体是族裔利益集团或族裔压力集团的一种，在加拿大华人参政过程中一直发挥着领导和推动作用。当代加拿大华人参政团体的发展与繁荣始于20世纪80年代的一系列反歧视斗争，如反对W5歧视活动、争取人头税平反及赔偿和《排华法案》道歉的斗争等。华人参政团体的政治参与从当时以非选举政治参与为主、选举政治参与为辅，发展到现在以参与选举政治为主、参与非选举政治为辅。另外，当代加拿大华人社团有泛政治化的发展趋势，即所有社团都在一定程度上参与政治。华人参政团体可分为临时性的党派参政团体和超党派参政团体、常设性的党派参政团体和超党派参政团体，其中以常设性超党派参政团体和常设性党派参政团体为主。当代加拿大华人参政团体的参政方式主要有参与非选举政治和参与选举政治两大类型，其中参与非选举政治又可以分为7种具体方式，参与选举政治可以再分为3种具体方式。两大类型的参政方式可以根据现实需要相互配合，综合使用，以维护和增进华人社区的合法权益。当代加拿大华人参政团体数量众多，还在不断涌现，本章不可能一一进行研究，所以仅选取全加华人协进会作为典型案例，分析华人参政团体如何同时运用非选举政治方式和选举政治方式参与加拿大政治，取得人头税平反和《排华法案》道歉斗争的胜利。这一典型案例说明华人参政团体把参与选举政治和非选举政治相结合的重要性。本章最后总结了当前华人参政团体参政存在的主要问题与障碍，如华人参政团体活力不足、发掘和培养参政人才难、团结各华人参政团体难，以及与其他亚裔合作组建新型参政团体难等。本章只是对华人参政团体的沿革、类型和参政方式进行系统梳理，期待未来有机会对该问题进行拓展研究，通过大量华人参政团体参与政治的案例研究来总结新时代华人社团参政的特点、功能、影响和未来发展趋势。

第五章

当代加拿大华人普通民众的政治参与

当代加拿大华人普通民众的政治参与这一章，是本书研究问题的最大难点。首要原因是相关研究资料特别少。各种相关文献记载和新闻报道中通常都是讲述当代加拿大华人精英的参政情况和华人社团在加拿大华人参政过程中的领导和动员活动及其作用，很少谈到华人普通民众的政治参与活动，即使谈到也只是笼统地概述华人普通民众积极参加投票和助选活动，与以前相比有较大进步，但对大多数华人普通民众依然对政治冷漠、投票率仍然较低等情况无法进行详细深入的分析。出现上述情况的深层次原因是极度缺乏关于当代加拿大华人政治参与的具体相关数据，如每次三级选举中华裔公民的投票率、华裔民众对加拿大各大政党的支持度、华裔民众提供政治捐款的具体次数和金额等，因此很难定量测量华人普通民众的参政水平。虽然有上述这些困难，但通过大量的文献阅读和实地观察，笔者还是发现了一些关于当代加拿大华人普通民众参政的基本数据和具体案例，希望能以此阐释当代加拿大华人普通民众政治参与的主要方式、表现和特点以及存在的主要问题与障碍。

第一节　当代加拿大华人普通民众政治参与的主要方式

当代加拿大华人普通民众的参政方式与华人精英和华人参政团体一样，可以分为参与选举政治和参与非选举政治两种类型。其中，参与选举政治的主要方式有参加选举投票、提供政治捐款、通过各种途径为各级候选人助选等；参与非选举政治的主要方式有个人接触、游说和请愿，集会、游行、示威、抗议和抵制，投诉、发起法律诉讼和提案，加入或组建参政团体和政党等。这些方式都是当代加拿大华人普通民众参与政治，维护自身合法权益，推进加拿大社会进步的重要手段。

一、参与选举政治的主要方式

（一）参加选举投票

参加选举投票是加拿大普通华人民众参与加拿大政治的最基本和最重要方式之一。这种方式不仅展示华人普通民众的参政意识和参政水平，而且能对各级政府和政客制定和执行公共政策，尤其是有关华人社区利益的公共政策产生重大影响，有利于维护和增进华人社区的合法权益。最典型的案例是，在2006年联邦保守党政府正式向华人社区就历史上的《排华法案》道歉，并向人头税苦主及其配偶道歉和赔偿，其背后的主要原因是有着100多万人口的华人社区在选票上能够产生重大影响。据统计，2006年，在全加拿大的22个国会选区，华人选票影响巨大，其中大部分集中在大多伦多和大温哥华地区，对自由党或保守党的取胜非常重要，所以在选前两大政党拼命地向华人社区反复承诺当选后将彻底平反人头税问题。尤其是执政的自由党政府，为了争取华人选票，改变原来"不道歉不赔偿"的立场，承诺当选后将正式道歉，而且私下已经由总理克雷蒂安亲自道歉。其中的重要原因是，在选举数天前，保守党的支持率首次超过自由党5个百分点，对自由党来说，这无疑是个致命的打击。有媒体分析，拥有执政党优势地位的自由党在大选优势尽失的情况下，可能会将人头税议题作为自己的最后救命稻草。[①] 不但各政党的党魁多次表态要为人头税议题向华人社区道歉，在华人聚居的温哥华、多伦多和蒙特利尔等大城市的主要选区，各政党候选人也纷纷表态，支持政府就人头税问题向华人社区道歉并赔偿，这是战后加拿大联邦选举史上的第一次，华人人头税赔偿问题成为此次大选的主要议题之一。[②] 总之，是华人选票的力量迫使加拿大联邦政府向华人社区道歉并赔偿，从中可见华人普通民众参与联邦大选投票的重要性。

在省级选举中，华人普通民众选票的作用更加明显。在BC省、安大略省和阿尔伯塔省的众多省议员选区，华人的人口比例超过10%，有的甚至超过40%，在选举中能够发挥重要影响，甚至关键性作用。例如，2013—2014年是加拿大的地方选举年，在华人居住最集中的BC省和安大略省先后举行了省议会选举，华人精英长期服务社区，获得选民支持，受各政党重视被提名为候选人，积极参加各级公职竞选或争取政治委任，成绩亮丽。2013年5月14日BC省议会选举结果显示，自由党在省内85个席位中夺得49席，新民主党夺得34席，绿党和独立候选人各得一席。[③] 其中，共有23位华裔在13个选区参选，人数创新高，包括自由党9人、新民主党4人、保守党3人、绿党1人、其他党派2人，以及4位独立候选人。在激烈选战中有5人获胜，包括自由党的叶志明、李灿明、屈洁冰、李德明和新民主党的关慧贞，与上届省议会选举相比，又增加一席。5位当选人当中，叶志明、李灿明和关慧贞为连任，屈洁冰和李德明则为首次当选。[④] 在2014年6月12日举行的安大略省议会选举中，共有7位华人精英参选，

① 《竞选受挫，加自由党将为人头税正式道歉》，《平反人头税历程特刊》，多伦多：全加华人协进会，2012年，第F78页。

② 《人头税道歉成大选主题　加拿大华裔真正崛起》，加拿大《世界日报》，2006年1月11日。

③ "Report of the Chief Electoral Officer on the 40th Provincial General Election—May 14, 2013", Elections BC, http://www.elections.bc.ca/docs/rpt/2013 - General - Election - Report.pdf.

④ 《卑诗省选结果：自由党成功逆袭　4华裔出线》，加拿大《星岛日报》，http://www.bcbay.com/archive/subject_details.php?nid=91527&id=16143，2013年5月15日。

其中有 4 位华人同时得到自由党提名，在重点选区参加本次省选，写下该省华人
参政新的篇章，结果有 3 人获胜，他们分别是现任省议员兼文化体育厅厅长陈国
治、现任省议员黄素梅和来自中国大陆的第一代移民董晗鹏。[1] 另外，在 2014 年
6 月 30 日举行的安大略省联邦国会议员补选中，华裔律师陈家诺以 59% 的高票
获胜，为自由党保住了在士嘉堡－爱静阁选区的议席。最值得一提的是，温哥
华－快乐山选区新民主党华裔候选人关慧贞毫无悬念地以高票再度连任省议员，
成功实现五连霸，她不仅是 BC 省政坛少数能够实现五连霸的女性政治人物，也
创造了华人连任最多届的纪录。[2]（参见表 5 - 1）这些华人精英当选的背后离不
开华人普通民众的选票和钞票支持。

表 5 - 1　2013—2014 年通过选举担任省议员和国会议员的华人精英情况

当选时间	姓名	职位	政党
2013 年 5 月 14 日	叶志明（John Yap）	BC 省省议员（史提芬士顿选区）	自由党
2013 年 5 月 14 日	李灿明（Richard Lee）	BC 省省议员（北本拿比选区）	自由党
2013 年 5 月 14 日	屈洁冰（Teresa Wat）（女）	BC 省省议员（列治文北中选区）	自由党
2013 年 5 月 14 日	李德明（Doug Bing）	BC 省省议员（枫树岭－匹特草原选区）	自由党
2013 年 5 月 14 日	关慧贞（Jenny Kwan）（女）	BC 省省议员（温哥华－快乐山选区）	新民主党
2014 年 6 月 12 日	陈国治（Michael Chan）	安大略省省议员（万锦－于人村选区）	自由党
2014 年 6 月 12 日	黄素梅（Soo Wong）（女）	安大略省省议员（士嘉堡－爱静阁选区）	自由党
2014 年 6 月 12 日	董晗鹏（Han Dong）	安大略省省议员（圣三一－士巴丹拿选区）	自由党

---

　　[1]　《加拿大自由党四名华裔出战安省省选　创历史纪录》，中国新闻网，http://www.chinanews.com/
hr/2013/06 - 01/4881900. shtml，2013 年 6 月 1 日。

　　[2]　《威风五连霸　关慧贞创下华人议员连任新纪录》，加拿大《世界日报》，http://www.bcbay.com/
archive/subject_details. php?nid = 91500&id = 16139，2013 年 5 月 15 日。

（续上表）

当选时间	姓名	职位	政党
2014 年 6 月 30 日	陈家诺（Arnold Chan）	联邦国会议员（士嘉堡－爱静阁选区）	自由党

资料来源：根据加拿大《明报》《世界日报》和《星岛日报》的有关报道统计整理，并通过各省政府官方网站核实确认。

在市镇等地方选举中，华人普通民众的选票和钞票的影响力更大。没有华人社区的选票和钞票支持，华裔候选人几乎没有当选的可能。例如，2013—2014 年也是加拿大的市级选举年，在各级城市都先后举行了市长、市议员、教育委员和公园局委员等公职的选举，华人精英的表现也非常亮丽。2013 年 10 月 24 日，阿尔伯塔省举行市级选举。卡尔加里市的华人民众都希望在华人集中的选区选出自己的民意代表。选举结果显示，华裔市议员数目仅维持在 1 人，华裔警员朱文祥当选，但原任两届华裔市议员的马超俊意外落选。在埃德蒙顿市，华裔叶力维当选公立教育局第 8 区教育委员。[①] 2014 年 10 月 27 日，安大略省举行市级选举，华人精英参选尤为积极。全省总共有 65 位华人精英参选市长、市议员和教育委员，参选人数突破历史纪录。选举结果显示，在大多伦多地区有 16 人当选市议员和教育委员，成绩也是历届最好，其中有 12 人成功连任，4 人为新当选。在多伦多市共有 5 人当选，与上届人数相同，包括 3 名市议员和 2 名教育委员。市议员分别是黄慧文、黄昱南和李振光，他们都成功连任。教育委员陈圣源成功连任，黄婉贞是新当选。万锦市也有 5 人当选，包括 3 名市议员和 2 名教育委员。市议员有何胡景、杨绮清和赵善江，教育委员有谭国成和彭锦威。在列治文山市，华裔廖立晖和陈志辉都高票成功连任市议员，陈焕玲成功连任教育委员。约克区域议员李国贤成功连任。杨士淳在旺市当选市议员。华裔议员胡伟林在杜咸区卡灵顿镇（Clarington）没有对手竞争，自动当选。[②]（参见表 5－2、5－3）

2014 年 11 月 15 日，BC 省也举行了市级选举。在大温哥华地区总共有 49 位华人精英参选市长、市议员、教育委员和公园局委员，结果有 15 人顺利当选，都集中分布在温哥华、列治文和本拿比这三个华人聚居的城市。在温哥华有两位华裔市议员成功获得连任，他们分别是雷建华和郑文宇；华裔黄伟伦也成功连任

---

① 《加拿大亚省市选揭晓 卡城仅一名华裔入选市议员》，中国新闻网，http://www.chinanews.com/hr/2013/10－25/5424261.shtml，2013 年 10 月 25 日。

② 《加拿大安省市选华裔参选创纪录 现任议员全数连任》，中国新闻网，http://www.chinanews.com/hr/2014/10－29/6727363.shtml，2014 年 10 月 29 日。

教育委员；华裔岑佩雯当选公园局委员；而参选市长的中国大陆新移民王璐失利。在列治文共有 10 名华人精英参选市议员，结果有 3 人当选，他们分别是区泽光、邓伟雄和卢仙泳；另有 3 人当选教育委员，他们分别是翁善恒、何锦荣和黄秀玲；挑战市长宝座的李溢和韦立峰都败选。在本拿比参选的 5 名华人精英全部当选，其中当选市议员的有康安礼和王白进，当选教育委员的有陈苇蓁、黄锦达和贾美玲。（参见表 5 - 2、5 - 3）以独立候选人身份参选维多利亚市长的前 BC 省内阁厅长张杏芳则没有成功。①

表 5 - 2　2013—2014 年通过选举担任市议员的华人精英情况

当选时间	姓名	职务
2013 年 10 月 24 日	朱文祥（Sean Chu）	阿尔伯塔省卡尔加里市第 4 选区市议员
2014 年 10 月 27 日	黄慧文（Kristyn Wong-Tam）	安大略省多伦多市第 27 选区市议员
2014 年 10 月 27 日	黄昱南（Denzil Minnan Wong）	安大略省多伦多市第 34 选区市议员
2014 年 10 月 27 日	李振光（Chin Lee）	安大略省多伦多市第 41 选区市议员
2014 年 10 月 27 日	何胡景（Alan Ho）	安大略省万锦市第 2 选区市议员
2014 年 10 月 27 日	杨绮清（Amanda Yeung）	安大略省万锦市第 6 选区市议员
2014 年 10 月 27 日	赵善江（Alex Chiu）	安大略省万锦市第 8 选区市议员
2014 年 10 月 27 日	廖立晖（Castro Liu）	安大略省列治文山市第 3 选区市议员
2014 年 10 月 27 日	陈志辉（Godwin Chan）	安大略省列治文山市第 6 选区市议员
2014 年 10 月 27 日	李国贤（Joe Li）	安大略省约克区域议员
2014 年 10 月 27 日	杨士淳（Sandra Yeung）	安大略省旺市第 4 选区市议员
2014 年 10 月 27 日	胡伟林（Willie Woo）	安大略省杜咸区卡灵顿镇区域议员
2014 年 11 月 15 日	雷健华（Raymond Louie）	BC 省温哥华市不分区市议员
2014 年 11 月 15 日	郑文宇（Kerry Jang）	BC 省温哥华市不分区市议员
2014 年 11 月 15 日	区泽光（Chak Kwong Au）	BC 省列治文市不分区市议员
2014 年 11 月 15 日	邓伟雄（Derek Dang）	BC 省列治文市不分区市议员

① 《加拿大卑诗省市选华裔老将新兵齐上阵　十余人胜选》，中国新闻网，http://www.chinanews.com/hr/2014/11 - 17/6783061.shtml，2014 年 11 月 17 日。

（续上表）

当选时间	姓名	职务
2014 年 11 月 15 日	卢仙泳（Alexa Loo）（女）	BC 省列治文市不分区市议员
2014 年 11 月 15 日	康安礼（Anne Kang）（女）	BC 省本拿比市不分区市议员
2014 年 11 月 15 日	王白进（James Wang）	BC 省本拿比市不分区市议员

资料来源：根据加拿大《明报》《世界日报》和《星岛日报》的有关报道统计整理，并通过各市政府官方网站核实确认。

表 5 - 3　2013—2014 年通过选举担任教育委员和公园局委员的华人精英情况

当选时间	姓名	职务
2013 年 10 月 24 日	叶力维（Nathan Ip）	阿尔伯塔省埃德蒙顿市教育局教育委员
2014 年 10 月 27 日	陈圣源（Shaun Chen）	安大略省多伦多市教育局教育委员
2014 年 10 月 27 日	黄婉贞（Manna Wong）（女）	安大略省多伦多市教育局教育委员
2014 年 10 月 27 日	谭国成（Allan Tam）	安大略省万锦市教育局教育委员
2014 年 10 月 27 日	彭锦威（Billy Pang）	安大略省万锦市教育局教育委员
2014 年 10 月 27 日	陈焕玲（Carol Chan）（女）	安大略省列治文山市教育局教育委员
2014 年 11 月 15 日	黄伟伦（Allan Wong）	BC 省温哥华市教育局教育委员
2014 年 11 月 15 日	岑佩雯（Erin Shum）（女）	BC 省温哥华市公园局委员
2014 年 11 月 15 日	翁善恒（Eric Yung）	BC 省列治文市教育局教育委员
2014 年 11 月 15 日	何锦荣（Jonathan Ho）	BC 省列治文市教育局教育委员
2014 年 11 月 15 日	黄秀玲（Alice S. Wong）（女）	BC 省列治文市教育局教育委员
2014 年 11 月 15 日	陈苇蓁（Katrina Chen）（女）	BC 省本拿比市教育局教育委员
2014 年 11 月 15 日	黄锦达（Gary Wong）	BC 省本拿比市教育局教育委员
2014 年 11 月 15 日	贾美玲（Meiling Chia）（女）	BC 省本拿比市教育局教育委员

资料来源：根据加拿大《明报》《世界日报》和《星岛日报》的有关报道统计整理，并通过各市政府官方网站核实确认。

2013—2014 年加拿大华人精英参政具有以下 5 个特点。

第一，参选人数快速增加，彰显了华人的参政意识和能力都有显著提升。2014 年 BC 省市级选举总共有 49 位华裔候选人参选市长、市议员和教育委员等公职，突破历史纪录。在大温哥华地区，有 5 位华人精英参选市长，其中王璐参选温哥华市长，李溢和韦立峰竞选列治文市长，张杏芳参选维多利亚市长，马福林参选温哥华岛中萨尼奇市长。2014 年大多伦多地区的 5 个华人人口最集中的城市，包括多伦多市、万锦市、列治文山市、密西沙加市、旺市，总共有 57 位华人竞选市长、市议员、公校教育委员和天主教教育委员的职位，创造该地区华人参选人数最多的历史。在多伦多市和万锦市各有 24 位华人参选，其中多伦多市有 5 人参选市长，10 人参选市议员，9 人参选教育委员；万锦市有 5 人参选区域议员，14 人参选市议员，5 人参选教育委员。参选人数之多前所未有，已经创造了该市历史纪录。① 这些数据说明华人精英的参政意识和能力显著增强。

第二，中国大陆新移民开始异军突起，无论是参选人数还是当选人数都有显著增加。2014 年 6 月 12 日安大略省议会选举，37 岁的上海新移民董晗鹏在圣三一－士巴丹拿选区获胜，成为安省首位当选省议员的中国大陆新移民。7 月 23 日，来自北京的新移民孙晓明登记成为多伦多市约克区域议员候选人，她的主打政纲是利用中国经济发展的红利，争取中国投资，把更多的生意机会带到加拿大，为当地创造商业和就业机会。9 月 5 日，温哥华沿岸卫生局心理健康辅导员、中国大陆新移民王璐宣布角逐选民联盟（COPE）温哥华市长候选人提名，成为温哥华史上第一位竞选市长职位的华人女性。在 10 月 27 日举行的安省密西沙加市选中，有 3 位中国大陆新移民参选教育委员，他们分别是时年 39 岁、来自上海的李振松，来自江西的赵瑛与来自江苏南京的林雯。② 列治文市议员区泽光是来自广东的新移民，自 1999 年起连续四届担任列治文教育局教育委员，2011 年竞选市议员成功，此次竞选连任。③

第三，曾经交纳人头税的华人后人开始加入竞选队伍，说明加拿大华人参政意识的觉醒和政治地位的提升。7 月 22 日，加拿大华人人头税受害者后人周慧珍宣布在密西沙加市新设的选区争取联邦自由党提名，参选 2015 年国会议员。温哥华岛中萨尼奇市前市长马福林此次再度出马竞选市长职位，他父亲 1911 年从广东移民加拿大，当年交付了 500 加元人头税。④

第四，参选的绝大多数华人精英的政纲非常全面，政见十分明晰，是长期参

---

① 《57 位华裔角逐大多伦多地区选举 人数创新高》，中国新闻网，http://www.chinanews.com/hr/2014/09 - 16/6595501.shtml，2014 年 9 月 16 日。

② 《加拿大 5 名华裔竞选密市公校教委 发表竞选政纲》，中国新闻网，http://www.chinanews.com/hr/2014/10 - 28/6725757.shtml，2014 年 10 月 28 日。

③ 《加列治文华裔议员竞连任 望解决华人与市府隔阂》，中国新闻网，http://www.chinanews.com/hr/2014/10 - 16/6685774.shtml，2014 年 10 月 16 日。

④ 《加拿大华人“人头税”后人角逐市长 家族务农多年》，中国新闻网，http://www.chinanews.com/hr/2014/10 - 13/6670669.shtml，2014 年 10 月 13 日。

与社区服务的经验总结。进一步观察可以发现，参选的华人精英个人素质都非常高，大都具有大学以上学历，甚至是硕士、博士，有些任大学教授，这也再次说明受教育程度与政治参与是正相关关系。

第五，华人精英通过组建地方性政党参选，但并非纯"华人政党"的老路，而是与其他族裔合作组建"混合型政党"参政，这样以政党为依托参选的胜算会更大。例如，2014年大温地方选举中，华裔管雪莹、区泽光和何锦荣通过由社区人士组成的以华裔为主的列治文社区联盟提名参选市议员和教育委员，结果区泽光和何锦荣成功当选。

2013—2014年，通过政治委任担任政府公职的华人精英有15人之多，成绩显著。2013年1月25日，中加商贸促进委员会（CCBCC）会长胡子修被总理哈珀正式委任为联邦参议员，以填补加拿大第一位华裔女参议员利德蕙在上年9月退休而留下的空缺，他是加拿大历史上第二位华裔参议员。[①] 2月，安大略省自由党华裔省议员陈国治获得留任内阁，除继续担任旅游、文化及体育厅厅长外，还兼任泛美运动会事务厅厅长。[②] 6月7日，加拿大BC省政府新内阁名单出炉，在列治文中选区的激烈选战中获胜的华裔省议员屈洁冰被省长简蕙芝委任为国际贸易及亚太策略与多元文化厅厅长。[③] 7月17日，加拿大总理哈珀改组内阁，国会众议员黄陈小萍留任长者事务国务部长，这是对她过去两年工作的肯定。[④] 9月19日，来自多伦多的华裔国会众议员梁中心被继续委任为多元文化国会秘书。[⑤] 10月9日，以冷静、稳健的处事风格见长的多伦多公立学校教育局代理总监华裔关月娜被多伦多市教育委员会票选为新一任教育局总监。[⑥] 2014年6月24日，安大略省省长韦恩（Kathleen Wynne）宣布新一届省政府内阁成员，华裔省议员陈国治被重新委任为公民、移民与国际贸易厅厅长，这是他第三次被委任担任这一职位。韦恩还同时任命华裔省议员黄素梅为小区及社会服务厅助理，董晗

---

① 《加拿大诞生第二位华裔参议员　艰苦创业促加中交流》，中国新闻网，http://www.chinanews.com/hr/2013/01-28/4525422.shtml，2013年1月28日。

② 《加拿大安省华裔厅长陈国治获留任　将努力继往开来》，中国新闻网，http://www.chinanews.com/hr/2013/02-13/4562870.shtml，2013年2月13日。

③ 《加卑诗省新内阁名单出炉　华裔议员屈洁冰任要职》，中国新闻网，http://www.chinanews.com/hr/2013/06-09/4915846.shtml，2013年6月9日。

④ 《加拿大改组内阁　华裔留任长者事务部长不感失望》，中国新闻网，http://www.chinanews.com/hr/2013/07-17/5050963.shtml，2013年7月17日。

⑤ 《加拿大华裔国会议员获委续任多元文化国会秘书》，中国新闻网，http://www.chinanews.com/hr/2013/09-22/5305894.shtml，2013年9月22日。

⑥ 《华裔女掌加拿大最大最多元化教育局　作风踏实冷静》，中国新闻网，http://www.chinanews.com/hr/2013/09-22/5305894.shtml，2013年10月12日。

鹏为训练、院校及大学兼科研与创新厅助理。① 6 月 25 日，加拿大联邦移民部长亚历山大任命两名华裔担任大多伦多地区的兼职移民法官，他们分别是服役加拿大军方 35 年的少校军官黄嘉胜和担任义工近 40 年的长者服务咨询委员会委员萧美珍。8 月 22 日，士嘉堡 – 爱静阁选区国会议员陈家诺被委任为联邦自由党影子内阁成员，担任安大略省北部和南部联邦经济发展机构评论员。②

表 5 – 4　2013—2014 年通过委任方式担任各级政府公职的华人精英情况

委任时间	姓名	委任职务
2013 年 1 月	胡子修（Victor Oh）	被总理哈珀正式委任为联邦参议员
2013 年 6 月	屈洁冰（Teresa Wat）	BC 省国际贸易及亚太策略与多元文化厅厅长
2013 年 6 月	李灿明（Richard Lee）	BC 省亚太策略议会秘书，职责是发展亚太策略，并扩展双方贸易往来
2013 年 6 月	叶志明（John Yap）	BC 省酒品政策改革议会秘书，职责包括与各方协商，以修订古老的酒品法条
2013 年 7 月	黄陈小萍（Alice Wong）	被哈珀总理留任联邦长者事务国务部长
2013 年 9 月	梁中心（Chungsen Leung）	被哈珀总理继续委任为联邦多元文化国会秘书
2013 年 10 月	关月娜（Donna Quan）	安大略省多伦多市教育局总监
2014 年 6 月	陈国治（Michael Chan）	安大略省公民、移民与国际贸易厅厅长
2014 年 6 月	黄素梅（Soo Wong）	安大略省小区及社会服务厅助理
2014 年 6 月	董晗鹏（Han Dong）	安大略省训练、院校及大学兼科研与创新厅助理
2014 年 6 月	黄嘉胜（Albert Wong）	联邦大多伦多地区兼职移民法官
2014 年 6 月	萧美珍（Nancy Siew）	联邦大多伦多地区兼职移民法官
2014 年 8 月	陈家诺（Arnold Chan）	联邦自由党影子内阁成员

　　资料来源：根据加拿大《明报》《世界日报》和《星岛日报》的有关报道统计整理，并通过各级政府官方网站核实确认。

---

　　① 《加拿大安省两名华裔被任命为省厅议会助理》，中国新闻网，http://www.chinanews.com/hr/2014/06 – 27/6327777.shtml，2014 年 6 月 27 日。
　　② 《加拿大华裔议员陈家诺出任自由党影子内阁成员》，中国新闻网，http://www.chinanews.com/hr/2014/08 – 22/6520444.shtml，2014 年 8 月 22 日。

从华人精英在省议会和市镇等地方议会选举中的表现可以发现，虽然华人精英个人的能力是非常重要的方面，但他们当选的选区大多数是华人民众集中居住的选区。没有这些华人普通民众在选票和钞票上的大力支持，这些华人精英候选人将会是无根之木，即使能偶尔进入政坛，也不能长久。所谓选举都是地方政治的体现，民众的支持才是最重要的，这是西方民主的本质表现。即使是被委任为各级政府官员的华裔，其背后也是华人选票的力量使然。综之，华人普通民众的选票在加拿大联邦、省、市三级政府的各类选举中发挥的作用是决定性的和关键性的，华人普通民众的选举登记率和投票率决定华人精英参选成功比例的高低。因此，参加选举投票是加拿大华人参政的最基本方式，也是最重要的方式。华人普通民众的选举登记率和投票率反映了加拿大华人的整体参政水平，是衡量加拿大华人参政水平的重要标志。

（二）提供政治捐款

政治捐款一直是个敏感又重要的话题。大家都明白，在西方民主国家，金钱是政治的母乳。选举是离不开钱的，虽然有钱不一定能够当选，但没有钱想当选是绝对不可能的。因此，每当选举来临，加拿大各级政党和候选人都忙于筹款，尤其是党魁，其工作的最重要事务之一就是筹款，为本党的各级候选人提供竞选资金，也是为自己的前途而努力。加拿大的早期政治捐款制度规定，允许大企业或商业团体捐款给各政党和候选人，导致大型商业团体对联邦政府的决策影响过大，也导致政党对某些商业团体的经济依赖过重。为了改变这种情况，加拿大国会于1974年通过《选举经费条例》，试图对这一弊端进行改变，鼓励更多的人为政党和候选人提供政治捐款。该条例规定，提供政治捐款可以减税；任何超过100加元的捐款，候选人必须报告其来源；凡获得选票数达到总票数15%的候选人可以从政府所筹资金中得到返还。原来规定的返还比例后来改为所报支出的50%。① 这些改革都促进了各主要政党和候选人开始寻求小额政治捐款。华人普通民众提供的政治捐款大多是小额政治捐款，而且他们也热衷于提供政治捐款。笔者在加拿大华人社区的考查发现，事实的确如此，华人资金雄厚，乐于捐款，但通常捐款之后都不愿意声张，非常低调，所以无法取得准确的捐款数据。

近年来华人普通民众的政治捐款开始受到各级候选人的青睐，在选举中发挥越来越重要的作用。据笔者观察发现，各级华裔候选人的政治捐款主要来自华人普通民众和其他亚裔民众，华人普通民众出于族裔的考虑，也愿意把捐款提供给

---

① ［加］沃尔特·怀特、罗纳德·瓦根伯格、拉尔夫·纳尔逊著，刘经美、张正国译：《加拿大政府与政治》，北京：北京大学出版社，2004年，第129－130页。

华裔候选人，特别是能代表华人社区利益和诉求的华裔候选人。当然，在没有合适的华裔候选人时，华人普通民众也会把捐款提供给对华人友好、能代表和维护华人社区利益的白人或其他族裔候选人。笔者在卡尔加里留学期间，目睹当地华人精英栾晋生和鲍胡莹仪在参选省议员时，许多华人普通民众为他们捐款。甚至有的白人候选人凭借与华人的各种关系来向华人筹款，例如，白人候选人有时打着华人女婿的身份向华人社区筹款，寻求华人社区的支持。

（三）助选

除了参加选举登记与投票、提供政治捐款之外，华人普通民众参与选举政治的重要方式还有助选。此处的"助选"是指华人普通民众在选举过程中自己并不参选，但努力帮助自己喜欢的候选人从事宣传和动员选民的工作，争取让他们支持的候选人成功当选。加拿大华人普通民众参与助选的具体方式与美国华人一样，有为候选人扫街拜票，即到选民家门前叩门宣传，为候选人拉票；给选民打电话宣传候选人的政治主张，为候选人寻求选票支持；帮助候选人派发宣传册或插广告牌；在公众场所为候选人举标语牌进行竞选宣传，等等。助选也是公民参与选举政治的一种方式，直接反映公民对政治的热衷程度和参与水平，对候选人的成功当选发挥着十分重要，甚至关键性的作用。

二、参与非选举政治的主要方式

（一）个人接触、游说和请愿

个人接触既可以个人为主体，也可以团体为主体；既可以是为个人、部分人的利益，也可以是为某一团体、社会大众和国家的利益；既可以是非正式的、私下的活动，也可以是通过一定的程序和机构进行的正式活动。[①] 在加拿大，个人接触的政治参与方式包括为个人利益而与政府官员接触和为某一团体或族群的利益而与政府决策机构接触，表达自己、利益集团或族群的愿望和要求，后者也叫游说活动，这是能对加拿大政治产生直接影响的一种政治参与活动，也是在加拿大最常见的政治参与方式之一。

例如，黄金焕，1922 年出生于温哥华唐人街的一个中国劳工家庭，双亲都是加拿大当年《排华法案》和人头税的受害者。他从小爱好机械，年轻时加入加拿大皇家空军，参加了第二次世界大战。退役后，他开办自己的汽车修理店直

---

① 施雪华主编：《政治科学原理》，广州：中山大学出版社，2001 年，第 770 页。

到退休。虽然收入不高，但他在业余时间一直关注并致力于华人公益问题，如取得选举权、退还人头税等。2005 年 6 月 3 日，为了呼吁并推动加拿大政府平反《排华法案》和赔偿人头税受害者，83 岁的他亲自驾驶自己组装的摩托车开始横越加拿大的"呼吁平反"之旅。他从 BC 省的省府维多利亚出发，途经温哥华、卡尔加里、里贾纳、温尼伯、萨伯利等城市后，于 6 月 26 日抵达多伦多。平权会多伦多分会于 27 日热情欢迎远道而来的黄金焕，并举行记者招待会，向当地媒体介绍黄金焕的此行目的。7 月 1 日，他骑摩托车抵达首都渥太华，试图接近总理哈珀但没有成功。7 月 4 日晚，他到达此行的终点蒙特利尔，行程总共 4 000 多公里。7 月 5 日晚，他受到平权会设宴欢迎。① 他这一个人的接触、游说和请愿活动引起全加华人社区和主流媒体的关注，对执政党和在野党都形成巨大公共舆论压力，对推动 2006 年人头税问题成为联邦大选的重要议题并得到最后解决发挥了重要的公共舆论压力作用。

（二）集会、游行、示威、抗议和抵制

集会、游行、示威、抗议和抵制是政治参与过程中比较激烈的一种政治参与方式，最激烈的政治参与方式是暴动。在加拿大等西方民主国家，这些方式大都是合法的政治参与方式，经常被各族裔群体使用。加拿大华人民众也很熟悉并使用这些方式，表达自己对某一公共政策或政府行为的反对或支持，以及表达自身的利益诉求。

例如，张来怡，祖籍广东开平，是一位专业的技术人员，也是人头税苦主的后人与家庭分离的受害者。他经常从 100 多公里外的尼亚加拉瀑布市来到多伦多市参加各次人头税平反集会，这种精神令人敬佩。②

朱炯湘，1951 年 9 月来到加拿大，当时年仅 21 岁，先在其父亲的茶室帮工，后来在里贾纳独立经营超市 30 年，1997 年退休。他不但经商非常成功，在华裔社区也十分活跃。1979 年，他出任该市中华公所主席，1991 年担任全国华人联会在萨斯喀彻温省的代表。由于经商，他与白人政客接触较多，很多白人政客是他的好朋友。平时，无论是自由党、保守党还是新民主党举办的活动，他都积极参加，尤其在选举期间，既捐款又做义工。他不满 2005 年 11 月陈卓愉在人头税问题上"不道歉不赔偿"的立场，在里贾纳组建人头税平反委员会，争取热心的义工人士加入，还组建萨省华裔人头税家属联盟，号召受害家属直接参与平反

---

① 《八旬华翁骑摩托车横贯加拿大的黄金焕先生：平反人头税运动中草根阶层的幕后英雄》，《平反人头税历程特刊》，多伦多：全加华人协进会，2012 年，第 142 – 143 页。

② 《平反人头税运动中草根阶层的幕后英雄：张来怡先生》，《平反人头税历程特刊》，多伦多：全加华人协进会，2012 年，第 140 页。

工作。期间完成登记人头税受害者及其家属和后人、游说国会议员支持人头税受害者及其家属伸张正义、举行大型群众集会和游行示威等抗议活动，其声势可以与 BC 省和安大略省的人头税平反运动相媲美。朱炯湘还担任萨省华人人头税平反委员会和萨省华裔人头税家属联盟两个团体的主席。他在支持人头税平反运动中收集了 1 000 多人的签名支持。在 2007 年 7 月的一次公众集会上，针对加拿大联邦政府对人头税的后人不赔偿，他公开要求加拿大联邦政府解释理由，提醒保守党政府不要厚此薄彼，又搞一些歧视华人后裔的小动作。① 这种综合运用集会、游行、示威、抗议和抵制手段的非选举政治参与方式产生了较好的效果，为人头税问题的最终解决发挥了一定的助推作用。

（三）投诉、发起法律诉讼和提案

向上级管理机构投诉现有机构的错误行为并促其改正是加拿大华人普通民众参政的一种合法方式。发起法律诉讼更是加拿大华人普通民众在自身利益受到伤害时通过法律途径维权的一种重要方式。利用个人自身专业特长或在政府机构中的特殊身份向议会提出相关法案，解决涉及华人权益的重要问题，也是当代加拿大华人参政的一种合法途径。

在人头税受害者家属的授权和广大华人社区的大力支持下，1993 年 10 月，平权会联合其他少数族裔召开记者会，重申他们各自的平反要求，并表示如果联邦政府不及时解决人头税平反问题，将向联合国人权委员会投诉。1995 年 3 月，平权会给联合国写信，投诉并指责加拿大联邦政府拒不平反人头税法令。2003 年 9 月，多伦多法律援助中心派代表与联合国负责种族歧视问题的特派专员会见，反映人头税问题。

在广大华人社区的强力支持下，1998 年 10 月，平权会决定向联邦政府发起法律诉讼行动。2000 年 12 月，三位人头税受害人及其后人委托多伦多法律援助中心向安大略省高等法院发起集体诉讼，控告联邦政府收取人头税的行为违反国际人权法。联邦政府对平反人头税要求的回应也有歧视性，违反《加拿大人权和自由宪章》中有关"平等"的规定。2001 年 7 月，安省高等法院驳回诉讼，但要求国会考虑为人头税和《排华法案》的受害者做出平反。2002 年 9 月，安省上诉法院驳回法律援助中心的上诉申请。2003 年 4 月，联邦最高法院也驳回法律援助中心的上诉申请。三位人头税受害者及其后人的上诉虽然没有成功，但产生的社会影响巨大，使人头税议题在加拿大家喻户晓，对各大政党都产生舆论

---

① 《平反人头税运动中草根阶层的幕后英雄：朱炯湘先生》，《平反人头税历程特刊》，多伦多：全加华人协进会，2012 年，第 136－137 页。

压力。

1991 年 10 月，在华人社区广大民众，包括人头税受害者家属和后人的支持下，平权会向联邦政府多元文化国务部部长韦拿呈交详细的平反建议方案。1993 年 5 月 18 日，韦拿与平权会代表在多伦多见面。韦拿提出政府的一套平反人头税提议，包括颁授勋章、证书、牌匾，发表道歉宣言及在国家档案馆设立展览。但该提议由于没有赔偿这一根本性的条款而遭到广大民众和人头税受害者家属的强烈反对而最终被否决。2003 年 12 月，在野的保守党华裔国会议员麦鼎鸿在国会首次提出《加国华人表彰及赔偿法》C－333 号私人法案，法案通过首读，但 2004 年 6 月联邦大选，法案胎死腹中。2004 年 3 月，联合国种族歧视问题的特别报告专员发表有关加拿大情况的报告。报告接纳法律援助中心建议，并敦促加拿大政府就人头税问题做出平反。10 月，麦鼎鸿在国会重新提出 C－333 私人法案。基于读案排期的考虑，麦鼎鸿稍后撤回法案，改由日裔国会议员小田提案。小田在 11 月正式提出 C－333 号私人法案，法案于 2005 年 4 月通过二读。同年 9 月，安省人头税苦主联盟在多伦多成立，开始联合在其他省份成立的人头税受害人组织，与平权会并肩争取政府平反和赔偿，同时又准备把平反人头税变为联邦大选的一项重要议题。2005 年 10 月，众议院族裔委员会就 C－333 号私人法案举行公听会，法律援助中心代表在会上就该法案表达关注和意见，由于法案内容并没有提到道歉或个人赔偿，并且要求政府只与全加华人联会咨询，该法案于 2006 年 1 月联邦大选再次胎死腹中。[①]

（四）加入或组建参政团体和政党

加拿大宪法规定，结社自由是每个加拿大公民都享有的权利之一。因此，加入或组建参政团体和政党参与政治是加拿大公民的基本政治权利之一。

例如，吴文杰，广东开平人，1975 年通过技术移民移居到加拿大，后经人介绍加入华人福利会，此后一直积极参与华人社区的活动。来加拿大初期，他与新民主党国会议员邓协（Don Heap）是邻居，而邓协主张平反人头税。受其影响，吴文杰 1984 年就成了平反人头税运动中的开路先锋。2005 年 8 月下旬，他开始全身心投入筹备安大略省华裔人头税受害人及家属联盟的工作，9 月联盟成立后，他帮助收集相关报刊，关注相关电视节目，然后向联盟提供各种有关人头税平反运动的消息。每次群众集会和餐会，他都积极发动家属和有关朋友参加，

---

① 《平权会争取平反人头税事件簿》，《平反人头税历程特刊》，多伦多：全加华人协进会，2012 年，第 F80－F81 页。

尽力使每次活动都能够顺利地举办。①

李林霞，广东新会人，1958 年赴加拿大与父母相聚，她自家和夫家都是人头税受害家庭。她的女儿和女婿都积极参加平权会的活动，尤其是她的女婿在1998—2000 年期间担任平权会全国主席。受其影响，李林霞很早就参加平反人头税的集会。2005 年 8 月，她积极参加筹备安大略省华裔人头税受害人及家属联盟，并担任副主席。她与丈夫李华俊频密参与各种集会工作，协助丈夫为义工开车。作为一名普通的家庭主妇，从始至终都有担当地跟进彻底平反人头税的工作，令人敬佩。②

第二节　当代加拿大华人普通民众政治参与的现状与特点

20 世纪 80 年代以来，在加拿大华人精英积极参政议政的表率作用影响下，在广大华人社团长期的选民教育和选举动员下，尤其是在华人参政团体的领导、教育和动员之下，加拿大华人普通民众的政治参与意识和参政水平都有较大程度的提升，与过去相比进步巨大。笔者经过长期观察和研究发现，当代加拿大华人普通民众正在以全新的态度和行动积极参政，包括参与选举政治和非选举政治，具有以下几个方面的主要特点：

一、参政意识增强，投票率上升

20 世纪 90 年代以来，在加拿大三级议会和政府公职选举中，华人普通民众的参政意识明显增强，投票率显著上升，助选活动也更加积极。

在 1994 年多伦多市议会选举中，华人投票率达 40%，较 3 年前增加 1 倍。③在 2005 年温哥华市选举中，设于华埠中华文化中心的第 18 号投票站，华人投票率为 50%。④ 2006 年万锦市选举，在华人集中的第 6 选区，有超过一半的投票者

---

① 《平反人头税运动中草根阶层的幕后英雄：吴文杰先生》，《平反人头税历程特刊》，多伦多：全加华人协进会，2012 年，第 138 页。

② 《平反人头税运动中草根阶层的幕后英雄：一位有始有终而普通的家庭主妇李林霞女士》，《平反人头税历程特刊》，多伦多：全加华人协进会，2012 年，第 139 页。

③ 黄昆章、吴金平：《加拿大华侨华人史》，广州：广东高等教育出版社，2001 年，第 281 页。

④ 《温市选秩序平和　华人投票率约 50%》，华枫网，http://www.chinasmile.net/csnews/news/local-news/－260.shtml。

是华人；而全市已经提前投票者有30%~35%为华人。① 据加拿大选举事务局统计，2006年联邦大选的投票率为65%，一些华人机构的调查显示，有75%的华人选民参加了此次投票。② 近年来连续举行的加拿大联邦大选和省选统计显示，具有公民身份的华人投票率为60%，与当地平均公民投票率65%非常接近，说明他们的参政意识并不薄弱。③ 华人投票率上升反映了越来越多华人认识到行使投票权的重要性。

在2015年联邦国会选举期间，华人普通民众参政议政也比以往更加积极。在华人聚居的选区，华人普通民众积极参加候选人论坛，了解他们的政纲和主张以及选举议题，表达自己的诉求。他们积极参加各种助选活动，为支持的候选人筹款拉票。在选举日，他们积极前往投票站投票，在华人聚居的选区发挥关键作用。华人普通民众不仅对这次联邦选举高度关注，还积极参加投票，他们用行动改变了以往人们印象中华人对政治冷漠的形象。加拿大新华人联合会发布了一项主要由大多伦多地区中国大陆华人参与的问卷调查，该调查的目的是了解该群体在本次联邦大选中对于参政议政的态度。调查结果显示，受访者对此次大选的关注度极高，关注者占比超过95%，与人们印象中华人对政治漠不关心产生强烈反差；对于华裔候选人身份对选举的影响也没有想象中的高，只有35.6%的受访者表示在选举中会受到候选人华人身份的影响，64.4%的受访者都表示，在投票时会根据候选人的政纲是否符合自己的价值判断做出决定；60%以上的受访者表示将参加此次大选的投票。④ 这些都说明中国大陆新移民在参政议政上已经变得愈来愈成熟和理性。在投票日，华人普通民众积极参加投票，支持自己欣赏的候选人，在华人聚居的选区的选举过程中发挥关键性作用。

在2019年联邦国会大选中，华人普通民众参与的主要方式有积极参加选举投票、通过各种途径为候选人助选、提供政治捐款等。当时加拿大华人人口有190万，约占加拿大总人口的5.4%，华人人口主要集中居住在大温哥华、大多伦多、蒙特利尔、卡尔加里、埃德蒙顿和渥太华等大都市地区，而这些地区都是联邦大选的决胜地区。而且华人人口都集中居住在某些选区，如大温哥华地区的列治文市华人人口的比例达到近50%，华人选民在这些选区可以发挥决定性作

---

① 《加国万锦华人参政热情高 提前投票逾三成是华人》，中国新闻网，http://www.chinanews.com.cn//hr/news/2006/11-14/820264.shtml，2006年11月14日。

② ［加］吕振亚、黄运荣：《枫叶漫谈：从加拿大大选看华裔参政四大变化》，中国新闻网，http://www.chinanews.com.cn/news/2006/2006-01-26/8/683723.shtml，2006年1月26日。

③ ［加］张雁：《加拿大本土华文报刊长期发展战略探讨》，新浪网，http://tech.sina.com.cn/other/2003-08-08/1527218822.shtml，2003年8月8日。

④ 《华人高度关注加拿大大选 学者称改变政治印象》，中国侨网，http://www.chinaqw.com/hqhr/2015/10-09/66380.shtml，2015年10月9日。

用。此次大选中华人普通民众积极参加投票和助选活动，具有以下几个主要特点：第一，在华人社团和华文媒体的宣传和鼓动下，华人普通民众的参政意识比以往有非常大的进步。他们认识到手中选票的重要性，也认识到如果华人不去投票，自己的权利将被忽视，所以选举日一大早，加拿大各地有投票权的华人纷纷到当地的投票站，行使自己的投票权。第二，社交媒体，特别是微信在此次大选中对华人选民的动员发挥了重要作用。加拿大华人在微信朋友圈经常讨论政治话题，极大地增强了华人的参政议政意识。据笔者在选举日与定居加拿大的华人朋友的交流，他们说在选举前和选举日所有人的微信朋友圈都刷爆了，全部是关于投票的宣传。第三，年轻华人比以往更加积极地参与其中，是未来加拿大华人参政的希望。在众多华人精英参选期间，许多年轻华人加入他们的助选团队中，积极参政，不仅直接帮助这些参选的华人精英顺利当选，也增强了年轻华人对政治的兴趣，锻炼了他们未来参政的能力。

在 2021 年加拿大联邦国会大选中，华人选民的参政意识明显增强，对大选的关注度和参与度显著提高。面对已开始的加拿大联邦大选，BC 省列治文市的华裔居民艾丽·王推出一个无党派网站，旨在应对当地华人社区新移民投票率历来较低的问题，并试图改变一些华人选民只投票给会说华语的候选人的习惯。她希望通过该网站，向习惯看中文的选民介绍各政党的竞选政纲，鼓励更多华人选民出来投票。① 虽然在华人居民比例高的选区，投票率仍低于平均值，但这次可以感受到华人投票过程中至少有两个亮点：第一，在呼吁华人投票的圈子中，不是以社团为先导，而是社区站在前头，在促进华人投票联盟的组织中，多数都是普通的民众义工，是自发性地宣导华人投票，没有为特定政党拉票。即使有时候有人贴出一些比较偏颇激进的文章，但自动就有人反驳或指出这些文章的失误或盲点，这是一个进步。第二，此次大选中没有人呼吁华人选华人，而是更多呼吁选民关注各政党政纲，认识候选人的特质。②

二、华人选票受到各级候选人重视

近年来，无论是在加拿大地方性选举还是在全国性选举中，华人选票都受到各大政党和各级候选人的高度重视。

在 2013—2014 年加拿大地方选举中，各大政党在华人集中居住的选区提名

---

① 《卑诗华人建网站 鼓励华人移民投票》，环球中文网，https://www.cbeiji.com/shownews.php?jd=131732&fid，2021 年 8 月 17 日。

② 《【联邦大选】华人选区投票率低 影响力何在?》，加拿大都市网，https://dushi.singtao.ca/toronto/新闻/加国要闻/【联邦大选】华人选区投票率低 - 影响力何在? /? variant = zh - cn，2021 年 9 月 23 日。

华裔候选人参选各级政府公职，各党党魁还多次亲赴华人社区宣传解释本党的政纲，为本党候选人筹款拉票，争取华人选民的支持。华人普通民众在华人精英、华人社团和华文媒体的大力宣传和动员下积极参加助选和投票活动，在各级选举中发挥关键性作用。

在 2013 年 BC 省议会选举中，华人选票引起各大政党的高度关注。首先，各大主流政党纷纷向华人示好，争相提名华裔候选人参选。包括自由党、新民主党、保守党和绿党等主要党派共提名 23 位华裔参选人在华人集中居住的选区参加竞选，这不仅体现各大政党对华裔候选人能力的重视，而且体现了它们对大量华人选民手中选票的重视，为华人精英成功当选提供了重要平台，鼓励了更多华人积极参加选举政治。其次，为了获取华人选民的选票支持以继续执政，自由党执掌政权的 BC 省政府计划在 3 月中旬对过去歧视华人的历史正式做出道歉。[①] 自由党政府的道歉计划说明华人选票的影响力显著增强，受到主流政党的高度重视。再次，2013 年 2 月 1 日，自由党党魁兼 BC 省省长简蕙芝提前向华人社区拜年。她在出席自由党华裔省议员李灿明争取第四次连任的餐会上，身穿大红套装，面对来自各华裔社团的近 200 名支持者，用广东话说"恭喜发财"，称蛇年会为她带来好运，包括争取省选的胜利，强调自由党将继续推行减税政策，希望选民不要选出一个加税的政党。[②] 这些体现了自由党对华人选民的高度重视。最后，由于自由党在选前民调大幅落后新民主党，在选举前夕，简蕙芝先后两次亲临温哥华《星岛日报》编辑部接受专访，她每次都向该报记者强调，自由党非常重视华人的选票，而且得到不少华社领袖的强力支持。她在省选前两天第二次到访该报时，直截了当地指出，自由党能否争取最后胜利，将取决于华人的选票，所以华人是最重要的政治推手。[③] 选举结果显示，自由党提名的多位华裔参选人，如屈洁冰、李灿明、叶志明和李德明，都在大温哥华地区华人聚居的选区参选并取得胜利。这些说明华人选票在华人聚居的选区的选举中发挥了关键作用。

在 2014 年的安大略省省选和市选中，华人选票也受到各政党和候选人的高度重视。6 月 11 日是安省省选前的最后一天，安省自由党党魁韦恩和新民主党领袖贺华丝（Andrea Horwath）都到华人社区拉票。韦恩到多伦多市六个选区参

---

① 《加拿大卑诗省拟为歧视华人道歉掀波 被斥意在拉票》，中国新闻网，http://www.chinanews.com/hr/2013/03 – 01/4606395. shtml，2013 年 3 月 1 日。

② 《加拿大卑诗省长用粤语向华人拜早年 谈减税拉票》，中国新闻网，http://www.chinanews.com/hr/2013/02 – 04/4545397. shtml，2013 年 2 月 4 日。

③ 《华人票成自由党省选获胜的最大祝福》，加拿大《星岛日报》，http://www.bcbay.com/archive/subject_details. php?nid = 91530&id = 16145，2013 年 5 月 15 日。

加竞选活动，还专门去华埠争取华人选民的支持。而贺华丝则一天走访了省内八个选区，为多名候选人站台拉票，包括华埠所在的选区。① 10 月 1 日，多伦多市长候选人道格·福特（Doug Ford）在出席一个庆祝中国国庆的活动时，承诺修建华人喜欢的地铁，并向华人选民拉票。最有趣的是，很多白人政客为了方便加强与华人社区的沟通，争取华人选票，专门请人精译中文名字，以便民众记忆，打造先入为主的好印象，如 BC 省省长简蕙芝、温哥华市市长罗品信和华人人口比例最高的列治文市市长马保定（Malcolm Brodie）等都经过精译，非常中国化，通俗易记。还有政客对原有的中文名进行修改，如新民主党 BC 省国会议员 Peter Julian 的中文名本是朱理民，但幕僚嫌"理"字太学术，距民众较远，与他必须与民众接触的议员身份不匹配，经内部商讨决定改为"朱利民"，取"利国利民"之意。② 为了让华人选民对市选有更多了解，BC 省政府在温哥华市推出"选民指南"简体与繁体中文版，民众可上网下载，也可到各地省议员选区办公室索取。指南详述谁可以参与投票、如何登记为选民、选举规定以及身份证明要求等。③

在 2015 年加拿大联邦国会选举中，华人选票同样受到各政党及其候选人的高度重视。为了获得华人选民的大力支持，各政党及其候选人竭尽全力争取华人选民的关注。2015 年 1 月 11 日，成立于 1981 年的加拿大华人保守党协会举行周年会员大会，通过选举组成新一届领导班子。华裔联邦国会议员梁中心和大多伦多地区的另外两名联邦国会议员全程参加，联邦保守党也有多人出席当晚的周年大会，可见对华人选票的重视。2 月 11 日，安大略省省长韦恩发表羊年新春致辞，向当地华人致以新春祝福。2 月 16 日，BC 省省长简蕙芝与当地华裔社区人士一起预祝农历新年来临。2 月 17 日，BC 省新民主党党领贺谨（John Horgan）与省议员关慧贞等一起到温哥华华埠向民众及商户拜年。2 月 20 日，多伦多市政府首次在市政厅举行仪式，庆祝中国农历新年。同一天，联邦移民部长康尼（Jason Kenney）到访万锦市的一个普通华人市民家庭，与他们全家一起包饺子、吃团年饭，共庆中国农历新年。这些都说明加拿大华人社会地位得到显著提升，华人选票在此次大选中受到重视。

2015 年 6 月 22 日是联邦政府正式就人头税向华人道歉 9 周年，哈珀总理在

---

① 《加拿大安省省选华裔扮演关键少数　候选人华社抢票》，中国新闻网，http：//www. chinanews. com/hr/2014/06 - 13/6276862. shtml，2014 年 6 月 13 日。

② 《接触华人机会多　加拿大政要争改易记中文名博好感》，中国新闻网，http://www. chinanews. com/hr/2014/04 - 21/6085203. shtml，2014 年 4 月 21 日。

③ 《温哥华市选推出中文版选民指南　呼吁积极投票》，中国新闻网，http://www. chinanews. com/hr/2014/10 - 27/6721266. shtml，2014 年 10 月 27 日。

渥太华再次发表声明，重申当年人头税政策是"极大的历史错误"和"极大的不公正"，政府就此建立社区历史认知项目，以财政支持的方式帮助研究过去战时措施和限制移民的做法对文化和宗教团体的影响。[①] 哈珀希望以此安抚华人社区，争取华人选民对执政保守党的支持。8 月 2 日，哈珀正式宣布启动联邦大选，几个小时之后，刚转任不久的联邦国防部长兼多元文化部国务部部长康尼就马不停蹄展开了第一站竞选活动，他来到列治文山市与中文传媒及华人选民会面，并为该选区保守党候选人站台。[②] 晚上，联邦多元文化国会秘书、保守党国会议员候选人梁中心举办筹款晚宴，康尼也出席活动，并帮助他在华人社区筹款拉票。[③] 10 月 8 日下午，哈珀总理应邀出席由加拿大中国工商联合会主办的加中经济论坛午宴，肯定当地华社对加拿大的贡献，强调中加关系的重要性，并为当地保守党候选人拉票，寻求华人选民的支持。[④]

在 2017 年的 BC 省地方选举中，华人选票备受瞩目，华人民众积极参加选举登记、投票和助选活动，在省选中发挥重要作用。早在 2016 年 12 月，BC 省省长简蕙芝就在该省华人人口最密集的列治文市宣布她在召开新闻发布会时将同步使用微信平台，让华人民众能更加及时地了解他们想要了解的信息。她表示更希望通过微信平台听到华人民众对 BC 省政务的意见和建议。同时，她还表示微信平台将由会说普通话和粤语的华裔志愿者来运营与管理，这样不会产生任何费用，不用花纳税人的钱。[⑤] 2016 年底，简蕙芝还报名参加加拿大环球文化基金和加拿大环球传媒集团举办的"我要读中文"活动的诵读尝试环节。这些都说明她领导的自由党政府对华人选票的高度重视。

此次省选前的民调显示，执政党 BC 省自由党的支持率与官方反对党新民主党的支持率相当，都为 37%，因此华裔的选票受到两党的格外重视，争夺特别激烈。[⑥] 2017 年 4 月，简蕙芝宣布，将支持列治文医院的扩建计划，并考虑加设

---

① 《加拿大总理"人头税"道歉 9 周年再发声明安抚华裔》，中国侨网，http://www.chinaqw.com/hqhr/2015/06 - 23/54174.shtml，2015 年 6 月 23 日。

② 《加拿大华裔选票大受青睐 成主要政党领袖拉票首站》，中国侨网，http://www.chinaqw.com/hqhr/2015/08 - 04/59389.shtml，2015 年 8 月 4 日。

③ 《加拿大华裔国会议员寻求连任 与华社畅谈热点议题》，中国新闻网，http://www.chinanews.com/hr/2015/08 - 05/7448639.shtml，2015 年 8 月 5 日。

④ 《加拿大总理哈珀肯定华社贡献 寻求华裔选民支持》，中国侨网，http://www.chinaqw.com/hqhr/2015/10 - 10/66519.shtml，2015 年 10 月 10 日。

⑤ 《卑诗省长开通微信公众号，致力于建立与华人更好的沟通平台》，加拿大《环球华报》，http://gcpnews/2016/12/07/卑诗省长开通微信公众号，致力于建立与华人更好的沟通平台/，2016 年 12 月 7 日。

⑥ 《省选临近，卑诗华裔候选人人数创历史新高》，加拿大《环球华报》，http://gcpnews/2016/03/01/省选临近，卑诗华裔候选人人数创历史新高/，2017 年 3 月 1 日。

中医部门。① 很明显，在省选前公布这一消息，确实显示现政府对华人选票的高度重视。在此次省选中，还涌现出多位能讲流利中文的非华裔候选人。素里的印度裔候选人欧吉拉（Saira Aujla）、温哥华福溪选区的自由党候选人苏利文（Sam Sullivan）、列治文昆斯伯勒选区的新民主党候选人辛欧曼（Aman Singh）和保守党候选人海尔（Kay Hale）都能讲流利的粤语。这既能帮助他们吸引华人选民的选票，同时也显示华人选票受到空前重视。

为了争取华人对联邦自由党的长期支持和为 2017 年 4 月份即将举行的联邦国会议员补选做准备，早在 1 月份，加拿大总理小特鲁多就亲自带领 3 位内阁部长参加温哥华华埠新春大游行。3 月 31 日，小特鲁多总理在自由党国会议员候选人伍凤仪和安大略省国际贸易厅厅长陈国治的陪同下，来到万锦市的一间华人酒楼，进行亲民活动，同时为代表联邦自由党在万锦选区补选的国会议员候选人伍凤仪助选拉票。② 这是近年来在任总理首次到访华人酒楼，体现了华人选票的重要性。

在 2019 年联邦国会大选中，华人民众的选票同样受到各大政党及其候选人的重视。早在 2019 年 1 月 16 日，大多伦多地区 4 名代表保守党的华裔候选人袁海耀、胡商、江如天和马荣铮就一起向华人社区拜早年，呼吁华人选民踊跃出来投票，并承诺一旦进入国会，将会把包括华裔在内的选民声音带到国会。这 4 名候选人中有 3 位所在的选区华人选民超过 40%，如士嘉堡－爱静阁选区华人选民占总选民人数的 46%、万锦－康山选区华人选民占 41%、士嘉堡北选区的华人选民也占近 40%。③ 距离大选投票日只剩 12 天，华人聚居的多个摇摆选区成为此次联邦选举的关键，为争夺华人选票，小特鲁多亲自来到大多伦多地区华人聚居的万锦市，与自由党华裔候选人何胡景和伍凤仪一起去华人所有的福耀超市拉票，显示华人选票在这次大选中扮演极为重要的角色。与此同时，保守党领袖希尔虽然在魁北克省竞选，但谈及的却是华人最关心的移民和非法入境者话题。④ 此外，大选期间，所有华裔候选人、各社团侨领和加拿大各地华文媒体不断地呼吁和宣传，号召广大华人民众积极参与此次大选投票，也有效地提高了华人族群的社会能见度和政治话语权。

---

① 《省长表示列治文医院将增设中医部门》，加拿大《环球华报》，http：//gcpnews/2016/04/07/省长表示列治文医院将增设中医部门/，2017 年 4 月 7 日。

② 《加总理访中餐馆为华裔助选拉票　逗娃品叉烧包》，中国侨网，http://www.chinaqw.com/hqhr/2017/04－02/134756.shtml，2017 年 4 月 2 日。

③ 萧山：《保守党四候选人见华媒　承诺把华人声音带到国会》，加国无忧，https://info.51.ca/news/canada/2019－01/728685.html，2019 年 1 月 16 日。

④ 《华人成大选关键！杜鲁多刚刚到万锦华人超市拉票，谢尔发誓打击非法入境者》，华人头条，http://www.52hrtt.com/dld/n/w/info/H1569732900977，2019 年 10 月 10 日。

在2021年加拿大联邦国会大选中，华人选票继续受到各政党领导人和候选人的高度重视。据约克区网报道，华人聚居的多伦多市约克区成为本届联邦选举的关键战场，两个主要政党的领导人在竞选活动仅开始三天后就在这里短暂停留。8月17日，自由党领袖小特鲁多在万锦－于人村选区发表关于托儿的重大声明，并为华裔候选人蒋振宇助选，随后前往Aurora，① 而保守党领袖奥图尔（Erin O'Toole）当天也在列治文山选区举办他的首次竞选集会。② 8月25日，小特鲁多风尘仆仆，飞到BC省为联邦自由党在大选中造势，他分别前往列治文市的渔人码头及素里市，并在一家华人电台接受访问。③ 2021年9月18日，联邦自由党党魁杜鲁多携伍凤仪、蒋振宇、陈圣源、董晗鹏等华裔候选人向全体加拿大华人祝福中秋快乐。④

9月15日晚，"关注2021年联邦大选华人群"在位于安大略省万锦市的新动力传媒演播厅举办华人社区政见说明会，邀请各政党代表与大家面对面，通过问答方式阐释各自政纲，并通过线下互动与线上直播的方式，吸引公众参与，以推动本地民众参政议政。当晚到场的政党代表包括：自由党代表伍凤仪、蒋振宇、莉雅·泰勒（Lea Taylor），新民主党代表阿当·迪维达（Adam Devita）、布鲁斯·格里芬（Bruce Griffin），绿党代表李肖君和高境岚，主办方也邀请了保守党，但该党无人到场。在两小时的圆桌政见会中，各政党代表回答了大家关心的国计民生话题，如自由党推出的针对父母与孩童的税收福利政策、枪支管制问题、改善财政保障和住房负担能力问题、中小企业的支持措施问题、华人关注的中加关系以及反亚裔歧视问题、气候变化等全球性问题、如何解决疫情带来的赤字和就业问题、如何改善环境问题。政党代表们还解答了现场观众和华裔、墨西哥裔等媒体提出的有关青年学生、老年人福利待遇、电信收费等的热点问题。⑤

此次华人普通民众参政有以下几个显著特点：第一，许多华人学会理性助选和投票，不再盲目跟风。表现为许多选民开始珍惜手中难得选票，对候选人充分了解研究，努力寻求与自己政治三观相同或相似的候选人，予以助选或投票。当

---

① 《蒋振宇出战于人村选区　杜鲁多助选"渥太华见"》，加国无忧，https：//info. 51. ca/news/canada/2021－08/1022308. html，2021年8月18日。

② 《约克区是大选关键！两大党领来拉票，说了这些》，加国无忧，https：//info. 51. ca/news/canada/2021－08/1022679. html，2021年8月19日。

③ 《杜鲁多竞选重申不会插手孟晚舟引渡案》，加国无忧，https：//info. 51. ca/news/canada/2021－08/1024629. html，2021年8月26日。

④ 《联邦自由党党魁杜鲁多携华裔候选人祝中秋快乐》，加国无忧，https：//info. 51. ca/news/canada/2021－09/1030557. html，2021年9月18日。

⑤ 《华社政见说明会，加国政党代表解疑热点》，加国无忧，https：//info. 51. ca/news/canada/2021－09/1029943. html，2021年9月16日。

前华人选票最大公约数是多元文化、健康防疫、就业与恢复经济；最小公倍数是反歧视、反玩弄意识形态。第二，注重与各候选人的交流沟通，通过积极参与各候选人的见面会来了解候选人施政纲领，同时勇敢表达自己的政治诉求；通过观其言且观其行来选择合适候选人，通过政治表达来影响候选人的施政思维，为自己或相关方谋求更多的政治权益。第三，越来越多的华人参与到助选义工活动中，以此来了解当地社会状况，提升政治分量，加深与社区其他族裔的了解，更快地融入当地社会。第四，华人政治投资意识越来越强，通过学习犹太族裔和当地锡克族裔先进的政治参与思维和方法，增强参政议政意识，加大政治捐助力度，规范政治投入行为，增强华裔在选区的选举分量，提升对社区议员的政治影响力。第五，注重建立越来越广泛的政治联盟，与其他政治三观相投族裔大联合，如目前大家普遍关注和积极加入的"华人选举投票联盟"，其政治影响力和范围越来越大，已越来越成为各党派和政客眼中不容忽视的一股投票竞选力量。握手成拳，才更有力道。第六，新华人参政议政表现出更多元和更包容的趋势。许多华人不但注意为本族裔候选人助选投票，也开始注重为三观相合的其他族裔候选人助选投票。[①] 第七，中加关系成了华人投票的一个重要变量。第八，在中国大陆华人新移民聚居的选区，他们的选票发挥决定性作用。

三、华人普通民众参政方式趋于多元化

当代加拿大华人普通民众的参政方式趋于多元化，除了参与选举政治外，他们还通过个人接触、游说、集会、请愿、游行示威、抗议、抵制、发起法律诉讼、加入或组建政党或参政团体等非选举政治方式参政。

2003 年加拿大联邦移民部官员成立"加拿大移民顾问协会"，规定只有该组织的会员才能担任移民顾问，同时还必须通过语言和专业知识考试。而语言能力测试使很多华人无法进入这一协会，一些人质疑这种考试有种族歧视的意味，使华人顾问在移民中介市场中遭受不公平竞争。从 2004 年开始，华人团体开始"维护移民顾问权力反歧视行动"，通过联合同业、号召抵制该顾问协会、写信给移民部及联邦总理、发表文章、与移民部官员会谈直至诉诸法庭等一系列措施，呼吁联邦政府要对移民顾问进行"公平合理、程序合法"的管理。[②] 2005 年6 月 5 日，加拿大"担保父母移民"团体在多伦多、温哥华、渥太华、蒙特利尔

---

① 《华人参政议政的几个可喜进步——七嘴八舌话选举之一》，加拿大华人投票联盟，https：//www.51vote．org/post/华人参政议政的几个可喜进步 - 七嘴八舌话选举之一，2021 年 9 月。

② 宋念申：《加国华人不再是一盘散沙》，《环球时报》，2005 年 2 月 2 日第 18 版。

和卡尔加里 5 大城市同步举行游行示威，抗议加拿大联邦移民部一直以来对父母团聚移民问题的忽视态度。参加游行示威的有不少是华人。①

四、华人普通民众参政议政能力提高

华人普通民众不但积极参政议政，而且参政议政的能力也在不断提高。随着华人文化素质的提高和华人对加拿大政治制度了解的加深，华人参政的能力也在不断提升。这在 2006 年联邦大选中有明显的体现。过去加拿大华人社区一直被认为是特定政党——自由党的"铁票"部队，但在这次选举中已经悄然发生改变。从投票结果可以发现，这种变化在东部地区更加明显。据 2004 年联邦大选统计，超过 70% 的加拿大华裔把选票投给了自由党。但 2006 年，随着华裔参政议政能力的增强，他们逐渐抛离了追随单一政党自由党的习惯，开始寻求政党认同的多元化，并开始学会用选票来惩罚那些言而无信的政客。② 华人逐渐懂得了他们手中的选票对政客们的重要性，开始学会利用手中的选票来为自己说话。在 2006 年大选中，各政党纷纷表态要解决华人"人头税"问题，反映了华人选票对他们当选的重要性。而加拿大华人正好能够利用这一点来解决历史遗留下来的问题。这说明了华人普通民众不仅积极参政议政，而且参政议政的能力也在实践中不断地提高。

第三节　当代加拿大华人普通民众
政治参与存在的主要问题

客观地说，近年来，加拿大华人普通民众的整体政治参与水平确实有了显著提高，其主要原因是华人人口快速增长、受教育程度明显提高、经济实力逐步增强、社会形象大幅改善、选票显著增多。从上述分析可以发现他们不仅擅长运用非选举政治方式争取在加拿大的合法权益，现在也越来越积极和熟练地运用选举政治的各种方式参与加拿大政治，维护和增进华人社区的整体利益，并取得许多成就。例如，他们综合运用非选举政治和选举政治的各种方式，迫使加拿大联邦政府为历史上的人头税和《排华法案》进行道歉并赔偿；他们运用手中的选票

---

① 《加拿大华人示威抗议》，《人民日报（海外版）》，2005 年 6 月 8 日第 3 版。
② ［加］吕振亚、黄运荣：《枫叶漫谈：从加拿大大选看华裔参政四大变化》，中国新闻网，http://www.chinanews.com.cn/news/2006/2006 - 01 - 26/8/683723.shtml，2006 年 1 月 26 日。

和钞票，把众多的华裔候选人送上各级议会和政府的执政岗位，不仅是为华人社区谋利益，也是为加拿大国家的发展贡献华人的经验和智慧，丰富加拿大社会的多元文化。但是，由于加拿大华人普通民众的构成复杂，他们当中按移民的时间和世代，可以分为老移民、新移民和土生华裔；他们当中按来源地，可以分为来自中国大陆、中国香港、中国台湾，甚至东南亚、美国和西欧等其他国家和地区；即使是来自中国大陆的华人新移民，按来源地又可以分为31个省、自治区、直辖市，不同地区都有不同的人文和风俗习惯。他们的个人成长经历决定他们的政治意识形态存在巨大差异，他们的参政意识和参政能力也存在较大差别，导致他们在参政过程中尚存在一些问题和障碍，具体如下：

一、华人人口构成复杂

当代加拿大华人人口增长速度快，但构成日益复杂，异质性高，加上分布不均衡，导致整体参政水平短期内难有较大提升。

虽然2016年加拿大华人人口已超过180万，占全加总人口的5.2%，但分布不平衡，主要集中在几个大都市地区，即BC省、安大略省、魁北克省和阿尔伯塔省等。华人普通民众在选举政治中的影响力也主要局限于华人或亚裔人口较集中的省市。另外，当今加拿大华人的人口构成日益复杂，从来源地看，有的华人来自中国大陆、中国台湾和中国香港，有的是来自东南亚和世界其他各地的华人再移民；从居住时间上看，有新老移民之分，有世代之别；从血缘来看，有单一血统的华人和混血华人之异；从语言上看，有普通话、粤语、闽南话、上海话、温州话、客家话等，五花八门，应有尽有；从居住环境来看，有住在市中心的华人底层劳动人民，也有住在郊区的大量华人中产阶级和富人；从政治观点来看，支持自由党、保守党和新民主党的都有，而非某一党派的铁票；与祖籍地的关系也各不相同。当代加拿大华人人口构成的异质性给华人社会内部的沟通与团结造成严重困难，华人在政治参与上的利益与主张更是大相径庭，有时甚至形成尖锐对立。在此情况下，要加强华人内部的凝聚力、提高整体参政水平非常不易。虽然近年来加拿大华人在人口规模、社会经济地位、归化为公民的比例等方面都取得显著进展，但华人在加拿大政治力量结构中所占比例的增长并不乐观。有公民权的华人普通民众在各级选举中的投票率仍然非常低，不到其成年人口数量的一半。这些差异共同导致华人的整体参政水平在短期内很难有较大提升。

二、华人拥有公民身份的比例低

据多方面的统计数据显示，拥有公民身份的加拿大华人数量只有在加华人人口的一半左右，很多人只拥有永久居民身份（持"枫叶卡"），而法律规定只有公民才能投票，这意味着近一半华人没有投票权，导致他们在各级民意代表和政府官员选举中发挥的作用有限。

1947年以前，加拿大华人没有公民权，被禁止参加各级选举投票。1947年加拿大联邦政府在内外压力之下，废除执行长达24年的《排华法案》，准许华人加入加拿大国籍，并取得投票权，但直到1967年加拿大实行移民改革，华人才最终实现与其他民族同等的移民加拿大权利。在加拿大成为公民首先要拿到"枫叶卡"，即成为永久居民，然后在未来的4年中在加居住满3年后才能申请归化为加拿大公民，等待的时间相当漫长；申请归化的手续亦非常烦琐，不仅要准备详细的入籍文件，还要参加语言能力测试等。这对第一代华人新移民而言有一定难度，很多人因而放弃成为公民，保留永久居民身份。而加拿大法律规定，在各级选举中行使投票权必须具备至少两个前提条件：一是年满18周岁，二是具有加拿大公民身份。其中公民权是华人介入加拿大选举政治的前提，没有公民权就意味着不能参加选举和投票。当今加拿大华人人口的迅速增长主要是由于移民的增加，但是公民比例较低，据估算只占华人人口的一半左右，这直接导致另一半在加华人没有公民权和投票权，无法在各级民意代表和政府官员选举中发挥作用。更何况，有公民身份的加拿大华人当中还有许多人对政治冷漠，根本不参加选举投票，可见他们在选举政治中发挥作用的局限。

三、华人的英语交际能力不足

很多新移民和老移民的英语交际能力严重不足，导致他们不敢去投票站投票，也不知道该如何投票，这已经成为当代加拿大华人积极参与选举政治的最大障碍之一，急需克服。

英语语言能力一直是华人新移民融入加拿大主流社会的一个重大障碍，就参与加拿大政治而言更是如此。早期华工由于语言不通，在加工作生活到处碰到困难。战后加拿大华人的社会政治地位发生巨大变化，但老移民和新移民的英语能力仍然非常有限，尤其是新移民的英语能力良莠不齐。由于英语沟通能力差，很多华人只能在华人圈内找工作，根本无法进入主流社会，更谈不上参与选举政治。虽然现在加拿大华人的总体受教育水平较高，但大多数华人新移民是在中国接受的高等教育，他们的英语读写水平还可以，但英语听力水平和口语水平仍然十分有限。英语交流障碍使许多华人归化公民无法参与选举政治。即使相当数量移民的英语水平可以通过入籍英语测验，但要理解复杂的选举程序和选举材料仍非常困难，对华人新移民亦是如此。英语交际能力是他们参与加拿大选举政治的最大障碍。许多华人虽归化为加拿大公民多年，但一直因英语沟通能力不足及阅读困难，害怕投票程序过于复杂或阅读选票产生困扰而未曾参加投票，使华人难以发挥集团投票的政治力量，对加拿大政治过程产生较大影响，因此如何提高新老移民的英语沟通能力是华人参与选举政治过程中不可回避的重要问题之一。

四、华人不了解当地政治文化制度

大多数加拿大第一代华人新老移民，要么受祖籍地传统政治文化的影响而对政治参与有偏见，要么因工作环境不稳定而对政治参与态度冷漠，要么对加拿大的选举制度和选举文化不了解，导致他们在参与加拿大选举政治时的投票率很低。如果他们觉得参与政治的成本远远大于所获取的收益，他们当中的很多人会选择不参与选举投票。

1967 年以来的加拿大华人新移民大多来自中国大陆、中国香港和中国台湾以及东南亚国家和地区，人民传统上对政治不太关心。他们移民到加拿大之后，即使成为加拿大公民，对政治仍然不感兴趣。他们当中的大多数人不参加选举登记和投票，甚至从不参加社区的政治活动。还有很多人为了便于在中加之间自由往返，照顾在中国的事业，甚至不愿意成为加拿大公民，至今只持有"枫叶卡"。更有相当一部分华人只把小孩送来读书，自己继续在中国创业，根本没有想过拿加拿大的公民身份。也有许多新移民登陆之后，忙于找工作，谋生存，不愿意登记为选民，不愿意与某一党派扯上关系，对政治参与持冷漠态度。而在加拿大不拿到公民身份就没有资格参加选举和投票。另外，华人移民受传统中国文化的影响，至今仍存有"各人自扫门前雪，休管他人瓦上霜"的保守心态。他们当中很多人担心成为公民后要浪费很多时间去义务担任陪审员、投票等，直接影响自己的工作和休息。这种自私心理导致相当多华人公民不参加选举投票。老一辈华人移民与新移民，特别是华人新移民，由于没有本地工作经验和证书、缺乏英语交际能力，很难在加拿大主流社会找到合适的工作，只能在唐人街的传统四大行业中打工，整天为生计而奔波。对他们来说，温饱问题还没有解决，如何对与工作、事业没有直接相关的政治参与产生兴趣并投入时间与精力呢？除了中国传统政治文化对当代加拿大华人参与选举政治造成消极影响之外，大多数华人选民对当代加拿大的选举制度和选举文化不了解，阻碍他们积极参与加拿大选举政治，具体表现为选举投票率非常低。

BC 省选举委员会公布的数据显示，2013 年全省有 57.1% 的选民参加了省选投票，投票率与 2005 年省选相近，比上一届 2009 年省选的投票率高 7 个百分点，这意味着有近 130 万选民选择置身事外，没有参加投票。① 加拿大华人选民的投票率低是不争的事实，以 2009 年 BC 省省选为例，在华人人口比例最高的列治文市中选区，投票率只有 40.97%，远低于全省平均投票率 55.14%，在全省 85 个选区中排名倒数第二。② 2013 年 BC 省省选，列治文市中选区的投票率也只有 43.65%，比全省的平均投票率 55.32% 仍然低近 12 个百分点。③ 而 2011 年加拿大人口普查显示，列治文市是大温哥华地区华人人口最密集的城市，华人人口比例高达 47%。④ 从这些数据的对比分析可以发现，华人在此次省选中的投票率非常低。

以前的研究结果显示，加拿大华人投票率低的主要原因包括：有些华人新移民尚未入籍，没有投票权；有些华人由于语言障碍不参加投票；有些华人对政治不感兴趣；有些华人认为自己的一票不重要，投和不投没有什么差别等。即使参加投票的华人也大多是被动员参与，主动参与和自觉参与的华人非常少。但 2013 年选后调查显示，44% 的民众不去投票的理由是"找不到自己想要支持的候选人"，排名第一；43% 没有去投票的民众认为自己对 BC 省政治了解不够，排名第二；对于政治不关心、没兴趣的民众则占 39%，列第三位；还有 18% 的选民认为 BC 省新民主党在此次省选中应该"赢定了"，所以没有去参加投票。⑤

与加拿大印度裔的高团结度和高参与度相比，华人的团结度和政治参与度都非常低。在 2013 年卡尔加里市级选举中，华人的投票率创历史新低，以至华裔候选人只有一人当选，而卡尔加里华人人口已经超过 10 万，占卡尔加里总人口近 10%。这里的华人如果团结一致，在总体投票率都比较低的情况下，华人集中居住的几个选区完全可以选出自己的族裔代表。在 2014 年安大略省和 BC 省的市级选举中，华人的投票率依旧低迷。据各市政府选举委员会统计，华人的投票率不超过 20%。这些说明，未来如何从事选民教育，动员华人选民积极参加选

---

① 《卑诗省选未投票 4 成人后悔：没有合意候选人》，加拿大《明报》，http://www.bcbay.com/archive/subject_details.php?nid=94158&id=16545，2013 年 6 月 13 日。

② 《加拿大卑诗省选华裔参选创新高　老将新兵争锋》，中国新闻网，http://www.chinanews.com/hr/2013/05-06/4789172.shtml，2013 年 5 月 6 日。

③ "General Election Statistics in Comparison:1928—2013"，http://www.elections.bc.ca/index.php/resource-centre/statistics-and-surveys/.

④ "NHS Profile,Richmond,CY,British Columbia,2011",Statistics Canada，2012.

⑤ 《卑诗省选未投票 4 成人后悔：没有合意候选人》，加拿大《明报》，http://www.bcbay.com/archive/subject_details.php?nid=94158&id=16545，2013 年 6 月 13 日。

举投票是当地华人精英、华人社团和华文媒体的重要和首要工作。

五、加拿大社会的种族歧视和偏见根深蒂固

当今加拿大社会对有色人种的歧视与偏见仍然根深蒂固，这也是当代加拿大华人普通民众参与政治的重要障碍之一。历史上，华人曾饱受种族歧视的残害，白人社会认为华人不可同化，华人人数的增长会形成对加拿大种族构成的危机；在政治上，华人更是长期处于无选举权的地位。自《排华法案》在 1947 年废除以来，经历 60 年代移民改革和 70 年代多元文化主义政策的实施，加拿大社会对华人的严重种族歧视有了很大程度的缓解，但根深蒂固的白人种族至上的保守观念时隐时现，尤其在经济不景气、政治竞争激烈、出现严重的文化冲突和重大公共卫生事件时，种族歧视的现象又会回潮甚至恶化。

加拿大社会对华人的歧视属于制度性歧视。据统计，在加拿大 2 000 多条法律条文中，有 223 条法案含有针对华人等少数族裔的歧视内容，比如立法规定华人没有投票权、要缴纳针对华人的高额人头税、死后禁止下葬公共墓园、墓碑上不许有名字、一些行业禁止雇用华人、华人不得雇佣白人当雇员等。截止到 2017 年 4 月 5 日，有 204 条已经废止，但仍有 19 条保留着，其中 16 条只是针对华人的。在华人团体的努力下，直到 2018 年 4 月 5 日这一天，加拿大才正式废除所有这些歧视华人的法规。[①] 加拿大社会对华人的制度性歧视至此才正式宣告彻底结束。

虽然加拿大现在实施多元文化主义政策，承认华人在法律和政策上具有同等地位，但这并不代表事实上的平等，实际上系统性的种族歧视仍然根深蒂固，若隐若现地存在于日常生活和工作的各个领域当中，很难消除。一项针对加拿大华人的研究显示，超过五分之三的受访者表示在日常生活中遭受过种族歧视，其中五分之二的人表示经历了"频繁"的歧视。另外，大部分受访者认为加拿大社会存在种族歧视问题，超过半数的受访者表示自己在工作场所遭受过种族歧视。2017 年 5 月，温哥华市民 Joannie Fu 和自己 13 岁的妹妹 Jasmine 在温哥华搭公交车途中，遇到一名醉酒的白人女子辱骂一名华裔老人，她将事件全过程录下并发布到脸书上。据她描述，这名华裔老人在坐下时不小心踩到那位白人女子的脚，该女子当场发飙，并用极具侮辱性的语言进行辱骂，还叫她赶紧"滚回中国"（Go back to China）。当 Joannie Fu 站出来帮助老人时，白人女子也叫她"滚回中

---

① 《加拿大三级政府均向华人正式道歉　曾有 223 条法案有歧华内容》，央视网，http://news.cctv.com/2018/04/24/ARTIDNSuaN14PO9X7DlZ8Um0180424.shtml，2018 年 4 月 24 日。

国"。2017 年 6 月，一名白人女子在多伦多一家华人超市购物时，因为华人服务员的英语不好，她便当场大声呵斥，并叫嚣让他"滚回中国"。①

新冠疫情发生后加拿大亚裔遭受的种族歧视加剧。平权会多伦多分会发布的一份调查报告公布了他们在新冠疫情期间设立的"仇恨亚裔事件报告网站"得到的数据。数据显示，2020 年，网站总共收到 1 150 份遭遇歧视和仇恨犯罪的个案报告。仇视亚裔的事件主要发生在温哥华所在的 BC 省（44%）和多伦多所在的安大略省（40%）。其中近 11% 属于暴力袭击事件，其他包括了吐口水、语言歧视、遭拒绝服务等。而受到攻击的亚裔当中，60% 是女性。报告说，加拿大的亚裔社区不仅受到新冠疫情带来的经济、健康威胁，还遭遇持续的种族主义歧视。同时，温哥华警方的报告显示，2020 年针对亚裔的仇视报案数量比前一年上升了超过 700%。②

新冠疫情期间，加拿大社会对华人的歧视更加严重。有华人母亲给年幼的儿子找幼儿园上学，有幼儿园竟然以"不好意思，我们不收中国人"作为拒绝的理由。疫情期间，随着反亚裔种族主义的抬头，温哥华唐人街的老人害怕出门，觉得在外不安全。林迪普（Linh Diep）分享了她的经历。这位老人 20 世纪 90 年代移民到加拿大，在温哥华一间食品加工厂处理海胆，工作了数十年。2021 年 3 月底，60 多岁的林迪普被一名女子当街扇了一巴掌，要她"滚回中国"，并对她说"你不住在加拿大"。她表示，这次经历让她不敢再去唐人街买菜。70 多岁的张女士也在 4 月的一天清晨，在超市门口被一名女子打脸。附近的人帮她报了警。从那之后，她每次出去散步都会拿一把雨伞保护自己。加拿大民意调查机构安格斯里德研究所（Angus Reid Institute）2020 年 6 月的一项调查显示，新冠疫情暴发后，大多数加拿大华裔都遭受过种族歧视。接受调查的 516 名认为自己是中国血统的加拿大成年人中，64% 的人都表示，他们在疫情期间曾被不尊重对待；50% 表示曾被点名羞辱；43% 表示曾被威胁或恐吓。③

加拿大保守派政客对华人的歧视更加明目张胆。2020 年 4 月，加拿大三大政党之一的保守党举行党首选举。德里克·斯隆（Derek Sloan）是主要候选人之一。他在社交媒体上发布视频，并发出公开信，指责华裔的联邦首席医疗官谭咏诗（Theresa Tam）把中国和世界卫生组织对新冠疫情的判断如"鹦鹉学舌"一

---

① 《加拿大发生多起针对华人的歧视事件，遇到歧视究竟应当怎么办？》，界面新闻，https://www.ji-emian.com/article/1615309.html，2017 年 9 月 11 日。

② 《加拿大针对亚裔歧视事件剧增，平权人士呼吁正视现实与改变》，美国之音网，https://www.voachinese.com/a/anti-asian-hate-attacks-up-sharply-20210331/5835353.html，2021 年 3 月 31 日。

③ 《"不好意思，不收中国人" 加拿大种族歧视连孩子都不放过》，观察者网，https://www.guan-cha.cn/internation/2021_06_16_594716.shtml，2021 年 6 月 16 日。

样传递给加拿大人，他为此怀疑谭咏诗是在"为中国工作"。自由党、新民主党以及社会各界的很多重要人物都公开批评并要求斯隆道歉。4月23日，加拿大总理小特鲁多在例行讲话中对斯隆的种族主义言论予以公开批评。但这些都没有对斯隆的政治前程带来任何影响，他不仅拒绝为此道歉，还依然是保守党的党首候选人之一。[①]

2023年是加拿大《排华法案》出炉整整100周年，但华人社区普遍认为，华人面对的种族歧视并未真正消除。来自马来西亚的华裔联邦参议员胡元豹近期在多个场合提醒，要警惕"现代形式"的排斥、污名化行为。来自中国大陆的华人历史学者丁果认为，即便如今温哥华、多伦多两大城市均历史性地选出华人市长，但并不意味着对华人的歧视已不存在。来自中国香港的加拿大华人联合行动基金会主席鲍胡莹仪表示，自己在长期的社区工作过程中感受到，种族歧视仍存在于包括政府部门在内的系统当中。[②]加拿大社会对华人的系统性种族歧视和偏见阻碍了华人对加拿大选举政治的进一步参与。

虽然现在明目张胆的种族歧视与以前相比有所减少，并逐步演变为隐藏性的甚至是合法化的形式，但这些忽明忽暗的种族歧视与偏见极大伤害了华人的感情，对他们积极参政议政更是一大障碍。系统性种族歧视使加拿大华人深受其害，移民加拿大的当代华人都曾亲身经历过，无论是精英还是平民。例如，时任安大略省省议员兼公民、移民与国际贸易厅厅长的华裔陈国治曾被指与中国驻多伦多总领事馆来往密切，加拿大国家安全官员两次警告小特鲁多和他的高级助手要防备陈国治；在所谓的"中国干涉案"中，现任国会众议员董晗鹏被指与中国驻多伦多总领事馆有勾连，迫使他宣布退出自由党党团，成为独立议员，等等。这些都是基于"中国出生的移民不值得信任"的种族歧视和偏见，是当代加拿大社会对华人存有系统性种族歧视和偏见的活生生例子，至今让人记忆犹新。在一些有种族歧视偏向的白人的眼中，华人在加拿大是永久的外国人。在职场上和政坛上，由于种族歧视和偏见，华人经常遭遇"三重玻璃效应"和"玻璃天花板"的障碍。这说明，种族歧视和偏见仍然是华人参与加拿大政治的一个重要障碍，消除种族歧视和偏见仍然是当代加拿大华人参政的一项长期任务。

---

① 《新冠肺炎疫情下的北美华人：饱受攻击与污名化》，中国侨联网，http://www.chinaql.org/n1/2020/0813/c431600-31821570.html，2020年8月13日。

② 《百年未远"排华法"黑暗史警醒加拿大华人》，中国新闻网，https://www.chinanews.com.cn/hr/2023/07-02/10035441.shtml，2023年7月2日。

六、华人的政党认同感不强

当代加拿大华人普通民众当中，很多人没有政党认同或政党认同感不强，这也是妨碍他们参与当地选举政治的重要因素。众所周知，加拿大的多党制给华人的参政活动既带来机遇，也带来挑战。如第二章中所述，加拿大华人的政党认同感不强，大多数加拿大华人没有政党认同。有政党认同的少数加拿大华人的政党认同又呈多元化趋势，从早期支持自由党，到现在有的认同保守党，有的支持新民主党，有的支持绿党和魁北克集团，还有极少数华人组建华人政党等。由于华人政党认同感不强，各级候选人到华人社区来寻求选举支持和动员的活动也较少，当选后更不会重视华人社区的政治诉求。以当选市长为例，市长在城市的发展安排上有相当大的权力，有广泛的任命权，在推动该市族裔和谐的工作上举足轻重，如果华人不能成为各级候选人选举中不可忽视的一股政治力量，那么他们的利益和诉求在该市整体族裔背景下很可能被忽视。笔者以为，华人根据自身的利益和喜好无论是加入哪个党派都不应有异议，但绝不能无党无派。只有加入政党，积极参加政党活动，在该政党获取执政地位或政府职位后才能发挥影响，维护和增进华人社区的利益。即使支持的政党没有当选也没有关系，该政党要生存更离不开华人党员的支持。因此，如何提高华人对加拿大各大政党的认同感是一个值得思考的问题。

小　结

当代加拿大华人普通民众政治参与的方式是多元的，包括参与选举政治和非选举政治，其中参与选举政治的方式包括参加选举投票、提供政治捐款和助选等，参与非选举政治的方式包括个人接触、游说和请愿，集会、游行、示威、抗议和抵制，投诉、发起法律诉讼和提案，加入或组建参政团体和政党等。二者没有高低优劣之分，可以相辅相成，相互配合，综合运用，共同维护华人权益，促进加拿大社会更加公平公正。当代加拿大华人普通民众政治参与具有以下四个主要特点：其一，他们在三级议会和政府公职选举中的政治参与意识明显增强，投票率显著上升，助选活动也愈加积极；其二，现在无论是在地方性选举还是在全国性选举中，华人普通民众的选票都受到各大政党和各级候选人的高度重视；其三，华人普通民众的政治参与方式趋于多元化，除了参与选举政治外，他们还利用多种非选举政治方式；其四，华人普通民众不仅积极参政议政，而且参政议政的能力也在不断地提高。

当代加拿大华人普通民众在政治参与过程中尚存在一些问题和障碍：其一，当前加拿大华人人口增长速度快，但由于构成复杂，异质性高，加上分布不均衡，政治社会化水平差异大，导致各个华人社区的政治参与水平参差不齐，短期内整体政治参与水平难有较大提升；其二，当前拥有加拿大公民身份的华人普通民众的数量只有在加华人人口的一半左右，这意味着另一半华人普通民众没有投票权，导致他们在各级民意代表和政府官员选举中发挥的作用有限；其三，新老移民的英语交际能力严重不足，已成为当代加拿大华人积极参与各级选举政治和非选举政治的最大障碍之一，急需克服；其四，大多数第一代华人新老移民要么对政治参与有偏见，要么因工作环境不稳定对政治参与态度冷漠，加上对加拿大的选举制度和选举文化不了解，导致他们参与加拿大选举政治的投票率很低，如果他们觉得参与成本远远大于所获取的收益，很多人则选择不参与选举投票；其五，当今加拿大社会对有色人种的歧视与偏见根深蒂固，华人被普遍视为永久的外国人，这对华人普通民众政治参与造成较大负面影响；其六，当代加拿大华人普通民众缺少政党认同或政党认同感不强，导致他们参政的机会大大减少。

综上所述，由于当代加拿大华人普通民众的人口构成复杂，异质性高，政治社会化程度差异大，拥有公民身份的华人只占华裔总人口的一半左右，加上许多华人的英语交流能力有限，忙于生计，同时受中国传统政治文化影响不关心、不参与政治，不了解加拿大联邦政府的构成与运作机制，不了解各级政府的政策与民众日常生活息息相关等各种原因，他们对政治参与依旧冷漠，团结度低，投票率低，主要是被动参与和动员参与，而非主动参与和自觉参与，在选举过程中通常不能明确表达出他们关切的议题。这些是近年来多次选举过程中，华人精英参选人数日益增多，但华人普通民众的投票率未有显著提升的主要原因。因此，未来华人社团和华文媒体针对华人普通民众的选民教育和选举动员力度还需要进一步加强。

结　语

"二战"结束至今,当代加拿大华人政治参与的历程充满坎坷和艰辛,但一直在曲折中向前发展。虽然 1947 年加拿大政府废除《排华法案》,华人从法律上可以合法移民加拿大,但只是象征性的,实际上还有很多限制没有取消,导致战后加拿大华人人口增长缓慢,到 1961 年,华人人口仍然不到 6 万。1967 年移民政策改革之后,华人才与其他各国的移民一样,开始平等享有移民加拿大的权利。此后华人人口开始快速增长,1981 年超过 28 万,1991 年达到 58 万,2001 年突破 100 万,2011 年接近 150 万,2016 年超过 180 万。其中 20 世纪 80—90 年代,华人人口增长的主力军是来自中国香港和中国台湾的移民,他们的参政意识和参政水平较高,所以,90 年代以来,活跃在加拿大政界的华人精英除了土生华裔之外,大多数是来自中国香港或中国台湾的移民。90 年代后期以来,加拿大华人人口增长的主力军主要是来自中国大陆的新移民,他们的参政意识和参政水平相对于来自中国香港或中国台湾的移民要低一些,但由于受教育程度高,社会经济地位较高,可塑性强,具有无限潜力。总之,经历 70 多年的参政实践,加拿大华人的参政意识、参政能力和参政水平总体而言已有显著提高。

21 世纪以来,加拿大华人的人口数量、受教育程度、经济实力、就业结构和住房拥有率显著提升,这些为他们积极参与选举政治奠定坚实基础,并取得一系列重大突破,开始与华人非选举政治的参与水平并驾齐驱,相辅相成。现在,越来越多的华人精英通过竞选和委任等方式进入三级议会和政府部门担任公职,成为华人社区利益的代言人;华人参政团体长期从事选民教育,进行选举动员,增强了华人社区的政治凝聚力;华人普通民众的参政意识显著提高,积极参加各种选举和非选举政治活动。以上五章通过纵向分析与横向分析相结合、历史分析与现状分析相结合、理论分析与实证分析相结合的方法对当代加拿大华人政治参与进行综合分析,可以发现,当代加拿大华人政治参与确实取得重大进展,但在实践过程中尚存在一些障碍和问题,已经在第三、四、五章中总结指出。因此,本部分主要从少数族裔政治参与的理论视角,针对当代加拿大华人参政过程中存在的主要障碍和问题,为他们未来参与政治的路径提出一些具体的合理建议。

第一,华人精英参选人数多,但大多数被安排在对手占优势的选区参选,象征意义大于实际意义,导致当选率低;有些华裔候选人"选举时出现,选举后不见",被笑称为"忽然参政一族";有些华裔候选人的参政理念、竞选政纲和宣传方式不能与时俱进,不符合选区实际需要,不能与选民之间形成良性互动;有些华裔候选人表达能力和选举策略均有欠缺;有些华裔候选人为了提高自身知名度和当选机会,不择手段地抹黑华裔竞争对手,给选举造成负面影响,损害华人社区的整体形象。针对以上问题,有心在未来参与竞选三级议会或政府公职的华人精英,须尽早从社区服务工作开始,为参选做足准备,不要等到选举时才出来宣传；应尽量争取在所属政党占优势的选区参选，增加胜选的可能性；华裔候选人的参政理念、竞选政纲和宣传方式既要有现实的可操作性，又要有一定的前瞻性；应充分发挥华文媒体在号召华人民众积极参与投票过程中的动员和沟通作用；应努力提高自身的表达能力，精通各种选举策略；华裔候选人之间还应加强协调，在同一选区推出最有胜算的候选人，避免彼此之间恶性竞争和相互抹黑的现象再次发生。

在加拿大各级议会的民意代表选举中，华人精英参选的人数越来越多，但当选的比例却不高，不到参选人数的三分之一。一个很重要的原因是"选举时出现，选举后不见"，即一些华人精英平时不积极参与社区活动，缺乏知名度和人脉基础，只在选举时突然出现，选举后就消失了。民众希望通过选举选出能够代表民意，为自己所在群体办实事的人，所以要参选的华人精英必须让选民知道他是代表他们的，愿意维护他们的利益，这需要从平时的活动中去增强选民认同。否则，即使同是华人，也不会投票支持该候选人。更何况，作为候选人要争取的还不只是华人选票，其他族裔的选票同样重要。参选者要了解加拿大选举政治的游戏规则，要有长远的战略部署，不能只在选举时才突然站出来发表自己的竞选政纲。

在 2013 年 BC 省省选中，有些华人精英为了能够参选，随意更改政党的身份认同，为了提高自己的知名度和当选概率，甚至对其他华裔候选人进行抹黑，引起轩然大波，给华人社会造成了非常负面的影响。此外，华裔人口当时占 BC 省总人口约 10%，但此次只有 5 名华人精英当选，不到省议员总数的 6%，与华人人口比例相比还有相当大差距。从政党的提名策略来分析，大多数华裔候选人都被安排在对手的优势选区参选，象征意义大于实际，导致胜率不高。例如，此次选举中代表新民主党的姚永安和自由党的屈洁冰，都是在各自政党的优势选区及自己有深厚基础的选区参选，因而成功当选，反观谷世安、周炯华和黄运荣等人，尽管在华人社区知名度相当高，但在政党内部或政治圈并不活跃，被派到该政党弱势的选区参选，选得很困难，胜算又低。因此，未来华人精英应协调好政党与选区之间的关系，尽量在有深厚基础的选区代表强势政党参选，这样才能增加成功的机会。

华裔候选人在参政理念上，既要宏观看问题，对加拿大整体利益或整个社区或选区的利益有利，又要具体看问题，对少数族裔和华裔有利；竞选政纲要根据选区的实际情况及时更新，既要重视整个社区的整体利益，以争取各族裔的选票，又要适当照顾华人社会的利益，以充分利用华裔手中的选票，使华人选票成为候选人的"铁票"，即成功的基础。在做法上，不仅要在媒体上加强对竞选政纲的宣传，而且要多做草根阶层的工作，深入基层，与选民沟通，了解他们的困难和需求,并增强与其他少数族裔的亲和力,这样才能巩固票源基础,有所作为。在 2014 年多伦多市长选举中,华裔候选人邹至蕙先以最高支持率占据优势,但最后得票率排名第三,与加拿大最大城市首位华人市长失之交臂,其中重要原因之一是她的政纲失误,具体表现如下:第一,给价值 200 万加元以上的豪宅加税 1% 的主张引起民众不满;第二,在士嘉堡硬推不要地铁的公交政策失民心;第三,政纲过于分散,不集中;第四,政纲前后不一。虽然平心而论,邹至蕙的主张是真的要解决现实问题,但缺少长远的战略规划。在担任联邦国会议员时,邹至蕙曾对支持强硬管制手枪的方案投反对票,但在竞选多伦多市长时承诺如果当选市长将加强对手枪的管制,前后矛盾,难免遭到对手攻击。因此,未来华裔候选人的政纲既要有现实的可操作性,能解决当前选区面临的主要问题,同时又要有一定的前瞻性,有长远的战略规划,尤其是寻求连任者的政纲前后要有一致性和连续性,否则不断修改或与原来的主张完全相反,在选举中容易遭到对手的攻击。此外,华裔候选人之间应加强协调,在同一选区推出最有胜算的候选人,避免华人之间的恶性竞争导致选票分散,增加选出华人代表的可能性。

华文媒体是华裔候选人展示个人形象、阐述各自政纲、进行议题辩论的最佳平台,也是沟通华裔候选人与华人普通民众的重要桥梁。华文媒体对选举政治的大力宣传与报道有助于增进有中文阅读习惯的华人新老移民对加拿大选举政治文化的了解和对选举进程的及时跟进,增强他们的参政意识,从而加快他们的政治社会化进程。华文媒体在宣传和动员华人参政,尤其是在选举期间发动他们参加选举和投票方面具有重要作用。

加拿大华文媒体非常发达,主要包括报纸、广播、电视和网络等。加拿大华人社区主要有四大全国性华文报纸,它们是《明报》《星岛日报》《世界日报》和《环球华报》,在华人聚居的各大城市还有当地发行的免费中文报纸。据笔者初步统计,在 2013—2014 年加拿大地方各级选举期间,四大华文报纸关于华人参政的报道有近 300 多篇,加深了华人社会对加拿大地方选举政治的理解,提高了他们的参政意识,对他们参与选举和投票产生重要影响。华人社区的中文电视媒体主要有新时代中文电视台、天世网络电视、CCTV 华人电视台和加拿大中文电视台等。2013 年 4 月 27 日,新时代中文电视台与加拿大中文电视台合作在列治文市的时代坊举办 BC 省省选论坛,BC 省自由党和新民主党各派两名华裔候选人参加公开辩论,就经济、省债、交通、教育、税收、环保和诚信等议题展开激烈辩论,许多华人普通民众和双方的支持者或义工到现场为各自的候选人助选,有些华人还向候选人提出十分尖锐的问题。① 加拿大还有众多网络媒体，包括中文网站、微信、微博和 QQ 等，它们在选举中发挥重要的动员作用。据笔者初步统计，目前在加拿大至少有 500 多家中文网站，其中较有影响的有近百个，几乎每个华人社区都有几个到几十个反映当地华人社会生活的网站，如温哥华天空网、加国无忧、卡城华人、蒙城在线、CFC 中文网等。每当选举临近，这些华文媒体都会跟踪报道。在这些华文媒体的大力宣传和号召下，华人选民在选举日不分男女老少积极参加投票，在选举中发挥重要作用。

对候选人来说，争取媒体支持对他们的选举获胜十分重要。华人精英们充分认识到这一点，并通过各种途径邀请媒体出席自己的竞选活动，以扩大自己的知名度和影响力。例如，在 2014 年安大略省省选中，华裔候选人黄素梅主动给驻加的中新社记者发来信息，称她竞选连任的启动仪式将于 5 月 10 日举行，邀请媒体朋友参加，信息中还称她自己一直努力服务社区，有想法有远见。② 在多伦多市长选举中，华裔候选人邹至蕙于 9 月 22 日召开华文媒体圆桌会议，阐述她在士嘉堡的轻轨计划预计将在 4 年后完工，可为纳税人节约 10 亿加元，并为华人社区带来便利。③ 由于社交媒体的兴起和快速发展，许多候选人开始利用其传播速度快和效率高的优势来扩大自己的知名度，尤其是来自中国大陆的华人新移民越来越多，他们大量使用微信、微博和 QQ 等作为信息源，能熟练运用这些工具自我宣传，动员选民出来投票，对胜选十分重要。2014 年 BC 省市选中几位华裔候选人虽然是首次参选，但知名度和支持率不输于一些老政客，善于使用上述华文社交媒体发挥重要作用。④

第二，加拿大华人社团数量多，但专门从事参政活动的政治性社团少；华人社团之间缺乏沟通与协调机制，或者彼此协调得不够，导致在一些重大政治问题上意见不一，在选举之前很难共同进行宣传和动员；华人移民来源复杂，不同社团代表的利益不同，导致山头主义严重，难以就参政的目的和方式达成共识；华文媒体也未充分发挥其宣传和鼓动作用。未来华人社区应组建更多参政团体，华人社团和华文媒体应加强沟通与合作，充分发挥各自的特长和优势，共同为华裔候选人助选拉票，扩大选民教育的范围和影响。针对华裔候选人准备不足的情

① 《加卑诗省 4 华裔候选人公开辩论　现场民众问题尖锐》，中国新闻网，http://www.chinanews.com/hr/2013/04 -29/4776885.shtml，2013 年 4 月 29 日。

② 《加拿大安省省选 7 华裔披挂上阵　自由党最多占 4 位》，中国新闻网，http://www.chinanews.com/hr/2014/05 -09/6150772.shtml，2014 年 5 月 9 日。

③ 《多伦多市长华裔候选人重申轻轨计划　令华人更便利》，中国新闻网，http://www.chinanews.com/hr/2014/09 -25/6628877.shtml，2014 年 9 月 25 日。

④ 《加华裔候选人善用社交媒体　首次参选知名度提升快》，中国新闻网，http://www.chinanews.com/hr/2014/10 -23/6708937.shtml，2014 年 10 月 23 日。

况，期待未来有参政团体和华文媒体精诚合作，建立参政培训学校，为有心从政的华裔候选人提供系统的参政训练，发现和识别华人参政人才，为他们进军政坛铺路架桥，同时进一步加大宣传力度，号召华人社会关心自身权益，关心社区公共事务，进而关心政治，积极参加选举和投票。华人社团应鼓励更多华裔青年在加拿大就读政治、法律和社会工作专业，深入研究加拿大的政治和法律制度，为未来华人参政累积人才基础；同时深入社区为选民服务，为未来竞选各级政府公职建立广泛的人脉。华人社团可以大胆尝试组建跨族裔参政团体，基于共同利益或利益交换加强各族裔参政团体在具体议题上的联盟或通力合作，尤其要加强与其他亚裔参政团体的联盟与合作，为华人和亚裔在加拿大社会中争取平等权益。

华人社团数量不缺，但缺少致力于加拿大华人社区长远发展的华人社团，缺少为华人社区谋利益的压力团体，缺少专门从事参政活动的政治性社团。据笔者初步统计，目前加拿大华人社团已经超过 1 000 个，代表了各阶层、各行业，而且都声称一直在为争取和维护华人权益而努力，但这些社团之间在处理一些共同问题时存在意见分歧又缺乏协调沟通。例如，2005 年 11 月 24 日，全加华人联会在没有和全加华人协进会（平权会）达成共识的情况下，与联邦政府多元文化国务部就平反人头税和《排华法案》等历史问题达成原则协议，同意政府拨款250 万加元资助加拿大华人移民史教育项目，而前提条件是政府对此"不道歉不赔偿"。这引起平权会和人头税受害人及家属联盟的极大不满。平权会和相关团体坚决要求道歉并赔偿。人头税问题尚未解决，反倒暴露了华人社团之间更大的争端和对立。如果不是 2006 年联邦大选中保守党需要华人的选票支持来交换，恐怕人头税问题至今仍不能得到彻底解决。① 在 2013—2014 年加拿大地方选举中，面对不同政党都提名华裔作为候选人，许多华人社团不知道支持谁更好，最后各自选择支持与本社团关系良好或能代表自身利益的华裔候选人，但结果又导致华人选票分散，造成华裔候选人的成功率降低。

此外，加拿大华人移民来源复杂，他们主要来自中国大陆、中国台湾和中国香港，还有的来自东南亚和拉美等国家和地区。这些来自不同国家和地区的华人组建的社团由于历史原因有着不同的政治观点。即使来自中国大陆不同地区的华人组建的社团，也容易出现各立山头、意见分歧的现象。这些都影响他们在参政中发挥更大作用。现在加拿大华人社团大多数是传统的宗亲团体和地缘团体，或者由新移民组建的专业团体和宗教文化团体，这些团体大多只关注自己的小圈子，而不关注华人社会的整体利益，对政治更是漠不关心。据笔者统计，现在加

---

① 《加拿大人人头税案峰回路转的背后》，中国侨网，http://www.chinaqw.com/news/2006/0110/68/12544.shtml，2006 年 1 月 10 日。

拿大华人参政团体总共只有40个左右。因此，未来华人社会应组建更多的华人参政团体，大力推动华人参政，华人社团应致力于华人社区的长期发展，彼此之间应加强协调，尤其是加强与华文媒体的合作，共同创办华人参政学校，培训华裔参政人才，长期从事选民教育，提高华人参政意识，增加华人精英的当选机会。此外，华文媒体应充分利用新兴社交工具，尤其是网络社交新媒体，如微信和微博等，吸引年轻选民参与政治讨论，这对华人精英的当选具有重要意义。

在大多数具体的选举政治活动中，各族裔都期望有本族裔的候选人出来参选。如果本族裔的候选人在族裔集团内名望不够或与现任者及其他候选人实力悬殊，很难有取胜的机会，那么族裔参政团体应从该族裔整体利益出发，在其他胜算较大的少数族裔或白人候选人中寻找代言人，通过选票和捐款支持该候选人，换取该候选人当选后对本族裔利益的维护与支持。加拿大华人应大胆尝试组建跨族裔参政团体，基于共同利益或利益交换推动各族裔参政团体在具体议题上结成联盟或通力合作，尤其要加强与其他亚裔参政团体的合作，为华人和其他亚裔在加拿大社会中争取平等权益。在各级选举中，应鼓励全体亚裔实行"逢选必到，有票必投"，并结合亚裔知识分子的智力、工商界的财力、选民的票力，形成强大的压力集团，展示亚裔在加拿大政治中的影响力，使整个亚裔在加拿大成为不再受歧视的群体，成为加拿大政治中任何一个政党都不敢忽视的一股政治力量，从而达到争取和维护整个亚裔享有平等权利，提升亚裔在加拿大社会整体地位的目的，进而改写加拿大亚裔参政的历史。

第三，针对加拿大华人公民人数少，参政意识不强，选举登记率和投票率低的现实，应鼓励符合条件的持"枫叶卡"的华人普通民众积极加入加拿大国籍，成为加拿大公民，踊跃参加各级选举投票，切实履行自己的公民权利和义务，同时也是为未来参与选举政治奠定基础。通过加大公民教育力度，增进华人对加拿大政治文化的了解，加快他们的政治社会化进程，进而提高他们的参政意识，变被动参与为主动参与，同时鼓励他们从参与助选活动开始，把学到的选举政治文化运用到自己的政治参与实践中去，为未来参政奠定基础。另外，华人选民在积极参加选举投票之前首先应充分了解各候选人的政纲，看哪个候选人的政纲更能代表本人、本阶层的利益和社区的整体利益，然后综合考虑，华人优先。当代加拿大华人应积极加入加拿大的各大政党，通过参与政党活动来实现自身的政治目标，扩大华人在加拿大各大政党政治中的影响。

加大选民教育力度实际上是一种政治社会化的过程。政治社会化是一个学习的过程，即政治教育，包括对政治系统资讯的扩散以及公民训练，是引入某种角色或政治文化的过程。政治社会化的机构，除了家庭、学校和社会团体外，还有大众媒体，如电视、广播、报纸、杂志和网络等。为了加快加拿大华人的政治社会化进程，华人家庭应鼓励子女向从政方向发展；华文学校应在教授中文的同时开展参政教育；华人参政团体在加强选民教育的过程中应发挥主导作用。此外，还应加强华文媒体或当地英文媒体对华人参政新闻的宣传与报道，增加他们对加拿大政治文化的了解，提高他们对政治参与的兴趣。促进加拿大华人政治社会化进程的最佳方式是加大"公民教育"力度，让他们认识到自己是加拿大社会的一员，积极参与地方性公共事务。如每年夏天都安排一批华裔高中生到各公职人员办公室实习，以培养他们对公共事务的热忱；又如鼓励华裔公民参与陪审团工作，一方面可以熟悉加拿大法律，另一方面有助于树立华人热衷公共事务的新形象，为未来的参政活动奠定基础。同时，鼓励他们从参与助选活动开始，把学到的选举政治文化运用到政治参与实践中去。

华人普通民众也应主动加入加拿大的各大政党，甚至可以自己组党，积极参与政党政治活动，以维护和增进华人的合法权益，同时提升华人在加拿大各大政党中的政治地位与影响力。从第二章所提到的影响华人政治参与的政党认同因素分析中可以发现，当代加拿大华人的政党认同一直比较弱，无论是对自由党、保守党还是对新民主党等。但在大党轮流执政的加拿大政治体系下，要进入政坛，尤其是担任省级以上层级的政府公职，首先要得到政党的提名支持，如果华人不积极参加政党活动，根本无法介入加拿大政治。因此，华人普通民众也应更多参与各主流政党的政治活动，如加入并支持主流政党、争取被提名为主流政党的候选人、提供政治捐款给主流政党或候选人、参加主流政党的集会或全国代表大会、为主流政党的候选人助选等，只有如此才能提高华人在各大政党中的政治地位、扩大华人在各大主流政党中的影响力，保障华人的合法权益。总之，在加拿大要想施展个人抱负，团结群众力量，争取族裔福祉，提高政治地位，最好是加入某一政党或自己组党。

第四，加拿大社会相对保守，对少数族裔的歧视与偏见仍然存在，华人精英、华人社团和华人普通民众积极参政有时会引起白人主流社会的忧虑，导致他们更加团结，阻挡更多华人精英成功当选。新冠疫情发生以来，加拿大社会对华人及亚裔的种族歧视言论和仇恨犯罪都有显著增加，对华人积极参政十分不利。近年来中加关系恶化也导致加拿大社会对华人的歧视和偏见加深，对华人积极参政形成障碍。未来加拿大华人只有更加积极地参与各种选举政治和非选举政治，以及参与社区公共事务，才能彻底消除加拿大社会各种形式的种族歧视和偏见，维护和增进自身的合法权益和华人社区的整体利益，提升华人形象，进而为加拿大多元文化社会做贡献。

历史上，加拿大华人曾饱受种族歧视的残害，被白人社会认为不可同化；华人人口的增长被认为会对加拿大种族构成形成危机；在政治上华人更是长期处于无选举权的地位。虽然加拿大自1971年以来就开始实施多元文化主义政策，承认华人在法律上具有同等地位，但这并不代表事实上的平等。当代加拿大华人为反对种族歧视、争取平等权进行了坚决斗争，如20世纪70年代的"烧腊抗争"、80年代的"反W5歧视运动"、1983—2006年争取人头税平反和赔偿的斗争都取得重大胜利。但加拿大社会对华人的系统性种族歧视和偏见仍然时隐时现，难以消除，并在政治选举期间、疫情持续期间、中加关系恶化期间大规模回潮，对华人积极参政造成消极影响。

在2011年阿尔伯塔省省选中，华裔候选人马健威在初选中大幅领先另外两位白人候选人，有望成为加拿大第一位华裔省长，但他在初选中的高得票率引发白人担心，激发白人的投票热情，导致他在决选中以微弱票数败选。表面上看这场选举非常公平，但隐性的种族歧视是他失败的根本原因。2014年邹至蕙竞选多伦多市长，支持率从排名第一一路下滑到第三，最后以微弱票数败选，除了政纲不集中和英语口音不纯之外，歧视和偏见也是她竞选失败的重要原因之一。在2020—2022年新冠疫情期间，加拿大社会出现了大量公开歧视华人，甚至针对华人的仇恨攻击，原来隐性的种族歧视和偏见变得公开化，有些上升为仇恨犯罪。这些种族歧视和仇恨犯罪行为不仅对加拿大华人个体的身心健康造成巨大伤害，而且对加拿大华人社会的整体形象产生非常大的负面影响，对他们积极参政形成障碍。

孟晚舟事件发生后，中加关系恶化，加拿大华人受牵连，参政的积极性和成功率都受到影响。保守党党首无端指责中国干涉2019年和2021年加拿大联邦大选，华人参政精英无端被指是"中国间谍"。这些对加拿大华人参政造成重大负面影响。未来加拿大华人只有更加积极地参与当地社区公共事务，参加当地各种政治活动，包括选举政治和非选举政治活动，才能抵制和消除各种形式的种族歧视与偏见，维护和增进自身权益和华人社区的整体利益，提升华人社会的整体形象，为加拿大多元文化社会做贡献。

第五，仅参与选举政治是不够的，未来加拿大华人不但要积极参与三级议会和政府的公职选举政治活动，而且要继续积极参与各种类型的非选举政治活动，就像争取人头税平反运动那样，把非选举政治参与方式和选举政治参与方式紧密结合起来，走多元化的政治参与道路，以便更好地维护和增进加拿大华人的合法权益，改善加拿大华人的政治形象，提升加拿大华人的参政水平。

如前所述，在当代加拿大社会，政治参与的最基本和最普遍方式是参加选举投票，其他选举政治参与方式还有竞选三级议员和政府官员、争取政治委任、提供政治捐款和从事各种助选活动等，这些是当代加拿大社会和学界评估一个族裔政治参与水平的重要标志，但不是唯一标志。其实，像美国华人的政治参与一样，在加拿大，华人的政治参与方式也是多样的，除了积极参与上述的选举政治方式之外，还有许多非选举政治参与方式，如给政府官员写信、打电话、发电子邮件等个人接触或游说方式，组建或加入参政团体，利用大众媒体进行政治表达，与其他人士一起解决社区公共问题，在政府的委员会中服务，甚至通过抗议、示威、抵制和诉讼等方式参与政治活动等。这些非选举政治参与方式在为华人争取有关权益时比选举政治来得更加快捷有效。例如，在争取人头税平反的过程中，加拿大华人精英、社团和民众充分运用非选举政治和选举政治参与方式，最后成功迫使加拿大联邦政府道歉并赔偿。因此，仅参与选举政治是不够的，未来加拿大华人在积极参加选举投票、竞选三级议会和政府公职、提供政治捐款和助选等选举政治的同时，也不应忽视使用其他非选举政治参与方式，共同维护和增进加拿大华人和其他少数族裔的合法权益，使加拿大成为一个真正的多元文化主义社会。

通过对当代加拿大华人参与各级选举政治，包括联邦国会选举、省议会选举和市镇议会选举的分析，我们可以发现，加拿大华人社会，无论是华人精英和华人普通民众，还是华人社团，他们参政议政的意识、素质和能力与以前相比都有显著提高；他们参与选举政治的方式和途径与时俱进，逐步走向多元化，他们的参政活动不仅维护和增进了华人群体的利益，提升了华人政治形象，而且推动了加拿大多元文化社会的发展；他们已经学会如何运用国家赋予他们的政治权利，正在逐渐走向成熟。虽然当前加拿大华人参政尚存在一些新老问题与障碍，华人参政的广度和深度尚需在实践中不断地拓展，但随着华人人口的稳步增长和结构的不断优化、社会经济地位的继续提升、参政意识的逐步增强，还有中国综合国力的不断发展壮大与中国国际地位和影响力的持续攀升，在加拿大一人一票的民主制度的框架下，他们的政治参与活动将更加积极，影响力会更大，参政前景会更加广阔。

展望未来，将有更多的华人精英在加拿大各级政坛上不断涌现。只要加拿大的移民政策不发生很大变更，未来仍会有中国人移民加拿大，也会有更多华人新移民成为加拿大公民和选民。他们的整体受教育程度还在继续提高。随着他们社会经济实力和政治地位的提高，他们的参政意识将会有进一步提升，将更加积极地参与各级选举政治和非选举政治活动，在加拿大政界发挥更大影响力。华人社团和华文媒体在选民教育和选举动员方面大有可为，将在加拿大华人参政的进程中继续发挥重要的领导和助推作用。在 2019 年和 2021 年举行的两次加拿大联邦大选过程中，在华人社团和华文媒体的大力宣传和推动下，广大华人普通民众积极参加投票、提供政治捐款、帮助华裔候选人助选，加拿大华人精英参选再创辉煌，分别有 8 位和 9 位当选联邦国会议员，突破历史纪录。加拿大华人积极参政，包括参与选举政治和非选举政治，不但有助于维护和增进当地华人社区的合法权益，消除各种形式的种族歧视和偏见，提升华人在当地社会的正面形象，提高他们在加拿大的社会政治地位，而且能促进中加关系的长期健康和稳定发展，造福两国人民，造福亚太地区和世界。

附　录

加拿大华裔参政同盟成立宣言

2006 年 1 月 1 日

自 1858 年华人来加参与淘金，华裔加人已走过了差不多一百五十年漫长的道路。铁路华工，对加拿大建国，做出了不可磨灭的贡献。但是当时华裔尚未有参政的权利。直至二次大战加国华裔士兵，浴血奋战，才换来准许华裔投票与参选。

创造富裕安定的生活条件，是华裔加人的愿望。可惜因为历史与文化的原因，华裔参政不热衷，以致迄今尚未能获得均等的机会：就业人士，所居职位，常与个人资历与能力不配而大幅度偏低；从商人士，所处的商业环境，未臻完善，有待改进。华裔唯有参政，才能建立机会均等的加拿大经济体系，达到"人尽其才，货畅其流"，才能"政治自卫"，保护以一百五十年艰苦卓绝的奋斗，用血汗建立的经济成果。

因此，经过多次的讨论，决定成立"加拿大华裔参政同盟"。这是一个超越党派，不分地域，不涉成员来源地故土政治，求大同、存小异的联合阵线，目的是鼓励、教育华裔参加投票、助选、参选、出任公职等加国政治活动，履行选举与被选的一切责任与权利，向候选人提出政策和咨询，选后切实监督、考核民选官员的言行。

华裔社会的福祉，不仅关系现代，而且更关系子孙万代，凡我华裔人人有责。望我族裔不分党派、不分地域，参与"加拿大华裔参政同盟"的行列，以世界大同的精神，建设"人尽其才，货畅其流，政治自卫"的华裔加人社会，人权、多元文化、富裕安定、机会均等的加拿大。

资料来源：《加拿大华裔参政同盟丁亥年新春团拜酒会纪念册》，2007 年。

温哥华市就早期歧视华人历史道歉

（中文版全文）

2018 年 4 月 22 日

在温哥华历史中，华裔居民曾面对种种的不公义。其影响之深，时至今日仍在我们的城市、我们的共同历史，以及长者的故事中引起回响。社区领袖、歧视华裔居民政策历史顾问委员会，以及市政府职员花了多年时间研究这种系统性歧视，并指出其范围之广。本人今日在此，正式承认温哥华市过去一段黑暗及艰难的岁月并就此发言。

在本市前半段的历史中，华裔居民受到种族偏见及歧视比比皆是。然而在这60 多年中，许多我们的民选官员包括市长及市议员等，不但没有发声反对由种族主义造成的不公义，反而利用市府的法定权力去制订及扩充针对华人的歧视性法例。因为市议会的这些动议，以及透过附例、牌照等的执法权力，令种族歧视政策在法制保护下日益猖獗，使华裔居民蒙受极大伤害。今日我以温哥华市长的身份发言，就过往的不公义对华裔居民造成的苦难以及丧失的尊严表示歉意和承担责任。

今日我们必须为此而道歉的歧视行为，影响既深又广：

温哥华在 1886 年 4 月 6 日正式建市后随即剥夺了华人的合法投票权："华人或印第安人均没有资格在任何市选中投票选举市长或市议员。"华裔居民直至1949 年才获得被视为民主基石的全面投票权。

温市府游说联邦政府通过充满种族歧视的移民政策，包括于 1923 年通过的"排华法"，正式将华人拒于国门外。在随后的 25 年间，获准合法进入加国的华裔移民不足 100 人，此举除了拆散无数家庭之外，亦为温哥华的华裔社群带来无法形容的痛苦。

温市府透过合约和拨款，令华裔居民无法受雇于市府或其他与市府有生意往来的人士。这情况一直延续至 1952 年，才首次有华人受雇于市府。

市府采取了各种措施将华裔居民能够居住及谋生的地方加以隔离。市府的附例亦规定华人只可以在某些地方拥有及经营生意，房屋契约亦被用来禁止华裔居民购买房地产。虽然这些规条今天已不能被合法执行，但不少类似条文仍然可以在地契上找到。这提醒我们：居住及营商方面的种族隔离政策对本市整体社群造成了多深远的影响。

温市的民选官员利用他们作为领袖的身份散播歧视的种子，令其他个人及族群更明目张胆地提倡及进行反亚裔的种族歧视行为。无论是公开鼓励反华情绪或对种族仇恨与暴力保持缄默，我们有太多的前任民选官员对于种族主义只是视若无睹，而不是发声加以谴责。

本人今日承认此等行为侮辱及鄙视温哥华华裔社群，我也发言反对这些行为。就温市民选官员及公务员在1886至1949年间制定针对本市华裔居民的歧视法例，本人今日向温哥华的华裔社群及所有华裔加拿大人正式道歉；对那些曾经因合法歧视蒙受苦难的华裔居民及家庭，本人今日谨代表市议会及市府诚恳表达歉意，并致力确保类似的不公义行径永远不容发生在任何一个族群或社群身上。

本人今日承认当年的排华裔政策和法例所导致的阴暗与伤痛，我立誓市长与市议员在面对种族歧视时永远不会再袖手旁观，而会挺身对抗那些企图用种族歧视分隔我们的人，并立誓每天都对歧视行为展开挑战和对抗，以及时刻警醒以防止偏见与歧视滋长。由于这段黑暗的历史，我们有义务背起这光明正大的责任，我们今日、明日及未来都该为那些过去曾受合法歧视影响的人承担责任，同时亦须就这笔过去所欠的羞辱之债做出行动，才能使温哥华居民永远不再因种族主义和歧视而受屈辱。

今日的温哥华是个多元的城市，我们以拥护多元文化而誉满全球。我们得此名声并非只是象征性的，多元文化活于每个市民及每名奉行平等与公平原则的市府职员的每天行事之中，他们以尊重及接纳的态度对待包括新移民在内的大众市民。温哥华市对华裔社群及其他移民族群有所亏欠，他们与原住民族及都市的原住民社群一样，不少都要经历一番挣扎才能战胜种族主义和歧视，然而他们的抗争行动使得我们的社会更加公平与公义。

我们将持续努力，将温哥华发展成一个包容、坚忍及充满动力的城市。我们知道在种族歧视及偏见充斥最黑暗的岁月里，仍然有人勇敢挺身对抗不公不义。当人们以每天的行动展示出坚持和决心时，我们的城市就会变成一个更美好的地方，并且持续不断变好，以至造福所有居民。

让我们一同起立，致力维护公平、包容及获得平等服务的原则，我们今天维护，将来同样推崇。

道歉的意义何在？对过去受到不公平对待的社群做出道歉是一个致力于和解的过程。这个过程让社群了解到前人所犯的错误，并在过程中肯定及守护我们作为一个公平、包容的社群所推崇的信念与价值观。我们明白歧视态度和偏见可能积习已久，从错误中学习是踏出谦虚的一步，同时亦可以提醒我们挑战永远存在。

透过和解程序，我们得以确认一个包容的社群所推崇的信念与价值观，一个包容的社群能够守护我们的集体人权以及为我们能够主动防止歧视行为作好准备。为了确保这项正式道歉并非纸上谈兵，市府已启动一系列实际行动，赋予这项道歉实质意义。这些行动并非只是修补以往的过失，而是防止不公义的行为再次发生。

2017年11月1日，市议会通过了一系列致力于令温哥华市达成和解的行动。今日我们进行了第一项，即承认过去对华人的歧视并就此正式道歉。

温哥华市府将努力透过历史遗产行动，加强与加拿大华人社群的关系，包括发起及维持一个补育遗产工作小组去监督这一系列行动的实施；向温哥华所有居民进行倡导及教育，以确保过去的错误不被忘记，并以此作为学习多元文化能力与反种族主义对话的基础；维护、纪念并加强社群的活遗产与文化资产，透过申请成为联合国教科文组织的世界遗产，我们将重点聚于唐人街，设立唐人街活遗产与文化资产管理计划，以支持世界遗产的申请过程及重新设计奇化街纪念广场。

资料来源：《温哥华市就早期歧视华人历史道歉　道歉中文版全文公布》，中国新闻网，http：//www.chinanews.com/gj/2018/04-23/8498179.shtml，2018年4月23日。

参考文献

一、中文著作

（一）政治参与方面

1．［美］塞缪尔·亨廷顿、琼·纳尔逊著，汪晓寿、吴志华、项继权译：《难以抉择：发展中国家的政治参与》，北京：华夏出版社，1989 年。

2．［日］蒲岛郁夫著，解莉莉译：《政治参与》，北京：经济日报出版社，1989 年。

3．［美］罗纳德·H. 奇尔科特著，高适、潘世强译：《比较政治学理论：新范式的探索》，北京：社会科学文献出版社，1997 年。

4．［美］阿尔蒙德、小鲍威尔主编，朱曾汶、林铮译：《当代比较政治学：世界展望》，北京：商务印书馆，1993 年。

5．［美］阿尔蒙德、小鲍威尔著，曹沛霖、郑世平等译：《比较政治学：体系、过程和政策》，上海：上海译文出版社，1987 年。

6．郭秋永：《政治参与》，台北：幼狮文化事业公司，1993 年。

7．俞可平：《西方政治分析新方法论》，北京：人民出版社，1989 年。

8．王浦劬主编：《政治学基础》，北京：北京大学出版社，1995 年。

9．周平：《民族政治学导论》，北京：中国社会科学出版社，2001 年。

10．程同顺编著：《当代比较政治学理论》，天津：南开大学出版社，2001 年。

11．施雪华主编：《政治科学原理》，广州：中山大学出版社，2001 年。

12．［加］沃尔特·怀特、罗纳德·瓦根伯格、拉尔夫·纳尔逊著，刘经美、张正国译：《加拿大政府与政治》，北京：北京大学出版社，2004 年。

13．［加］理查德·廷德尔、苏珊·诺布斯·廷德尔著，于秀明、邓璇译：《加拿大地方政府》（第 6 版），北京：北京大学出版社，2005 年。

14．［美］安东尼·M. 奥勒姆著，李云龙等译：《政治社会学导论：对政治实体的社会剖析》，杭州：浙江人民出版社，1989 年。

（二）加拿大华人研究方面

1．李春辉、杨生茂：《美洲华侨华人史》，上海：东方出版社，1990 年。

2．［加］李胜生著，宗力译：《加拿大的华人与华人社会》，香港：三联书店（香港）有限公司，1992 年。

3．李明欢：《当代海外华人社团研究》，厦门：厦门大学出版社，1995 年。

4. 《华侨华人百科全书·社团政党卷》，北京：中国华侨出版社，1999 年。

5. 黄昆章、吴金平：《加拿大华侨华人史》，广州：广东高等教育出版社，2001 年。

6. 王晟：《文化马赛克：加拿大移民史》，北京：民族出版社，2003 年。

7. ［美］施于杭：《美籍华人的政治取向和期望：兼论美籍华人在中美关系发展中的作用》，［美］孔秉德、尹晓煌主编：《美籍华人与中美关系》，北京：新华出版社，2004 年。

8. 闻正兵：《加拿大的中国面孔》，广东：广东人民出版社，2006 年。

9. 《平反人头税历程特刊》，多伦多：全加华人协进会，2012 年。

10. ［加］黎全恩、丁果、贾葆蘅：《加拿大华侨移民史（1858—1966）》，北京：人民出版社，2013 年。

11. 万晓宏：《当代美国华人政治参与研究（1965—2012）》，广州：暨南大学出版社，2013 年。

12. 陈鸿瑜主编：《"中华民国"之侨务政策》，"中华民国"海外华人研究学会，2000 年。

13. ［加］黎全恩、丁果、贾葆蘅：《加拿大华侨移民史（1858—2001）》（社科卷上、下），北京：华夏出版社，2022 年。

14. 万晓宏：《加拿大华人参政的现状与前景：以 2013—2014 年地方选举为例》，仲伟合主编：《加拿大发展报告（2015）》，北京：社会科学文献出版社，2015 年。

15. 万晓宏：《2015 年加拿大联邦国会选举与华人参政》，仲伟合主编：《加拿大发展报告（2016）》，北京：社会科学文献出版社，2016 年。

16. 万晓宏：《2017 年加拿大 BC 省议会选举与华人参政》，唐小松主编：《加拿大发展报告（2018）》，北京：社会科学文献出版社，2018 年。

17. ［加］黎全恩、丁果、贾葆蘅：《1967 年移民政策改变及其划时代影响》，刘琛主编：《2016 加拿大政策发展报告》，北京：外语教学与研究出版社，2017 年。

18. ［加］黎全恩、丁果、贾葆蘅：《多元变化时期的加拿大移民政策：20 世纪 70 至 80 年代移民政策初探》，刘琛主编：《2016 加拿大政策发展报告》，北京：外语教学与研究出版社，2017 年。

二、中文论文

1. ［加］黎全恩：《1957—2002 年华裔参政入选者之分析》，《华埠通讯》

2002 年第 6 卷第 9 期。

2．黄昆章：《加拿大平反华人人头税》，《华人世界》2006 年第 8 期。

3．黄昆章：《二战后加拿大华人人口结构与经济概况》，《八桂侨刊》2001 年第 3 期。

4．黄启臣：《粤籍华侨华人在加拿大》，《华侨华人历史研究》1997 年第 2 期。

5．万晓宏：《当代加拿大华人参政分析》，《世界民族》2011 年第 4 期。

6．万晓宏：《当代加拿大华人精英参政模型分析》，《华侨华人历史研究》2012 年第 3 期。

7．万晓宏：《2019 年加拿大联邦大选与华人参政》，《华侨华人历史研究》2020 年第 4 期。

8．广东省侨办赴加拿大调研团：《参政参党　方兴未艾：加拿大华人参政情况浅析》，《侨务工作研究》2004 年第 2 期。

9．万晓宏：《当代美国华人精英参政模型分析》，《暨南学报》（哲学社会科学版）2006 年第 6 期。

10．万晓宏：《当代美国华人政治参与研究（1965—2004）》，暨南大学博士学位论文，2005 年。

11．万晓宏：《阿省华人参政的成就与前景》，加拿大《环球华报》，2012 年 1 月 7 日。

12．万晓宏：《郭世宝博士与加拿大华人新移民研究评述》，《华侨华人历史研究》2012 年第 1 期。

13．万晓宏：《枫骨中华魂：黎全恩教授与加拿大华人问题研究》，加拿大《健康时报》，2018 年 8 月 17 日。（被加拿大乐活网、温哥华天空网等转载）

三、英文著作

1. Sidney Verba & Norman H. Nie, *Political Participation in America：Social Equality and Political Democracy*, New York：Harper & Row, 1972.

2. Rand Dyck & Christopher Cochrane, *Canadian Politics：Critical Approaches*, 7th ed, Toronto：Nelson Education, 2013.

3. Christopher Dumn, *Provinces：Canadian Provincial Politics*, 2nd ed, Toronto：Broadview Press, 2006.

4. Andrew Sancton, *Canadian Local Government：An Urban Perspective*, Oxford：Oxford University Press, 2011.

5. Shanti Fernando, *Race and the City*：*Chinese Canadian and Chinese American Political Mobilization*, Vancouver：UBC Press, 2006.

6. Karen Bird, Thomas Saalfeld & Andreas M. Wüst（ed.）, *The Political Representation of Immigrants and Minorities*：*Voters, Parties and Parliaments in Liberal Democracies*, New York：Routledge, 2011.

7. Daisy Chang（朱小燕）, Helen Cheung（劳坤仪）& Randy Wong（黄志强）, *Our Chosen Land*：*A History of Chinese Canadians*（《也是故乡：加拿大华人史》）, Toronto：Chinese Canadian National Council, 1984.

四、英文论文

1. Jun Xu, "The Political Behavior of Asian Americans：A Theoretical Approach", *Journal of Political and Military Sociology*, 2002, 30（1）.

2. "A Brief Chronology of Chinese Canadian History：From Segregation to Integration", http：//www. sfu. ca/chinese – canadian – history/chart. html#.

3. Yan Zha, "Minority Representation and Political Participation of Ethnic Minorities：A Case Study of Chinese Canadians in Democratic Canada", Dissertation of MA at University of Regina, 2009.

4. Diana Lary, "Politic Participation Amongst Chinese Canadians：The Road to the 1993 Election", Elizabeth Sinn（ed.）, *The Last Half Century of Chinese Overseas*, Hong Kong：Hong Kong University Press, 1998.

5. Charles Burton, "History, Identity and Political Participation by Chinese Canadians"（public lecture, in Chinese）, Hebei Normal University, 2009.

6. Livianna S. Tossutti & Tome Pierre Najem, "Minorities and Elections in Canada's Fourth Party System：Macro and Micro Constraints and Opportunities", *Canadian Ethnic Studies*, 2002, 34（1）.

7. Pearl Chan, "Chinese-Canadian Community Organizing and the Pursuit of Multiculturalism, Unity and Diversity", Dissertation of Ph. D at Indiana University, 2010.

8. Michael C. K. Ma, "Social Justice Exhaustion and Containment：An Investigation of Chinese Canadian National Council-Toronto Chapter", Dissertation of Ph. D at York University, 2007.

9. John Stanley Rose, "Charting Citizenship：The Political Participation of Immigrants in Richmond and Surrey, BC", Dissertation of Ph. D at University of British Co-

lumbia，2007.

10．M. Reza Nakhaie，"Social Capital and Political Participation of Canadians"，*Canadian Journal of Political Science*，2008，41（4）.

11．Peter Li，"Reconciling with History：the Chinese-Canadian Head Tax Redress"，*Journal of Chinese Overseas*，2008，4（1）.

12．Shibao Guo，"The Promotion of Minority Group Rights as the Protection of Individual Rights and Freedoms for Immigrants：A Canadian Case Study"，*Interchange*，2008（39）.

13．Jerome H. Black，"The 2006 and 2008 Canadian Federal Elections and Minority MPs，Canadian Ethnic Studies"，*Canadian Ethnic Studies Journal*，2009，41（1－2）.

14．David Bedford，"Aboriginal Voter Participation in Nova Scotia and New Brunswick"，*Electoral Insight*，2003（3）.

五、网站

1．环球华网（加拿大），http：//gcpnews. com/。

2．星岛日报网（加拿大），http：//news. singtao. ca/vancouver/。

3．明报网（加拿大），http：//www. mingpaocanada. com/。

4．世界日报网（加拿大），https：//www. worldjournal. com/。

5．温哥华天空网（加拿大），https：//www. vansky. com/。

6．加拿大乐活网（加拿大），https：//www. lahoo. ca/。

7．加中时报网（加拿大），http：//www. ccbestlink. com/。

8．加拿大联邦国会众议院（加拿大），https：//www. ourcommons. ca/en。

9．加拿大 BC 省议会（加拿大），https：//www. leg. bc. ca。

10．加拿大安大略省议会（加拿大），https：//www. ola. org/en。

11．维基百科（英文版），https：//www. wikipedia. org/。

12．早报网（新加坡），https：//www. zaobao. com. sg/。

13．中国新闻网（中国），http：//www. chinanews. com/。

14．中国侨网（中国），http：//www. chinaqw. com/。

15．凤凰网（中国），http：//www. ifeng. com/。

16．人民网（中国），http：//www. people. com. cn/。

17．环球网（中国），http：//www. huanqiu. com/。

18．新华网（中国），http：//www. xinhuanet. com/。

后 记

当初申请"当代加拿大华人政治参与研究（1947—2012）"这一国家社科基金项目的驱动力有三个：第一，对海外华人参政研究的长期兴趣使然。第二，在加拿大访学一年后，发现该领域确实还是空白，而且是一个既有理论价值，又有现实关怀，值得研究的课题，虽然该课题与当前国内的国际问题研究主要聚焦于热点问题、强调为国家建言献策的政策研究相比，相对有些冷和偏。第三，也有现实的考虑。那一年在加拿大留学，教授的职称评审没有通过，为了来年说服评委，让他们接受海外华人参政这个小众研究领域在政治学科中也应有一席之地，必须拿到这个国家社科基金项目，以证明该研究的价值。匿名评审结果显示，我幸运地拿到这项课题，感觉有点意料之外，细想觉得也在情理之中。

拿到国家课题当然令人喜悦，我的教授职称也在当年顺利通过评审。然而正如很多同事的亲身经历——对于高校老师，拿不到国家课题是一种难以用言语表达的痛苦，这里面首先是觉得自己的研究选题得不到学界认可，连续失败几次便开始对自己的科研能力产生怀疑。我有很多同事尝试几次之后都放弃再申请，因为申请失败严重打击他们的自尊和自信。但拿到课题后又是另一种痛苦的开始，那就是完成课题的压力。作为一名高校老师，在课余围绕自己的研究兴趣写几篇万字左右的专业小论文或写几篇时髦的时事评论并不是难事，但要全面系统地完成某一课题的研究，而且最后要以专著的形式结题，还要通过数位同行专家的匿名评审，每次想到这些就会焦虑倍增。当然，更令人焦虑的是课题的研究进展不顺利，遇到众多难点几乎无法解决，有时沮丧得真想放弃，发誓此后不再申请课题。

本课题从2012年获批至2018年已经六年整，别的同事的国家社科基金项目比我拿到得晚，但很快就完成，又申请了新的课题，我的压力自然产生。当然，我并不是羡慕，我的压力更多来自以下两个方面：一是时间的限制，已经不允许有更多的时间来积累和思考，再慢慢完成；二是与本课题相关的研究成果在不断增加，再不完成有被淘汰的危险。在此双重压力之下，2018年暑假我哪里都没去，目的是专心完成这一即将到期的课题。经过一个暑假的不间断阅读、思考和撰写，课题的初稿终于完成，感觉正如屠格涅夫在其散文中所言——"火光就在前面……"但我深知，这只是初稿，其中尚有很多不足，离结题的要求可能还有较大距离。又经过几轮认真修改，本课题终于在2018年底顺利通过结题。虽然达到结题的要求并不是特别难，但达到出版水平还是有相当距离，需要投入更多时间修改。我常用当时圈内流行的一句谚语安慰自己——"无论是写论文还是做课题，完成比完美更重要"。

时间飞逝，转眼结题已经五年，课题成果将在暨南大学出版社正式出版。衷心感谢家人的长期支持，更准确地说是不停地敦促，使我能最终完成该课题的撰写和修改。我是一个做事拖拉的人，研究工作尤其如此，自我安慰是因为研究兴趣广泛，说得难听是因为喜新厌旧，好高骛远，不"专一"，课题常常做到一半放下，移情于其他研究问题，导致拖延至今。不管怎样，终于结题，即将出版，还是挺高兴，浑身轻松许多。然而，我知道轻松是短暂的，未来又将是新痛苦的开始。研究到此阶段再也无法停下来，前面还有重大课题在向我"召唤"，还需要继续努力。但个人希望能早日彻底挣脱这一"枷锁"，不为名利，在大学讲台上教自己的书，做自己真正感兴趣的研究，有感而发，厚积薄发，不再为所谓的重大课题烦恼和焦虑，但那或许永远只是一个美丽的"梦想"！

2023年交稿给出版社前夕，我花了整整一个寒假进行最后的修改，结果又发现许多错误，让我感到汗颜！我不得不重新翻阅相关资料一项一项地进行核对、修正、补充和重写。终于在兔年元宵佳节之际完成对本课题的修改。伫立窗前，窗外春雨潇潇。蓦然回首，时光飞逝，从拿到该课题到最终成果出版，转眼十年已经过去。可能有人会说十年磨一剑，应该是一部精品，但我深知本书还存在诸多不足，根本算不上什么精品，只想兑现自己曾经签下的承诺，给自己一个交代。

出版之际，我想借此机会再次感谢"中加学者交流项目"（CCSEP）的全额奖学金资助；衷心感谢我的加方指导老师郭世宝教授，还有他的夫人郭燕教授，感谢他们在我留学卡尔加里大学期间的学术指导和生活照顾；感谢加拿大华侨华人史研究专家黎全恩、贾葆蘅和丁果老师为我提供大量关于加拿大华人参政的原始资料，与贾葆蘅和丁果老师的微信讨论与交流进一步增进了我对加拿大华人社会和华人参政的认知；感谢我的前同事罗蔚和何贵忠，他们现已移民加拿大多年，与他们的交流增进了我对加拿大政治的了解；也感谢女儿，她在加拿大留学工作十年，增进了我对加拿大经济、政治、文教、社会等各方面的理解，为我的课题研究奠定坚实基础；感谢暨南大学国际关系学院/华侨华人研究院的陈奕平教授、吴金平教授、潮龙起教授和石沧金教授等，他们与我亦师亦友，与他们的往来让我虽然孤身在华南师范大学从事华侨华人问题研究，也并不感到孤单和寂寞；感谢暨南大学国际关系学院/华侨华人研究院的高伟浓教授（我的博士生导师），他虽然已荣休多年但仍然笔耕不辍，其治学精神一直激励我在学术道路上踽踽前行；感谢中国华侨华人研究所副所长张秀明的长期支持；感谢华南师范大学政治与公共管理学院王金红教授的帮助和扶持；感谢华中师范大学历史文化学院李其荣教授的鼓励和支持；感谢曾经帮助、鼓励、批评我的所有前辈与同行。最后，我要感谢华南师范大学政治学重点学科建设专项资金的赞助出版，感谢暨南大学出版社副社长黄圣英女士的大力支持，以及责任编辑冯琳女士和颜彦女士认真专业的编辑工作。

万晓宏

2018 年 7 月 26 日于华南师范大学高师新村寓所初稿

2018 年 10 月 22 日于韩国首尔市汉阳大学宿舍修订

2023 年 2 月 5 日于华南师范大学高师新村寓所再次修订